취미와 젠더

'수공예'와 '공작'의 근대

취미와 젠더 '수공예'와 '공작'의 근대

초판인쇄 2023년 7월 20일 **초판발행** 2023년 7월 31일
지은이 쓰지 이즈미 · 이다 유타카 · 진노 유키 외
옮긴이 강현정 · 김연숙 · 남효진 · 이현희 · 전미경 · 허보윤
펴낸이 박성모 **펴낸곳** 소명출판 **출판등록** 제1998-00017호
주소 서울시 서초구 사임당로14길 15 서광빌딩 2층
전화 02-585-7840 **팩스** 02-585-7848
전자우편 somyungbooks@daum.net **홈페이지** www.somyong.co.kr

값 27,000원 ⓒ 소명출판, 2023
ISBN 979-11-5905-812-7 93910

취미와

와

'수공예'와 '공작'의 근대

Handcraft Hobby and Gender

진노 유키 외 지음
허보윤 외 옮김

젠더

SHUMI TO GENDER <TEZUKURI> TO <JISAKU> NO KINDAI

Edited by Yuki Jinno, Izumi Tsuji, Yutaka Iida

Copyright ⓒ Yuki Jinno, Izumi Tsuji, Yutaka Iida, 2019

All rights reserved.

Original Japanese edition published by SEIKYUSHA CO., LTD.

Korean translation copyright ⓒ 2023 by Somyong Publishing

This Korean edition published by arrangement with SEIKYUSHA CO., LTD., Tokyo,

through HonnoKizuna, Inc., Tokyo, and Eric Yang Agency, Inc

일러두기

저자의 주석은 미주를 사용하였고, 옮긴이의 주석은 각주를 사용하였다.

이 책은 일본 근현대기에 이른바 '만들기' 취미가 탄생해서 젠더적으로 분화하는 과정에 관한 여러 연구자의 글모음이다. 20세기 이래 아시아에도 기계생산이 도입되어 대부분의 사물이 대량 생산 및 소비 시스템 아래에 놓이자, '손으로 만드는 일'은 더 이상 생필품의 제작이 아닌 예술 혹은 취미 활동이 된다. 저자들은 그중 취미로 변신한 '만들기'가 당시 사회의 젠더성과 어떻게 결합하는지를 소년소녀 잡지를 통해 추적한다.

'만들기' 취미는 젠더적 분화 이전에 인간, 몸, 손기술, 수공예품 등에 관한 많은 생각거리를 던져준다. 사람들은 손으로 별 쓸모없는 물건을 만드는 일을 멈추지 않고, 심지어 매우 좋아한다. 그러한 행위 및 산물은 인간의 사물 환경 구성에 적지 않은 영향을 끼친다. 기계로 대량 생산한 물건이 넘치는 세상인데, 굳이 왜 손을 움직여 무언가를 만드는가. 이러한 맥락에서 저자는 '손으로 만드는 일'을 지칭하기 위해 '手作り'라는 용어를 사용했다. 거기에는 '손手'을 의미하는 글자가 들어가지만, 우리말의 경우 '만들기'라는 말에 일정 부분 '손'의 의미가 포함된다고 간주하여 간략히 '만들기'로 번역했다.

사실상 이 책은 '만들기'라는 인간활동이 취미로 변환한 지점보다 젠더적으로 분화한 측면에 더 초점을 맞춘다. 바느질에서 홈데코에 이르는 '수예手芸'의 영역은 여성의 취미로, 모형 만들기에서 목공에 이르는 '공작工作'의 영역은 남성의 취미로 분화·고착되는 과정을 상세히 고찰한 것이 이 책의 가장 큰 미덕이다. '아무 쓸모없는 일'로 여겨지는 취미의 영역에까지 사회의 성 역할 구분 체계가 큰 영향을 미친다는 사실을 밝힘으로써, 현 사회의 젠더성을 다시 돌아보고 개선의 방향을 고민하게 한다는 점에서 이들 연구의 의의를 찾을 수 있다.

　그런데 젠더적 이분법을 단선적으로 적용하기에는 '만들기' 취미의 영역이 복잡하기도, 애매하기도 하다. 이는 용어 선정에 대한 고충을 토로하는 부분에서 잘 드러난다. 시대 변화로 젠더 감성에 변화가 생겼으니 20세기 초중반의 젠더적 이분법이 그대로 작동하지 않는 것은 당연하다. 게다가 취미 영역에서 발생한 파동이 문제를 더욱 복잡하게 만든다. 오늘날 '취미'는 사회 변화에 따라 본업 혹은 부업이 되거나, 자신의 신념을 내보이는 활동이나 운동이 되거나, 공적 영역과 사적 영역의 경계를 흐리며 이를 넘나드는 등의 방식으로 변화하고 있다. 따라서 책의 필자들은 '수예'와 '공작'이라는 확증편향적 용어만으로 복잡다단한 '만들기' 취미의 성격을 제대로 드러낼 수 없다고 판단한다.

　많은 토론 끝에 저자들은 "수예와 공작만으로는 포괄할 수 없는 다양한" 만들기 활동 전반을 각각 '手づくり여성'와 '自作남성'으로 명명한다. 저자의 고민만큼이나 이 용어에 대응하는 적절한 한국어 찾기가 두통거리였다. 사실 '수예'라는 말도 한국에서는 대개 자수 관련 용어로 이해되고, 넓혀 생각해도 실과 바늘을 이용한 기예를 넘어서기 어려우나, 이 책에서 '手芸'는 다종다양한 장식품 제작 및 홈인테리어까지 포괄한다. 그러한 언어적 격차가 있음에도 불구하고 우리는 '手芸'의 번역어로 '수예'를 택할 수밖에 없었다.

　고민을 거듭하다 결국 여성의 만들기 세계를 뜻하는 '手づくり'는 '수공예'라는 말로 치환했다. 마지막까지 해결하지 못한 '自作'이라는 용어는 책에서 남성의 만들기 활동 전반을 가리키는데, 한자어 발음 그대로 '자작'이라고 옮겨서는 그 뜻이 전혀 전달되지 않았다. 궁여지책으로 '自作'을 '공작'으로 번역하되 원어를 병기하여 '공작自作'으로 표기하는 방안을 택했다. 20세기 초중반의 젠더성을 담지한 '공작工作'과 혼동의 여지가 있음에도 다른 대안을 찾지

못하고, 글의 맥락에 맞춰 충실히 '自作'을 병기하려고 노력했을 따름이다. 독자들의 넓은 아량과 양해를 구한다.

이와 같은 용어 사용의 모호함과 번역의 어려움은, 오늘날 '만들기' 취미를 분석하는 일이 단순하지 않음을 잘 보여준다. '만들기' 취미가 내포한 사회적 복잡함을 예민하게 감지한 저자가 이를 제대로 펼치지 못하고 젠더적 차원에만 매몰된 점이 개인적으로 아쉬웠다. '만들기'는 취미로든 전문영역으로든 현대사회에서 매우 의미 깊은 인문학적 연구 대상이다. 이 책이 그런 점을 상기시키는 계기이자 발판이 되길 바란다. 그 외 책의 장별 구성과 내용은 서장에 자세히 소개되어 있다.

이 책을 번역한 우리는 오랜 시간 함께 공부했다. 마치 길게 지속한 취미처럼 이제는 서로의 인생에 떼어낼 수 없는 일부가 되어가는 기분이다. 이런 동료들을 만나는 행운이 내게 주어진 것에 감사한다. 더불어 우리의 즐거운 시간을 늘 책이라는 결과물로 만들어주는 소명출판에도 고마운 마음을 전한다.

2023년 7월
역자를 대표하여 허보윤

차례

만들기와 젠더[1]

진노 유키神野由紀[2] / 쓰지 이즈미辻泉[3] / 이다 유타카飯田豊[4]

1. 취미·디자인·젠더

대중소비사회에서 취미로 소비되는 상품은 대부분 실용성이 없다. 취미 상품뿐 아니라 취미 삼아 만든 것도 마찬가지다. 이 책은 근대 이후 대량 생산된 기성품의 보급 탓에 취미로 전환된 만들기 문화를 다룬다.

저렴한 대량 생산품으로 도배된 사회에서 '굳이 직접 만드는' 행위는 생계를 위해 필요한 일이 아닌 취미가 되었다. 오늘날에 재료와 공구를 갖추고 손

---

1) 이 글은 허보윤이 번역하였다.

2) 1964년 도쿄 출생. 아오야마가쿠인대학 문학부 졸업. 쓰쿠바대학 디자인학 박사. 현재 간토가쿠인대학 인간공생학부 교수. 근대 일본 디자인사·문화사 전공. 『취미의 탄생-백화점이 만든 취향(趣味の誕生-百貨店がつくったテイスト)』(1994), 『어린이를 둘러싼 디자인과 근대-확대된 상품세계(子どもをめぐるデザインと近代-拡大する商品世界)』(2011), 『백화점에서 '취미'를 파는 대중소비문화의 근대(百貨店で〈趣味〉を買う 大衆消費文化の近代)』(2015) 등의 저서가 있다.

3) 1976년생. 도쿄도립대학 사회과학연구과 박사. 현재 추오대학 문학부 사회정보학전공 교수. 미디어론, 문화사회학 전공. 저서로 『철도소년들의 시대(鉄道少年たちの時代)』(2018), 편저서로 『미디어사회론(メディア社会論)』(2018) 등이 있다.

4) 1979년 히로시마 출생. 도쿄대학 기계정보공학과 졸업. 동대학원 학제정보학 전공 박사 수료. 현재 리쓰메이칸대학 산업사회학부 겸임교수. 미디어론, 미디어기술사, 문화사회학 전공. 『텔레비전이 구경거리였던 시절(テレビが見世物だったころ)』(2016) 등을 저술하였다.

수 만드는 일은 결코 절약이 아니다. 생활에 별 쓸모가 없는데도 왜 많은 아마추어는 직접 손으로 만드는 일에 몰두하는 것일까. 더욱이 '무엇을 만들지' 선택해야 할 때, 사람들은 젠더로 구분된 만들기 영역을 의심 없이 따른다. 이렇듯 젠더화한 만들기 문화는 일부 변화의 조짐이 있긴 하지만 아직도 크게 달라지지 않았다.

아마추어의 만들기 취미는 수공예手づくり, 자작自作, 수예手藝, 공작工作, 핸드메이드 등 다양한 말로 표현되는데, 대부분 젠더와 밀접한 관계를 맺고 있다. 그러한 용어를 구분하는 데에 어느 정도의 경향성이 있긴 하나 애매한 부분도 많다. 예를 들어, 『다이지린大辭林』 제3판[5]에서 '공작工作'이라는 말은 다음과 같이 정의된다.

① 재료를 손으로 다루어 기물을 만드는 일
② 토목·건축·제조 등의 작업
③ 어떤 목적을 달성하기 위해 사전에 관계자에게 손을 쓰는 일[1]

그중 ①번은 근대 미술교육에서 손을 사용하는 만들기, '수공手工'으로 체계화되었다. 메이지 초기 일본에 도입된 프리드리히 프뢰벨의 은물[6]에도 손으로 만들기가 들어 있었고, 이는 이후 소학교의 교과목 '도화 공작圖畵工作'으로 발전했다. 넓은 의미의 소학교 만들기·공작에는 재봉이나 수예가 포함되었다. 그러나 중학교에서 만들기는 남학생이 배우는 '기술'과 여학생이 배우는

---

5) 일본 삼성당출판사가 발간하는 중형 일본어 사전. 1988년 초판이 출간되었으며, 제3판은 2006년 발간. 2019년에 제4판이 나왔다.
6) 恩物, gifts. 보고, 만지고, 느끼며 노는 동안 발달을 촉진하도록 유도하는 일종의 계획된 장난감. 성장 단계에 따라 다른 은물이 주어진다.

'가정家庭' 교과목으로 나뉜다. 한편, 교과목이 아닌 놀이 영역에서 '공작'은 목재나 금속을 이용해 철도·항공기 등을 만드는 모형 공작이나 과학실험 공작, 기계제품 공작 등 남성소년의 취미로서 입체물 제작을 의미한다. 그러면서 '공작'은 젠더성이 농후한 좁은 의미의 말로 변모했다.

남성 영역으로서 공작의 대표적 사례가 바로 모형 공작이다. 전전戰前[7]에 시작된 철도 모형이나 항공기 모형 만들기는 전후戰後에 대중화하였고, 프라모델 덕분에 대중화가 더 가속되었다. 운송수단을 비롯한 공산품의 축소판을 충실히 재현하면서 소년들은 그 메커니즘을 이해했다. 라디오 공작 등 기계제품을 실제 제작하면서 공학 지식에 대한 관심을 키웠다. '소녀'잡지의 부록으로 나카하라 준이치中原淳一[8]나 기타바타케 가쇼北畠華宵[9] 등이 그린 삽화를 담은 종이문구류가 인기 있던 반면, 『소년구락부少年俱樂部』[10] 등의 '소년'잡지에서는 정교한 종이 입체 공작 부록이 인기를 끌었으니, 소년과 소녀의 기호 차이가 두드러졌다.

이마다 에리카今田繪理香[11]가 지적했듯이, 메이지기에 소년들의 가장 커다란 관심사는 문학이자 글을 쓰는 창작 행위였다.[2] 다이쇼 후기에 소년 잡지가 소년 독자의 관심을 글쓰기에서 공작으로 유도한 배경에는 국가의 요청으로 우수한 기술자를 육성한다는 목적이 있었다. 모형 공작은 실물을 이해하고 재현하는 작업으로 다른 결과물이 나올 여지가 없다. 또한, 전기제품 등 과학기

---

7) 이 책의 제5장에 실린 설명 따르면 1930년까지를 '전전', 만주사변이 일어난 1931년부터 1945년까지를 '전중', 그리고 1946년 이후를 '전후'로 구분한 것으로 보인다.
8) 1913~1983. 일본의 화가, 삽화가, 패션디자이너, 편집자, 인형작가.
9) 1888~1966. 일본의 화가, 삽화가.
10) [저자 주] 대일본웅변회강담사(大日本雄辯會講談社) 출간, 1914~1962. 1946년에 『소년클럽(少年クラブ)』으로 개칭.
11) 이 책의 제2장 필자. 제2장의 역주 (2)번 참조.

술을 활용하는 공작이 추구하는 바는 기능적인 부분을 어떻게 만들지에 관한 것으로 철저하게 기능주의적이다. 생산효율을 중시하는 산업사회의 인재를 키우는 방향으로 소년들의 취미도 정해졌던 것이다.

남성소년 특유의 취미인 공작과 달리, 여성소녀의 만드는 행위는 이른바 '수예手芸'라는 영역으로 한정되었다.

수예라는 용어는 대개 다음과 같이 정의된다.

> 대량 생산을 목적으로 하지 않고 장식적 효과나 개인적 취미를 중요시하며 손으로 행하는 기예. 자수, 편물, 직물, 염색, 인형, 가방, 조화彫花 등을 포함한다. 일반적으로 시간적인 제약이나 경제성을 도외시하기 때문에 최신 기법을 따르지 않고 초보적 용구류만을 사용하는 경우가 많다. 대부분 가정에서 행하지만, 이를 직업으로 삼는 전문가도 있다.[3]

> 솜씨, 손기술 및 그에 따른 제작 활동을 지칭. 주로 실과 천을 이용해서 일상을 아름답고 풍부하게 만들기 위한 실용적인 물건을 만드는 수작업의 총칭.[4]

1928년에 수예용품을 취급하던 미세三瀬상점이 출간한 『현대여성수예전집現代婦人手藝全集』[5]은 전 6권의 규모였고, 쇼와 초기에 이미 주름종이, 비즈, 마크라메 레이스,[12] 표정인형 및 쓰마미세공摘細工,[13] 털실 뜨개질, 유럽풍 자수 등을 수예로 소개하고 있다. 그밖에 직물, 가방 만들기, 오시에[14] 등도 수예에

---

12) 굵고 가는 실을 손으로 나란하게 엮어 무늬를 만들어서 장식품이나 실용품을 만드는 수예.
13) 수예의 일종으로 얇은 비단 등을 작은 각형으로 잘라 삼각형으로 접어 종이에 붙여 꽃, 곤충 등의 형태로 만드는 것. 에도시대부터 여성의 수예로 행해졌으며, 정교한 상품으로도 만들어졌다.
14) 꽃·새·인물 등의 모양으로 오린 판지에 솜을 넣어 여러 빛깔의 헝겊으로 싸서 널빤지 따위에 붙인 것.

포함되었는데, 모두 주로 여성이 가정 내에서 행하는 취미였고 재봉의 연장으로서 바늘, 실, 천을 이용한 만들기가 대부분이었다.

　근대 이후 '수예' 개념의 생성 과정은 야마사키 아키코山崎明子[15]가 젠더에 따른 사회구성 방식의 한 현상으로서 상세히 검토한 바 있기에,[6] 야마사키 아키코의 논의를 가져와 수예의 정의를 다시 생각해보고자 한다. 야마사키 아키코는 앞서 언급한 사전적 정의를 참조하여 수예란 "가정 내에서 사용하는 물건이나 가족을 위해 만든 물건 또는 그 행위를 가리키며, 기본적으로 아마추어의 수작업"[7]이고 대부분이 여성의 취미활동을 뜻한다고 말한다. 근대 사회에서 여성의 가사노동이 줄어드는 가운데 여성은 가사에서 해방된 시간을 집을 보다 아름답고 쾌적하게 꾸미는 수예라는 만들기로 보내는 것이다. 특히 근대 전기에 수예를 할 만한 여유가 있는 중상류층 여성들은 수예를 가정에서 여성의 역할 가치로 발견하고, 이러한 "부풀린水増し 노동"[8]을 여성다운 행위로 미화했다. 또한, 제작품의 예술적 가치보다 제작 과정 즉 만드는 행위 자체를 여성 특유의 세계로 보았고, 이를 여성의 규범으로 삼았다. 이는 가정 내 노동의 연장이기에 돈벌이와 분리된 행위를 의미했고, 더욱이 여성에게 특화된 취미였기에 근대 이후 미술에서도 공예에서도 배제되었다. 이처럼 수예는 초기부터 여성다움의 규범과 불가분의 취미였다. 요컨대 수예도 공작도 단순히 만들기의 한 종류가 아니라 젠더 규범을 배경으로 역사적으로 만들어진 행위였던 것이다.

　근대 사회에서는 쓸모없는 행위에 몰두할 때, 이유가 필요했다. 예를 들어, 어른의 완구수집 취미는 아동교육, 가정교육에 기여한다는 명분을 내세웠다. 근대 초기 소년의 공작에는 공학적 지식을 얻어 국가를 위해 공헌하는 테크

---

15)　이 책 제1장의 필자. 제1장의 역주 (2)번 참조.

노크라트를 양성한다는 목적이, 소녀의 수예에는 현모양처로서 가정을 아름답고 쾌적하게 만드는 데 도움이 된다는 목적이 붙어 있었다. 만들기 취미는 성역할을 따르는 정당한 행위로서 그 의의를 찾았다. 즉, 만들기 취미의 젠더 분화는 취미의 생성 단계부터 당연한 귀결이었다.

이 책에서 연구자들이 공통의 자료로 삼은 소년 잡지, 소녀 잡지는 수예가 여성다운 도덕 규범을 따르는 일, 공작은 남성이 갖춰야 할 이지적인 태도임을 반복적으로 이야기하며 그 가치관을 정당화한다. 여성은 여성의, 남성은 남성의 만들기 장르를 선택해야 하는 것은 의심할 여지가 없는 일이었다. 그러나 그러한 목적은 만들기 취미를 정당화하기 위한 대의명분에 그쳤다. 대다수 남녀는 국가를 위해서도 가정을 위해서도 아닌 그저 개인적인 즐거움을 위해 만들기 취미에 열중했다. 이는 그 후 발전한 만들기 취미의 세계를 보면 매우 분명하게 알 수 있다.

합리주의 가치관이 절대적이지 않은 오늘날, 취미의 세계에서까지 사회적 유용성을 구하는 일은 드물다. 고도로 발달한 소비사회 속에서 쓸모없는 취미, 어른과 아이의 경계를 뛰어넘는 취미, 비생산적인 취미는 누구나 공감할 수 있는 것이 되었다. 예를 들어, 오타쿠라고 불리는 취미의 방식이 시민권을 넓혀가고 있다. 그러나 그럼에도 불구하고 아직, 취미의 세계에는 젠더적 구분이 뿌리 깊게 박혀 있다. 오타쿠 남자도 오타쿠 여자도 예외가 아니다. 서로의 취미가 공존하지 않고 관심의 방향이 완전히 다르며, 서로의 존재를 철저히 무시한다. 취미 박람회장 같은 곳에서는 남녀가 같은 공간에 있으면서도 서로 전혀 섞이지 않는 것을 목격하기도 한다. 공작과 수예, 그 분리의 배경에는 재료를 판매하는 업자가 각기 존재하는 산업적인 이유가 있고 그래서 더욱 병존하기 어렵다. 이러한 젠더화는 이들의 취미가 오늘날 가부장적 사회구조에서 헤어나기 어려운 상황임을 잘 보여준다. 이 책의 구체적 내용을 통해 알 수 있듯이 남성의 공작 세계에서 여성의 존재 혹은 여성의 만들기 가치 관은 철저하게 배제·무시된다. 한편, 여성의 만들기 취미 세계는 남성의 계몽에 따라가는 단계를 넘어 여성의 공동체를 유지하기 위한 본래의 여성적 특성을 살린 수예를 지향하고, 여기에서도 마찬가지로 남성성은 제외된다. 전후 어느 한 시기에 일요목공 혹은 DIY^Do It Yourself가 가정을 무대로 남녀가 협동하는 새로운 만들기 문화의 가능성을 보여주었으나, 결국은 '가정을 위해'라는 명분을 걸친 남성 공작 취미의 하나로 정착되고 말았다.

리처드 세넷의 『장인^The Craftsman』[9]에 따르면 만든다는 행위는 더 나은 환경을 만들려는 인간의 본질적인 추구다. 또한, 만들기란 특별한 기술·재능을 가진 장인이나 예술가뿐 아니라 모든 사람이 할 수 있는 일이라고 세넷은 이야기한다. 테크놀로지의 진화는 사물 제작 현장을 보이지 않게 만들어 인간의 생각하는 힘을 빼앗고 있다. 세넷은 공공권의 쇠퇴로 인간성을 잃어가는 것과 마찬가지로, 공업화가 고도로 진보한 결과로 인간의 노동에서 물질과의 대화가 상실되어 가는 상황에 경종을 울렸다. '만드는 일'이 인간이 살아가는 데에 반드시 필요한 행위였던 시대에는 만들기와 '쓸모用'가 불가분의 관계였다. 그러나 만들기에서 생활의 필요성이 사라지고 대신 취미라는 특별한 행위가 되자, 곧바로 쓸모없는 일이 되어 버리고 행위의 의미를 추궁당한다. 세넷은 주로 생산 노동 현장에서 '생각하는 힘'이 사라져 가고 있음을 지적하는데, 실상 한편에서는 손으로 만드는 행위가 아직도 취미로 존속하고 있다. 특히 취미에 몰두하는 이들은 직접 만드는 일로부터 멀어진 도시 중류층이었다. '쓸모'와 분리되더라도 인간은 만드는 행위와 떨어질 수 없다.

'수예'나 '공작'이 근대 초기의 젠더관을 오늘날까지 계승하고 있는 한편으로 이와는 다른 가치관을 내포한 만들기 취미도 영역을 넓히고 있다. 예를 들어, 빈집 리노베이션 등 아마추어 만들기를 매개로 한 커뮤니티 디자인 활동이 새로운 만들기 문화의 가능성을 보여준다. 또한, 가정 내 취미를 넘어서 수공예품을 판매하는 아마추어가 늘고 있다. 취미이기도 직업이기도 한 새로운 만들기는 수예가 아닌 '핸드메이드'라는 용어로 표현되기도 한다. 핸드메이드 제품은 주로 인터넷이나 이벤트 행사 등을 통해 판매된다. 생산자이자 소비자이기도 한 '프로슈머'[10]의 태도가 새로운 소비문화를 창출하고, 나아가 일부에서는 생산 노동과 가정 내 노동으로 나뉘던 젠더 구조를 뛰어넘는 현상도 감지된다. '수예'도 '공작'도 근대 초기 젠더성을 반영한 한 시대 전의 용어라는 인상이 남아있는 가운데, 오늘날에는 만들기 문화를 표현하는 다양한 용어가 사용되고 있다.

이러한 의미의 흔들림, 애매함 때문에 이 책에서는 수예부터 요리까지 포괄한 여성의 만들기 세계를 '수공예手づくり'로, 모형 공작부터 일요목공, 전기 제품 제작을 포함한 남성의 만들기 세계를 '공작自作'이라는 말로 규정하여 부제로 사용했다.[16] 수예와 공작만으로는 포괄할 수 없는 다양한 만들기의 젠더 분화와 그 배경을 보여주는 더 나은 용어를 연구회에서 자주 논의했다. 물론 '수공예'와 '공작自作'이 모든 것을 표현한다고 할 수 없기에, 각각의 글에서는 저자의 견해를 따른 어구를 사용하고 있다. 수예와 공작 시대의 만들기를 넘어서 오늘날에 이르는, 근대 만들기 취미를 표현하기 위한 적절한 용어를 정하지 못한 상황에서 가장 근사치로서 두 개의 세계를 대조적으로 보여주는

---

16) 이 책의 핵심어들을 명확히 정리할 필요가 있다. 우선, 저자는 '手作り'와 '手づくり'를 구분한다. 손으로 만드는 행위 전반을 지칭하는 '手作り'는 '만들기'로 번역했고, 여성의 만들기 전반을 가리키는 말 '手づくり'는 '수공예'로 번역했다. 저자는 남성의 만들기 세계 전반을 '자작(自作)'이라는 말로 통칭했으나, 한국어 맥락에서 이는 '공작'에 더 가깝다. 따라서 이 글에서는 '自作'을 '공작'으로 번역하고 필요한 경우에 원어를 병기하였다. 한편, '수공예'와 '공작(自作)'의 하위범주로서 사회적으로 젠더화한 여성과 남성의 만들기 취미는 '수예(手芸)'와 '공작(工作)'이라는 말로 표현되었다.

말로 '수공예'와 '공작^{工作}'을 택한 것이다.

이 책은 취미로 만들어진 사물과 배경에 초점을 맞추고, 그 디자인의 문제를 넓게 물질문화로서 다룬다. 즉, 여기서 취미란 근대 이후 부상한 미적 판단 능력으로서 '취향^{taste}'이 아니라 일본어 '슈미^{趣味}'가 가진 여러 뜻 중 하나인 '하비^{hobby}' 그리고 그 주변을 가리킨다.[11] 지금까지 디자인 연구에서는 제작자인 디자이너와 수용자인 소비자, 그 사이에서 발생하는 소비 디자인의 문제 혹은 예술과의 관련성 문제를 다루는 경우가 많았으며, 디자인사에서 익명의 디자인이란 대량 생산품 디자인으로만 여겨졌다. 생활 속 만들기는 대개 농민미술운동이나 민예운동 등에서 언급되었고, 야마모토 가나에^{山本鼎[17]}나 야나기 무네요시^{柳宗悅}와 같은 운동가가 공예 이데올로기로서 주창한 내용이었다. 그러나 누구의 주의·주장도 아닌, 그저 취미로 만들어지는 방대한 무용지물 또한 사람들이 만들어내는 욕망의 형태다. 이 또한 근대 이후의 디자인을 이해하는 데에 필수적임에도 불구하고 이제까지 본격적인 연구가 거의 없었다. 이러한 가운데 앞서 언급한 야마사키 아키코의 연구는 전문가가 아닌 일반 여성들의 만들기 문화를 고찰한 보기 드문 성과다. 그는 근대 초기 수예가 일본에 소개되면서 생산 노동을 벗어난 행위로서 중상류층 여성의 새로운 주부 규범이 되어간 과정을 밝혔다.

한편, 취미에 관한 연구는 다양한 영역에서 진행되었다. 에도 말기 호사가의 취미와 그 인맥에 관한 역사적인 연구로 야마구치 마사오^{山口昌男[18]}의 성과가 알려져 있고, 이후에도 가토 고지^{加藤幸治,[19]} 스즈키 히로유키^{鈴木廣之[20]} 등 역

17) 1882~1946. 일본의 판화가, 서양화가, 교육자. 미술의 대중화, 민중 예술운동을 이끌었다.
18) 1931~2013. 일본의 교육자, 문화인류학자, 도쿄외국어대학 명예교수를 역임.
19) 일본의 민속학 연구자, 도호쿠가쿠인대학 문학부 역사학과 교수.
20) 1952년 도쿄 출생. 일본 미술사학자. 도쿄대학 문학부 미술사학과 및 동대학원 졸업. 도쿄학예대학 교수 역임. 현재 도야마(遠山)기념관 관장.

사학이나 문화인류학 분야에서 취미에 관한 연구를 이어왔다.[12] 사회학 쪽에도 취미에 관한 연구가 적지 않았다. 여가 연구에서 시작해서, 후지타 히데노리藤田英典,[21] 아사노 도모히코浅野智彦[22] 등은 취미를 매개로 한 새로운 인간관계인 '슈미엔趣味緣'에 주목했다.[13] 나아가 피에르 부르디외의 '구별짓기' 취미론만으로는 해석할 수 없는 요즘 젊은이들의 취미나 가치관에 관한 기타다 아키히로北田曉大[23] 등의 최근 연구성과[14] 등, 다양한 관점에서 취미 연구가 이루어졌다. 사회학 쪽 성과의 대부분은 오타쿠 문화가 침투하면서 변화한 젊은이들의 새로운 취미생활에 초점을 맞춘 대중문화연구의 경향을 보인다. 그러나 이러한 취미연구 중 젠더의 문제를 남녀 쌍방의 관점에서 구체적으로 다룬 경우는 거의 없었다.

젠더 문제는 미술사 방면에서 언급되기 시작한 지 오래되었고, 특히 디자인과 젠더 측면에서는 앤 홀랜더Anne Hollander,[24] 돌로레스 하이든Dolores Hayden[25] 그리고 앞서 언급한 야마사키 아키코 등이 패션디자인, 주거디자인, 가정학 분야에서 페미니즘 관점의 연구를 수행했다.[15] 또한 페니 스파크Penny Sparke[26]가 『파스텔 컬러의 함정As long as it's pink : the sexual politics of taste』[16]에서 논한 바와 같이,

---

21) 1944년생. 일본 교육사회학자. 현재 도쿄대학 명예교수.

22) 1964년생. 도쿄대학 사회학연구과 박사 수료. 현재 도쿄가쿠인대학 교육학부 교수. 『'젊은이'란 누구인가('若者'とは誰か)』(2013), 『젊은이의 용해('若者'の溶解)』(2016) 등 다수의 저서가 있다.

23) 1971년생. 일본의 사회학자. 도쿄대학 사회정보학 박사. 도쿄대학 정보학환(情報学環) 교수. 이론사회학, 미디어사 연구.

24) 1930~2014. 미국의 역사학자. 패션과 의복의 역사 그리고 그것이 가진 예술과의 관계를 통찰력 있게 탐구한 선구적 연구들이 있다.

25) 미국 도시사학자, 건축가, 작가, 시인. 1966년 Mount Holyoke College 졸업. 캠브리지와 하버드에서 공부. 예일대학 교수. 도시 공간의 사회적 중요성을 일깨우고 미국 건축 역사를 조명한 다수의 저작이 있다.

26) 1948년생. 영국 디자인사가. 런던 킹스턴대학 교수.

남성중심주의 모던디자인의 세계에서 여성이 어떠한 태도를 취했는지, 즉 근대 디자인 이념 자체를 묻는 연구도 디자인사에 대한 새로운 접근법을 보여주었다. 이러한 연구는 여성이 근대 국가나 남성에게 지배당한 역사나 무의식중에 갖게 된 성역할의 역사를 밝히고 있다. 근래에는 이와 대비를 이루는, 남자다움과 취미·기호에 관한 연구도 드물게나마 등장하고 있다. 예를 들어 미야다이 신지宮台眞司,[27] 쓰지 이즈미辻泉, 오카이 다카유키岡井崇之[28]가 함께 쓴 『'남자다움'의 쾌락男らしさ'の快楽』[17]에서 논했듯이, 패션이나 오디오 제작과 같은 주제는 젠더와 디자인으로 이어지는 요소를 다수 포함하고 있다. 남성의 취미를 통해 여성이 존재하지 않는 남성만의 세계관이 구축되고 그러한 가치관이 무의식적으로 공유된다. 이렇듯 남성중심주의 사회를 비판하는 방식으로 남녀 취미에 드러나는 '깊은 골'을 논하는 경우가 많았으나, 이 책은 그러한 비판 이전에 우선 남녀의 교착 지점이 없는 취미의 세계를 병치하는 방식으로 시작한다. 각각의 생성 과정을 밝힘으로써 취미라는 '쓸모'를 떠난 행위가 상충하는 상황이 왜 오늘날까지 지속되고 있는지에 대한 질문을 연구자마다 각기 다른 방식으로 던지고 있다.

이 책은 3부로 구성되어 있다.

제1부 가정생활에 유용한 '수공예'에서는 주로 『주니어 솔레이유ジュニアそれいゆ, Junior Soleil』ひまわり社, 1954~1960의 기사를 기초 자료로 삼아, 수예를 비롯한 소녀의 '수공예'에 대해 논한다. 이 잡지의 독자였던 소녀들은 전전 현모양처주의를 일부 계승하면서, 전후 새로운 가치관을 공유해 나간다. 거기서 남성이 새로운 여성 규범을 계몽하고 여성이 이를 수용하는 구도에 주목해야 한다.

---

27) 1959년생. 일본 사회학자. 영화비평가. 도쿄대학 사회학 박사. 도쿄도립대학 교수.
28) 1974년생. 조치(上智)대학 신문학 박사후과정 수료. 나라현립대학 지역창조학부 교수. 미디어론, 신체의 사회학, 젠더론 연구.

그 가운데 수예라는 여성의 역할에서 일탈하려는 움직임도 있었다. 이후에는 점차 남성의 존재가 사라지고 여성의 공동체 의식에 뿌리를 둔 수예 취미로 회귀한다. 여성의 만들기 취미를 통해 당대 여성이 시대적 성역할 속에서 흔들리고 있는 상황을 읽어낼 수 있다. 우선 제1장「『주니어 솔레이유』에 나타난 소녀의 수예」에서는 야마사키 아키코가 잡지에 실린 수예를 둘러싼 언설을 통해 소녀들의 수예 배후에 있는 도덕·규범을 고찰한다. 특히『주니어 솔레이유』에서 수예는 남성 필자에 의한 계몽이라는 형태를 취하고 있다. 구시대의 부르주아적 수예를 비판하는 남성 필자의 정치적 태도가 반영되었고, 그들에 의해 인형 만들기나 인테리어 등 다양한 수예가 제창되었다. 야마사키 아키코의 글은 제1부 전체에 해당하는 수예와 젠더의 판도를 그려준다. 이어지는 제2장「『소녀의 벗少女の友』과『주니어 솔레이유』를 통해 본 '소녀'·'주니어'의 인형」에서 이마다 에리카는 이 잡지들의 수제 인형 기사에 주목한다. 인형이 어린 여자아이의 완구였던 전전기부터 10대 소녀의 만들기 취미로 널리 인지된 전후의 상황까지 추적하여, 전전의 소녀와 다른 주니어의 생성 배경을 밝힌다. 제3장「인테리어 수예와 공작의 시대」에서는 진노 유키가『주니어 솔레이유』에 자주 등장하는 수공 인테리어에 관한 기사를 다룬다. 또한, 이후 발간된 다른 인테리어 잡지 기사를 참조하여 여성이 수예뿐 아니라 공작이라는 남성의 영역에 접근하는 사례가 있었음에도 결국에는 수예로 회귀하는 현상을 고찰한다.『주니어 솔레이유』의 독자들은 성장해 가정주부가 되었고, 수예는 대중적인 취미로 정착했으며, 그들의 손녀가 현재 소녀 세대를 이루고 있다. 제4장「여학생과 수예－『주니어 솔레이유』세대의 계승」에서 나카가와 아사코中川麻子는 전후에 대중화한 수예 취미가 현대의 여자 중고생에게 어떻게 계승 및 변용되었는지를 논한다.

제2부 '공작自作'하는 소년공동체에서는『어린이 과학子供の科學』誠文堂新光社,

1924~의 공작 관련 기사를 분석하여 '공작自作'이 남성적 취미로 발전해간 역사적 과정을 논한다. 여기서 특징적인 점은 전후에 이르기까지 남성의 공작 취미에서 여성의 존재가 철저하게 배제되었다는 사실이다. 남성의 기호 취미는 남자만의 세계이고, 이를 자명한 것으로 여기는 인식은 공작 취미뿐 아니라 그 외 여러 남성 취미가 가진 공통적인 현상이다. 『어린이 과학』의 기사 분석을 통해 '남자들만의 로망'이라는 배제의 구도가 전전·전후의 밀리터리 취미로 이어지면서 한층 더 강력해지는 추세를 잘 살펴볼 수 있다. 제5장 「과학 잡지에서 출발한 공작 취미와 철도 취미」에서는 쓰지 이즈미가 창간부터 1960년까지 전전, 전중, 전후에 이르는 『어린이 과학』의 내용 변천을 논한다. 그는 잡지 기사의 계량적인 분석을 통해 남성의 '공작自作' 취미가 어떻게 생성되었는지를 밝힌다. 이어서 제6장 「공작 기사는 소년에게 무엇을 이야기했는가」에서는 시오야 마사유키塩谷昌之가 공작 취미에 관한 기사로 한정해 더욱 상세한 기술을 시도한다. 그리고 제7장 「동원되는 어린이 과학」에서 마쓰이 히로시松井広志는 전중기 공작 취미가 과도하게 낭만적으로 변모한 과정, 구체적으로 '과학' 지향에서 '군사' 지향으로 변용된 과정을 밝힌다. 제8장 「'과학'과 '군사軍事'라는 굴레」에서 사토 아키노부佐藤彰宣는 연구 반경을 넓혀 전후 밀리터리 잡지나 모형 문화 분석을 통해 공작 취미의 변용 과정을 기술한다.

이렇듯 소년·소녀 잡지를 통해 만들기 취미의 젠더 분화가 강화되었지만, 이 도식에 들어가지 않는 사례도 있었다. 제3부 '수공예'와 '공작自作'의 경계를 흔드는 취미의 실천에서는 원래 배타적 남성성을 지녔던 '공작自作' 문화가 '가정'이나 '사회'에 가까워진 결과로 생겨난 취미에 대해 몇 가지 사례를 들어 논한다. 제9장 「일요목공의 사회사」에서는 미조지리 신야溝尻眞也가 가정에 도움이 되는 남성의 취미로 주목받은 일요목공에 대하여 논한다. DIY 혹은 일요목공은 가정을 위한 공작으로 출발해서 처음에는 남녀공통의 취미로 권장되었으나 이후 남성의 취미로 특화되었다. 이 연구는 여성이 일요목공에서 철저히 배제되고, 수예라는 '만들기' 취미로 회귀하는 현상을 논한 제1부 제3장의 내용과 연결된다. 제10장 「내가 만드는 DIY 자주自主방송」에서는 이다 유타카가 1960~70년대 케이블 TV의 자주방송에 대해 논한다. 남성들이 방송기기를 '공작自作'하고 지역에서 직접 TV 방송을 제작한 초기에는 여성의 자발적 참여도 종종 있었지만, 이것이 취미에서 일로 이행함에 따라 성별 직무 분리가 두드러졌다. 이같이 개인의 취미이면서 지역사회에 공헌하는 '공작自作' 문화의 면모는 철도취미에서도 찾아볼 수 있다. 제11장 「정원철도의 '사회화'」에서는 시오미 쇼塩見翔가 남성 특유의 취미였던 철도 모형 만들기에서 발전한 '정원철도'에 대해서 논한다. 개인의 집 정원 등에 만든 철도 위에서 모형 기차가 달리자 결과적으로 이웃이 생기고 자원봉사 등의 사회적 유대가 발생하는 상황을 소개한다. 제3부에서 논하는 만들기 취미는 모두 어느 정도까지 여성과 사회에 근접하는 듯했으나 결국에는 남성의 '공작自作' 문화로 귀속되었다는 점에서 공통적이다.

이 책의 제1부는 진노 유키, 제2부는 쓰지 이즈미, 제3부는 이다 유타카가 편집을 담당했다.

2. 소년·소녀 잡지의 기초 데이터

젠더화한 만들기 문화의 배경에는 유소년기부터 손에 새겨진 기억이 있다. 만들기에 대한 '손의 기억'이 그 행위를 둘러싼 사회집단의 이미지나 규범 등과 함께 미화되어 파고든다. 그것은 바늘을 움직이는 손이고, 재료를 잘라내거나 줄질하는 손이다. 이 책에서 특히 전반부에 소년·소녀기에 영향을 준

잡지들을 고찰 대상으로 삼은 것은, 거기서 소개하고 있는 수제품과 만들기에 얽힌 젠더 규범이 손끝을 통해 독자들에게 깊이 뿌리내려 어른이 되어서도 계속 영향을 미쳤기 때문이다.

이 책은 만들기 취미를 주제로 설정하고, 『주니어 솔레이유』와 『어린이 과학』이라는 소년·소녀 잡지를 연구의 근간이자 공통 기초자료로 삼았다. 전전기부터 오늘날까지 계속 간행되는 『어린이 과학』에 비해 『주니어 솔레이유』는 1950년대 후반이라는 일정 시기에만 출간되었다. 그러나 두 잡지 모두 수예나 공작 기사를 다수 게재하고, 중류층 이상의 화이트칼라 자녀를 독자층으로 삼았으며, 이후 만들기 취미의 계기가 되었다는 점에서 비교분석할 만하다. 두 잡지의 분석 결과는 다음과 같다(항목 조사는 연구진 전원이 분담하여 실시하였고, 데이터 정리는 『주니어 솔레이유』의 경우 나카가와 아사코, 『어린이 과학』은 시오야 마사유키가 주로 담당했다).

『주니어 솔레이유』

전전기부터 『소녀의 벗少女の友』實業之日本社, 1908~1955의 삽화로 인기를 끈 나카하라 준이치中原淳一는 전후에 잡지 『솔레이유それいゆ』ひまわり社, 1946~1960, 『히마와리ひまわり』ひまわり社, 1947~1952, 『주니어 솔레이유』를 차례로 창간했다. 그중에서 『주니어 솔레이유』는 간행 기간이 짧았음에도 10대 소녀를 '주니어'라는 신선한 표현으로 칭하여 중상류층 가정의 소녀들에게 인기를 끌었다. 이 잡지는 지면을 통해 소녀들의 삶의 지표가 되는 생활규범과 미적 감성을 전달했다. 전체 39호1954~1960에 실린 기사총 1,874건의 특징은 〈그림 1〉과 같다. 소설 등 문학 부문의 읽을거리가 가장 많았고, 그 외에 연예인과 독자 모델 소개, 패션 정보 등이 눈에 띈다. 읽을거리 기사만큼이나 만들기에 관한 각종 기사가 매호에 실렸다. 만들기 관련 기사의 내용은 양재와 기모노 만들기가 101건, 옷 만들기 외

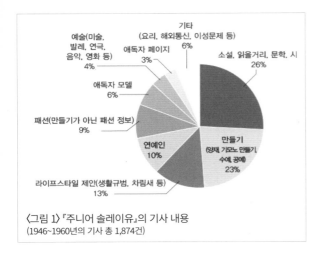

〈그림 1〉『주니어 솔레이유』의 기사 내용
(1946~1960년의 기사 총 1,874건)

바늘과 실을 사용하는 수예가 198건, 그 외 목공 등의 공작이 131건이었다. 기성복으로 이행하는 시기였기 때문에 옷 만들기보다는 수예 및 공작 관련 기사가 점점 더 늘었다.

『어린이 과학』과 대조적인 점은 바로 글쓴이의 성별이다. 소년 잡지인『어린이 과학』의 경우에는 필자와 독자가 모두 남성이었던 반면, 소녀를 독자로 삼은『주니어 솔레이유』에서는 필자와 독자의 성별이 달랐다.『주니어 솔레이유』의 필자는 남성 1,127명, 여성 725명, 성별 미상 540명으로 남성이 많았다. 이를 기사별로 살펴보면, 읽을거리 기사의 경우에 남성 필자가 43%인 것에 비해 여성 필자가 49%, 성별 미상 8%로 여성 필자가 약간 많으나, 패션 기사는 남성이 65%, 여성 10%, 성별 미상 25%로 남성이 압도적으로 많았다. 패션 기사의 대부분을 나카하라 준이치 자신이 썼고, 자신의 패션관을 잡지에 짙게 반영하고자 했던 이유가 크다. 또한, 만들기 관련 기사도 남성 72%, 여성 12%, 성별 미상 16%로 필자의 대다수가 남성이었다. 만들기 관련 기사를 내용적으로 분석하면, 수예 기사의 필자는 남성 70%, 인형제작조차도 남성이 59%를 차지했다. 만들기 관련 기사에는 인형 만들기 외에도 인테리어 관련 수예 기사가 많았는데, 이는 만들기의 의미가 옷 만들기에서 인테리어 관련 수예로

---

29) 1932~2007. 일본의 일러스트레이터, 디자이너. 본명은 나이토 이사오(內藤功). 나카하라 준이치에게 사사받고 1950년대 중반부터『주니어 솔레이유』등의 소녀 잡지에 일러스트나 인형제작 기사를 게재.

즉 필수적인 집안일에서 취미의 행위로 이행하고 있었음을 잘 보여준다. 표지화를 그린 나카하라 준이치, 나이토 루네[內藤ルネ(29)]를 비롯해 대표적인 삽화가와 수예 기사 필자는 대부분 남성이었다. 당시 소설 장르에서는 여류작가가 증가하고 있었으나, 생활의 미의식을 제창하는 여성은 아직 등장하지 않았음을 알 수 있다. 소녀를 대상으로 아름다운 삶을 계몽하고 귀여운 디자인을 만들어냈던 것은 바로 남성이었다.

『어린이 과학』

『어린이 과학』은 알려진 바와 같이 1924년, 현재 성문당신광사의 전신인 어린이과학사[子供の科學社]에서 하라다 미쓰오[原田三夫30)]를 중심으로 간행된 잡지다. 일본을 대표하는 과학 잡지인 동시에 현재까지 출간이 이어져 역사적 경위를 추적하기에 최적의 분석 대상이다.

이 책에서는 전전·전중·전후를 거치는 시기적 변화에 주목하기 위해 1924년 창간호부터 1960년까지 발행된 모든 권호의 분석을 시행했다. 해당 기사는 총 15,250건이었고, 기사 내용별로 '읽을거리'가 61.1%로 과반수를 차지하며, 다음으로 '공작 기사'가 14.2%를 점하고 있어 주목할 만하다. 간행 시기가 달라

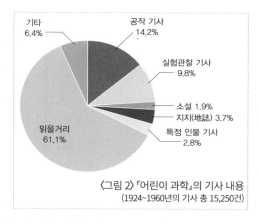

〈그림 2〉 『어린이 과학』의 기사 내용
(1924~1960년의 기사 총 15,250건)

서 단순비교는 어렵지만 『주니어 솔레이유』와 비교하면 상대적으로 '읽을거리'의 비율이 높고 '공작 기사'의 비율이 낮다. '공작 기사'는 다양한 기계나 운

---

30) 1890~1977. 일본의 과학저널리스트이자 교사. 과학 잡지, 과학 계몽서의 편집자이자 작가. 『어린이 과학』 초대 편집장.

송수단에 관한 것으로, 이후 공작 취미나 철도 취미로 연결되는 하나의 원형으로 이해할 수 있다.

『주니어 솔레이유』와 특히 상징적 대비를 이루는 것은 '필자의 성별'인데, '그 외. 혹은 성별 미상'이 40.7%로 매우 높기에 분석에 주의가 필요하나 '여성'으로 명시된 필자는 겨우 0.4%에 지나지 않아 사실상 필자가 거의 남성이었다고 해석해도 무리가 없다. 극단적으로 보이는 여성의 부재는 나날이 강도가 높아졌고 시간이 흘러도 변하지 않았다.

제1부

가정생활에 유용한 '수공예'

제1장

『주니어 솔레이유』에 나타난 소녀의 수예[1]

야마사키 아키코(山崎明子)[2]

들어가며

　1950년대 수예잡지는 대개 성인 여성을 대상으로 삼았다. 물론 전전戰前에
도 소녀를 위한 수예잡지가 있었지만 대부분 수예 입문서이거나 교과서였다.
거의 모든 여자들이 바늘을 지니고 다녔던 시절, '소녀'는 수예의 주체라기에
너무 어렸고, 기술도 서툰 초보자로 간주되었다. 당시 소녀를 수예의 적절한
주체로 여기는 경향이 있었다 해도, 수예의 중심 주체는 어디까지나 고가의
재료, 고도의 기술, 시간적 여유가 있는 부유층 주부였으며 소녀는 이 중 어디
에도 해당하지 않았다.

　나카하라 준이치中原淳一[3]가 『주니어 솔레이유ジュニアそれいゆ, Junior Soleil』히마와리

---

[1]　이 글은 전미경이 번역했다.

[2]　1967년생. 지바대학 사회문화과학연구과 박사. 현재 나라여자대학연구원 생활환경과학계
　　열 겸임교수. 시각문화론, 미술제도사, 젠더론 전공. 『근대 일본의 '수예'와 젠더(近代日本の
　　'手芸'とジェンダー)』(2005) 등을 저술했다.

[3]　1913~1983. 일본의 화가, 삽화가, 패션디자이너, 편집자, 인형작가. 1945년 이후 『솔레이유
　　(それいゆ)』(1946), 『히마와리(ひまわり)』(1947), 『주니어 솔레이유(ジュニアそれいゆ)』
　　(1954), 『여성의 방(女の部屋)』(1970)을 차례로 창간했다.

(ひまわり)사, 1954~1960에서 말한 수예는 손쉽게 구할 수 있는 재료를 사용해 간단한 기술을 조금씩 익혀가면서 만드는 것이었다. 따라서 거기서 수예는 그 어떤 것도 갖추지 못한 소녀들에게 '오히려 바람직한' 것으로 제시되었다. 설령 서툴다 해도 소녀들이 수예를 즐기는 것을 바람직하게 여겨 자신만의 액세서리나 인테리어 소품을 직접 만들도록 권장하였다. 다시 말해 자신의 사물이나 공간을 소녀 스스로 창조하도록 장려했다.

소녀 수예의 규범 즉 '손쉽게 구할 수 있는 재료', '서툴러도 즐기기', '매일매일 꾸준히'는『주니어 솔레이유』지면 곳곳에 나타난다. 이 잡지에는 수예를 즐기는 청춘스타도 등장하지만 수예가 취미인 일반 소녀도 많았다. 소녀들은 공부도 하고 스포츠도 하고 또 수예도 한다는 식이었다. 패션 기사에서도 스스로를 연출할 수 있는 손쉬운 수예를 많이 다루었다.

이 장에서는 잡지『주니어 솔레이유』를 일종의 수예 미디어로 보고자 한다. 분석 대상은 1954년부터 1960년까지 간행된 34권 전체이며, 그중 수예에 관한 이미지와 기사를 수집하여 분석하였다. 특히 나카하라 준이치를 비롯한 남성 수예가가 말한 '소녀의 수예'가, 이전부터 이어져 온 수예 문화 즉 성인 여성의 고급 수예에 대한 대항적·저항적 의미를 가졌다는 점에 주목하고자 한다. 성인 여성과 소녀 간의 대립 도식을 통해 남성 수예가들이 만들려고 했던 것은 무엇인가. 수예나 수예품은 어떻게 표상되고, 어떠한 문맥을 구축하고 있는가. 또『주니어 솔레이유』라는 매체는 수예를 통해 소녀 독자들에게 무엇을 전달하려고 했는가. 이 장에서는『주니어 솔레이유』를 통해 구축된 전후戰後 새로운 소녀상을 고찰하고자 한다.

1. '주니어'의 수예

『주니어 솔레이유』가 말하는 수예란 어떤 것이었을까? 『주니어 솔레이유』에서 수예란 크게 보면 인형, 옷, 일용품, 인테리어 소품, 선물 제작이었으며, 이런 종류의 수예 기사를 창간 당시부터 일관되게 싣고 있었다. 먼저 주니어에게 어울리는 것으로 제시된 수예를 살펴보자.

수예 기법

우선 모자, 가방, 장갑 같은 의류와 소품 제작의 특징부터 살펴보자. 일반적으로 수예에 관한 정보 대부분은, 의류나 일용품을 중심으로 수예품 제작의 다양한 기법을 소개하는 것이었다. 그런데 『주니어 솔레이유』의 가장 큰 특징은 아플리케[4]를 강조하였다는 점이다. 여러 수예 기법 중 『주니어 솔레이유』의 수예 대부분이 아플리케에 집약되어 있다는 사실에 주목해야 한다.

아플리케는 "누구나 할 수 있는 즐거운 수예"이며, "아플리케로 방이나 옷을 주니어답게 한층 더 상쾌하게 꾸며볼까요?"[1]라는 문구는, "집마다 있는 자투리 천"을 사용해 "밝고 귀여움이 넘치는" 옷으로 바꿀 수 있고, "지금보다 훨씬 더 즐거운 매일 매일이 될 수 있다"[2]고 하면서 주니어의 내일을 약속한다. 이 잡지는 '누구나 할 수 있는' 간단한 수예기법인 아플리케가 밝고, 귀엽고, 즐거운 분위기를 만드는 데 유용하다며, 수예가 서툰 '주니어'에게 권유하고 있었다. "단지 사각이나 원형을 사용한 간단한 기법으로 만들어진 경쾌함은 당신의 생활을 산뜻하고 아름답게 꾸밀 수 있습니다"[3]라고 쓴 것처럼, 이러한 효과를 통해 강조하고자 한 것은 간단한 수예 기법에 의한 생활개선이었다.

---

4) 천이나 가죽 등을 적당한 형태로 잘라서 깁거나 붙이는 기법.

〈그림 1〉 JUNICHI NAKAHARA / HIMAWARIYA INC.
나카하라 준이치, 「로맨스 세 자매가 만든 좋아하는 스커트(ロマンス三人娘が作った好きなものスカート)」,
『주니어 솔레이유』 no.11, 1956.9, ひまわり社, 122~129면.

　　사실 아플리케는 전전부터 전후에 이르기까지 매우 중요한 의복 수선기법
이었다. 재봉의 기본을 배우면 누구나 할 수 있는, 즉 전문적인 양재・수예를
몰라도 할 수 있는 수예가 아플리케였다. 나카하라 준이치는 "소녀다움과 자
유롭고 즐거운 생각을 수예로 표현하기에는 아플리케가 가장 적합하다"[4]고
하며 주니어를 대상으로 하는 수예의 한가운데에 아플리케를 두었다. 그 이
유를 기존의 수예 문화와 수용층의 관계에서 살펴보고자 한다.

　　또 아플리케 소재로 펠트만 사용한 점도 특징적이다. 세 명의 여배우, 미소

라 히바리美空ひばり, 에리 지에미江利チエミ, 유키무라 이즈미雪村いづみ5)가 나카하라 준이치와 함께 펠트로 좋아하는 모양을 오려 스커트에 붙이는 기획5을 신거나<그림 1> 펠트로 가방이나 소품을 제작하는 등,6 펠트 소재만 사용한 이유는 다루기가 간단해 아플리케하기 쉬웠기 때문이다. '주니어'를 위한 의류나 일용품 제작은 펠트라는 소재와 아플리케라는 기법에 의해 간단함과 즐거움이 강조되었다. 이처럼 '누구나 할 수 있다'는 식으로 주니어들에게 수예의 새로운 길이 열리고 있었다.

생활공간을 꾸미는 수예

'주니어' 수예의 두 번째 특징은 자신의 공간을 새롭게 창조하는 것이다. 1950년대 일본의 일반 가정에서 10대 소녀들이 혼자 방을 쓰는 일은 드물었고, 또 오래된 일본가옥은 벽이나 문으로 구분되는 공간이 별로 없었다. 대개 다다미방을 형제자매나 가족이 함께 썼다. 그러한 시대에 『주니어 솔레이유』는 수예로 자기만의 공간을 창조하는 법을 제시하였다. 나카하라 준이치는 제한된 생활공간을 아름답고 즐거운 공간으로 만드는 것에 대해 다음과 같이 말했다.

혹여 여러분의 방이 없더라도 여러분의 집 어딘가에 이런 작업을 한두 개 시도해 보기 바랍니다. 여러분의 주변이 조금이라도 더 살기 좋고 아름답고 즐거워지기를 바랍니다.[7]

인테리어나 환경을 크게 바꾸지 않아도 "귀엽고 경쾌한 액자로 당신의 방

---

5) 1937년생인 세 사람 모두는 영화 〈로맨스 세 자매〉의 주인공으로, 배우이며 가수이다.

을 주니어 방답게 만들 수 있습니다"[8]라면서, 사소한 고안이나 노력도 소중하다고 말했다. 특히 이런 공간은 소녀 스스로가 만드는 것이 중요하다고 한다. "적어도 자신의 방은 자신의 손으로"[9] 만든다면 어떤 것에도 구속되지 않은 즐거운 장소가 되고, 그럼으로써 그만큼 풍요로워진다고 했다.[10] 나카하라 준이치는 "손수 만든 물건으로 꾸민 방은 거기에 사는 사람의 마음 씀씀이가 엿보여 사랑스러운 기분이 든다"[11]며, 아플리케로 방 꾸미기를 권했다. 방을 장식할 물건 만들기도 소개하였지만, 그것보다 먼저 "자신의 방을 사랑하는 마음"[12]이 더 중요하다고 했다. 또 절약한 돈으로 값싼 천을 사서 방을 아름답게 꾸미려는 마음을 높이 샀다. 수공예품으로 가득 찬 독자나 청춘스타들의 방,[13] 나카하라 준이치의 자택 등을 사진으로 소개하기도 했다. 벽걸이, 인테리어 소품, 책장, 파티의 실내장식 등, 전후 새로운 가정 공간에 대한 소녀들의 의식이 점점 높아졌다.

『주니어 솔레이유』에 글을 썼던 구시다 마고이치串田孫—[6]도 실내공간에 대한 자신의 생각을 다음과 같이 말하였다.

자신의 주변은 스스로 만들어야 한다. 이를 통해 자신의 능력에 따른 자연스러운 한계를 알게 된다. 하고 싶다고 자기 마음대로 해서는 안 된다. (…중략…) 주어진 여건 아래, 자신의 한계를 인정하면서 다른 사람에게 그것을 강요하지 않는 가운데 내가 만든 물건으로 채워가는 기분, 그것이 나를 행복하게 만들었다.[14]

구시다 마고이치가 말한 것처럼 수공예품으로 자신의 공간을 채워나가는 것은 자기충족의 한 방법이다. 아직은 가정의 관리자가 아니지만 언젠가 가

---

6) 1915~2005. 시인, 철학자, 수필가.

정을 가질 소녀들이 자신의 공간을 창조함으로써 행복감을 갖는 것, 그 행복을 느끼는 소녀가 바로 이상적인 소녀의 모습이었다.

수예품 선물

주니어 수예의 세 번째 특징은 선물하기 위한 수예이다.

"당신의 마음을 담아 한 코 한 코 짠 스웨터나 머플러를 주는 것"[15]이나 "친구들에게 직접 만들어 선물한다면 대단히 기쁜 일"[16] 등, 선물은 수예의 중요한 동기였다. 게다가 선물할 때 상점에서 싸 준 그대로 주는 것은 마음이 깃든 것이라 보기 어렵다고 했다. "자신만의 스타일로 받는 이의 마음에 들도록 포장하는 것은 어떻게든 그 선물을 예쁘고 즐겁게 만들려는 뜻이겠지요"[17]라고 했다. 이렇게 돈 들이지 않고 마음을 담은 선물을 하는 것에 커다란 의미를 두었다.[18]

소녀들이 직접 만들어 선물하는 문화는 상대를 생각하는 마음의 중요성을 말한다.

"마음을 담아 만든 당신의 선물을 받는 사람들은 얼마나 좋을까요?"[19]라든가 "이니셜과 함께 수놓은 당신의 진심, 그 선물을 받은 사람은 아름답고 행복한 꿈이 이루어진 것입니다"[20]라는 말이 반복해 등장한다. 손수 만든 선물 그 자체가 마음이 담긴 것으로, 그것이 바로 상대를 생각하는 마음이라고 하였다. 간단한 것이라도 직접 만들었다는 점이 중요했다. 이처럼 소녀들의 수예는 단순한 자기충족에 그치는 것이 아니라 다른 사람에 대한 배려의 표현이었다.

이와 같이 『주니어 솔레이유』에서 수예란 자신을 위한 물건을 만들고, 또 그것을 다른 사람에게 선물로 나누는 것이었다. 이렇게 수예품은 항상 기쁜 마음으로 만들어 나누는 것이라 하면서 이 잡지는 소녀들의 만들기 자세를 말하고 있었다. 수예는 긍정의 의미를 부여받은 자기표현 수단이며, 소녀 자신과 다른 사람을 이어주는 끈이었다. 따라서 소녀라면 수예를 해야 했다.

2. 이상적인 소녀상, 수예하는 소녀

『주니어 솔레이유』는 수예하는 소녀들을 이상화하였다. 이는 전전의 현모양처 규범에서 벗어나 전후에 긍정적 의미가 새롭게 부여된 것이다. 수예하는 소녀들은 어떻게 이야기되었을까.

자기다움의 추구

『주니어 솔레이유』에서 소녀 수예의 목표는 수예를 일상생활의 일부분으로 만들어 생활을 풍요롭게 하는 것이었다. 수예를 생활의 일부분으로 만들기 위해 늘 독자의 생활환경을 고려했다. 결코 넉넉하지 않았던 전후의 물자 공급 상황을 감안해 '폐품이용'이나 '리폼'을 핵심에 두었다. 지난해 입었던 스커트를 아플리케로 리폼,[21] 자투리 천을 사용해 하루 만에 만든 여름 스커트,[22] 스웨터 짜고 남은 털실로 만든 봄 액세서리,[23] 버리는 천으로 만들기,[24] 재생이 도저히 불가능해 보이는 것으로 소품 만들기[25] 등 재활용의 다양한 예시를 보여주었다. 폐품을 이용한 재활용 기법은 전시기의 의복 관리 측면에서 급속히 발달하였고, 신세대 '주니어'가 당연히 갖추어야 할 기술이었다. 상황이 나아져 시장에 섬유제품이 다시 등장했다 해도 '가진 것 없는' 소녀들에게 폐품 재활용은 바람직한 것이었다. 수예가들은 "'폐품을 이용'해도 초라한 느낌이 들지 않는"[26] 디자인을 제시하였다. 그와 함께 "당신의 생활을 꾸미는 것은 정말 멋진 일"[27]이며 "당신의 마음이 한층 여유로워져 다른 사람에게도 따뜻함을 전할 수 있다"[28]고 했다.

또한 수고와 고민이 있어야 아름다운 만들기가 가능하며,[29] 남과 다른 "아주 재치 있고 귀여운 멋쟁이"[30]가 된다는 말도 소녀들이 '자기다움'을 추구하도록 부추겼다. "기성품을 그냥 사용하지 말고, 잠깐의 간단한 작업을 더하는 것만으로도 매우 고급스럽게 바뀐다는 것을 생각해보기 바랍니다"[31]라고 하였다. 자기다움을 찾기 위해 아주 간단한 작업을 더하는 것이 소녀들에게 요청되었던 것이다.

값을 매길 수 없는 가치

수예로 소녀들이 자기다움을 추구할 때 돈으로 살 수 없는 가치, 즉 값을 매길 수 없는 만들기의 가치는 크게 세 가지라고 하였다.

첫째, 수예로 '행복감'을 얻을 수 있다고 한다. 『주니어 솔레이유』에서 인형 작가로 활약한 마쓰시마 게이스케松島啓介는 다음과 같이 말했다.

여기저기 흩어져 있는 자투리천이 간단한 작업과 고안으로 인형이 되어가는 것은 엄청난 즐거움을 느끼게 만듭니다. 어딘가를 아련히 바라보고 있는 인형을 보고 있을 때 저는 정말 행복해집니다. 독자 여러분도 그렇지 않나요?[32]

10대 후반 분망한 소녀들이 "일요일, 햇살 아래에서 대바늘 뜨개질을 하고 있으면 무언가 행복한 기분이 듭니다"[33]라는 말이나, 공들여 스웨터를 짜는 행복감은 진정 자신만의 것이기에 다른 사람에게 선물로 나눌 수 있다[34]는 것에서 수예를 행복감과 결부시키고 있음을 알 수 있다.

둘째, 설령 서툴다 해도 수예는 생활 속 기쁨이라는 주장이다. "공부하는 짬짬이 또는 연습 후 한때를 수예나 옷 만들기로 보내는 것은 매일의 생활 속 큰 기쁨"[35]이라고 하면서, 수예로 말미암은 풍요로운 생활을 기쁨으로 받아들였다.[36] 자그마한 장식이나 수고로 생활을 편리하게 하거나,[37] 하나하나 만들어 가까운 이들을 즐겁게 하는 것이 수예의 목적이었다.[38]

셋째, 수예품을 계속 만들어 생활 속에서 늘려 가면 그 수예품은 자신이 만든 시간의 추억이 되어 앨범 같은 역할을 한다는 것이다. 자신이 직접 만든 것에는 그리움이 있고, 그것을 만들 때의 기쁨이나 추억 등을 담고 있어 소중한 것이 된다.[39]

이처럼 가진 것이 많지 않은 소녀들이 값을 매길 수 없는 가치를 수예에서 발견함으로써 손으로 하는 일에는 돈으로 대신할 수 없는 의미가 담겨 있음을 보여주었다.

아름다운 마음씨

수예를 통해 소녀들이 느끼는 기쁨과 즐거움은 아름다운 마음씨로 받아들여졌다. 버려진 자투리 천을 모아 가족들의 방석을 "당신의 손으로 만들어보세요"[40]라든가 어머니 손을 빌리는 대신 "꼼꼼히 세탁하고 다림질한 양말이나 손수건 따위의"[41] 일용품에 자수나 아플리케를 해서 귀엽고 즐거운 것으로 만드는 등, 소녀들에게는 가족을 위해 무엇인가를 만들도록 요구되었다.

어머니들이 재봉하는 것은 당연하다. 하지만 미숙한 소녀들이 누군가를 위해 수예를 하는 것을 『주니어 솔레이유』는 매우 높이 평가하였다. "자신이 입는 모든 것을 스스로 꿰매고 또 스스로 짜는 것",[42] 그 재미와 즐거움에서 자신에게 가장 잘 어울리는 장래를 자연스럽게 생각하게 되었다는 소녀, '자신만의 방식이라 부끄럽다'고 하면서도 "학교 재봉 시간에 친구들이 한 장 만드는 사이에 두 장을 만들어 내는"[43] 재봉에 능숙한 소녀들이 이 잡지에서 최고의 소녀상이었다. 한 여고생은 대부분의 여가를 수예로 보내는데 인형을 만들거나 양재하는 시간이 가장 즐겁고 행복하다[44]고 하였고, 자투리 시간까지 활용해 항상 수예하겠다는 마음 자세를 잡지는 크게 칭찬하였다.

『주니어 솔레이유』는 소녀들이 수예를 좋아하기를 원했다. 수예를 통해 기쁨과 즐거움을 얻고, 서툴고 재료가 없다 해도 다른 사람에게 기쁨과 행복을 나누어 줄 수 있는 수예를 공명, 이득, 칭찬이 아니라 자신이 좋아서 한다는 소녀의 자세를 추구했다. 후에 유명한 인형작가가 된 야스다 하루미安田はるみ는 소녀 시절 『주니어 솔레이유』에서 다음과 같이 말했다. "한 개의 인형을 완성했을 때의 기쁨, 만들고 있을 때의 충만한 기분, 인형을 만드는 즐거움을 내게서 없앤다면 필시 나는 텅 비어버릴 것입니다."[45] 단지 만들고 싶고 좋아하기 때문에 수예를 하고, 수예가 없으면 텅 빈 기분이 된다는 소녀야말로 『주니어 솔레이유』가 추구하는 이상적인 소녀였다.

기성품이 점차 늘어나는 사회에서 소녀들은 자신다움을 추구하면서 유일무이의 가치를 수예에서 찾았다. 만들겠다는 생각을 아름다운 마음으로 이해하는, 근대적 양처현모주의와는 다른 전후의 규범이 여기에서 탄생하였다. 이미 손으로 직접 만들지 않고도 생활할 수 있는 사회였기 때문에 만든다는 것에 대한 미화가 중요한 의미를 가졌던 것이다.

3. 언설 발신자로서의 남성 지식인

남성 수예작가들

『주니어 솔레이유』의 수예 기사 필자로 남성이 많았다는 점은 가미노 유키神野由紀가 지적한 바 있다.[46] 사실 수예·재봉 교육의 경우 교육자와 학생 모두 여성이 대다수였고, 그 문화 역시 여성이 담당하였다. 물론 수예·재봉 교육의 역사 속 선구적 교육자 중에는 남성도 있었다. 예를 들면 1881년메이지14 창립한 화양재봉전습소和洋裁縫伝習所, 현 도쿄가정대학에서 재봉기술 교수법[47]을 개발한 와타나베 다쓰고로渡邊辰五郎[7]처럼 여성교육 발전에 전력을 다한 남성도 있었다. 후지이 다쓰키치藤井達吉[8]는 나카하라 준이치 등을 비롯해 얼마 되지 않은 남성 수예가들의 선배라 할 수 있다. 나카하라와 후지이 사이에 직접적 교류가 있었는지는 명확하지 않다.

후지이 다쓰키치는 전전과 전후에 걸쳐 공예와 도안으로 활약한 근대 공예가이다. 1919년 다카무라 도요치카高村豊周[9]나 오카다 사부로스케岡田三郎助[10] 등과 함께 장식미술가협회를 결성했다. 그가 수예에 깊이 관여했음은 잡지『주부의 벗主婦之友』主婦の友社, 1917~2008에 1921년부터 시작한 초보자를 위한 '가정 수공예 제작' 연재와, 이를 엮어 출판한『가정수예품 제작법家庭手芸品の製作法』,[48]『초보자를 위한 수예 도안 그리기素人のための手芸図案の描き方』[49] 등으로 알 수 있다. 후지이 다쓰키치는『주부의 벗』에 많은 수예 기사를 기고하여 당시 주부층을 대상으로 새로운 수예를 제시하였다. 거기에서 그의 새로운 아이디어와 함께 수예를 '공예'적인 것으로 고양시키려는 의도를 읽을 수 있다.

그러나 후지이 다쓰키치는 수예 기사를 자신의 특별한 업적이라 생각하지 않았다. 남성 공예가들에게 여성을 대상으로 한 기사 집필은 결코 중요한 일이 아니었고, 대다수의 공예가들은 가정수예 따위는 거들떠보지도 않았다. 수예 기사 전체를 살펴봐도 여성 필자와 제작자가 압도적으로 많았고, 수예

---

7) 1844~1907. 교육가. 일본의 여자 직업학교의 선구자.
8) 1881~1964. 일본 공예가. 제국미술학교(현 무사시노미술대학) 도안공예과 교수(1929~1938). 공예품의 대중화에 힘썼으며, 공예의 모든 분야에서 기존 틀을 벗어난 참신한 작품으로 주목받았다.
9) 1890~1972. 주금가(鑄金家). 가나자와미술공예대학 교수.
10) 1869~1939. 화가. 판화가. 도쿄미술학교(현 도쿄예술대학) 교수.

의 중심 주체는 어디까지나 여성이었다. 이런 가운데 후지이 다쓰키치는 수예 개혁가로 자리매김하였고, 그의 작업은 '공예'가 근대 가족의 공간과 생활을 시야에 넣은 최초의 사례로 평가받는다. 말할 것도 없이 그때까지 여성 수예가들이 가정 공간을 기반으로 활동해 왔음에도 불구하고 말이다.

후지이 다쓰키치가 수예에 관여한 시기와는 거리가 있지만『주니어 솔레이유』수예 기사 대부분이 남성에 의한 것이라는 점은 매우 흥미로운 일이다. 앞서 다루었던 나카하라 준이치를 필두로, 나이토 루네內藤瑠根,[11] 가타야마 루지片山龍二,[12] 미즈노 마사오水野正夫,[13] 에키구치 구니오ㅍ+ グ チ・ク ニ ォ, 마쓰시마 게이스케 등의 남성들은 전후 소녀들에게 새로운 '수예'를 제시하였다. 주목할 점은 여성 전체가 아니라 소녀를 대상으로 했다는 것이다. 그리고 이 새로운 '수예'는 바로 앞서 설명하였던『주니어 솔레이유』에서 주로 다룬 '아플리케'였다.

아플리케의 정치성

그렇다면 왜 남성 수예가들은 무수히 많은 수예 중에서 아플리케를 선택했을까?

자수, 뜨개질, 레이스 뜨기, 퀼트 그리고 아플리케 등 전전부터 다양한 수예가 있었고, 수예에는 유행이 있었다. 그런데 특정 시대의 특정 미디어에서 두드러지게 나타나는 표상이 있다면 이를 통해 그 사회의 기대와 수용의 맥락을 읽을 수 있다.『주니어 솔레이유』의 경우 아플리케가 바로 그 특징적 표상이다.

---

11) 1932~2007. 일본의 일러스트레이터, 디자이너. 나카하라 준이치에게 사사하였으며, 1950년대부터『주니어 솔레이유』같은 소녀 잡지에 일러스트나 인형작품을 발표해 소녀 문화에 큰 영향을 주었다.
12) 1932~미상. 잡지 편집자. 프리 아나운서.
13) 1928~2014. 복식디자이너.『주니어 솔레이유』에 아동복 디자인화를 그림.

1950년대 일본에는 자수나 레이스 뜨기뿐만 아니라 이미 많은 수예 기법이 있었고, 필요한 재료의 공급도 복구되기 시작하였다.[50] 수예는 메이지 초기부터 서양 문화의 하나로 유입되어 메이지 중기 이후 여성교육에 편입되었다. 전전부터 이어진 여러 수예 문화 가운데 '아플리케'는 특별한 기술이 필요 없는, 즉 간단하게 '덧대면 되는' 것으로, 나이 어린 소녀들의 초보적 바느질이자 의복 수선 기술이었다.

그런데『주니어 솔레이유』에서 이 '아플리케'가 갑자기 부각되기 시작했다. 이것은 기존 수예 문화의 맥락에서 볼 때 특이한 것으로, 만드는 주체와 사용하는 주체가 어리다는 점을 주목하게 만들었다. 이를 통해『주니어 솔레이유』가 성인 여성이 중추적 수예 주체였던 기존 수예와는 차별적인, 새로운 수용층 창출을 목표로 하고 있음을 알 수 있다.

성인 여성과 차별화된 '주니어'의 창출과 함께, 당시 아플리케 문화에는 사치스러운 것을 피하려는 시각이 있었다. 주변에서 쉽게 찾을 수 있는 재료, 버리는 것, 자투리 천 등을 버리지 않고 활용한, 생활감각을 표현하는 수단으로써의 아플리케는 전후에 매우 빠른 속도로 일부 여성들의 표현 미디어가 되었다. 그 중심에는 아플리케 작가[51] 미야와키 아야코宮脇綾子[14]가 있었다.

40세에 '아플리케'를 시작한 미야와키 아야코는 다채로운 헝겊조각을 활용해 일상생활 속 다양한 주제를 유머 넘치는 작품으로 만들었다. 그녀는 패전으로 공습에서 해방된 것을 기뻐하며 자신을 위해 '아플리케'를 시작했다고 한다. 집에서 옷을 만드는 것이 일반적이었던 시대, 자투리 천은 중요한 재생자원으로 가정마다 쌓여 있었다. 미야와키 아야코는 그것을 이용해 자신이 관찰한 일상을 꿰매 붙였다. 아플리케 자체는 그 이전부터 일상생활 속에 있

---

14) 1905~1995. 아플리케 작가.

었지만 그녀에 의해 다른 수예기법보다 자유로운 표현이 가능해졌고, 이것은 전전의 여러 규범으로부터의 해방을 의미한다. 이런 점에서 아플리케라는 수예는 전후를 상징하는 수예로 보급되었다고 말할 수 있다.

만들기 주체의 탄생

전후 일본의 수예 문화는 수예용품 업계에 의해 유지되었다. 수예 산업이라는 기반이 있었고, 판매 촉진의 일환으로 수예가들이 작품을 발표했는데, 그 대부분의 관리는 수예용품 회사가 담당하였다. 따라서 전후의 수예잡지 대부분은 재료 공급을 전제로 하고 있었다. 이런 점에서 볼 때 『주니어 솔레이유』는 수예가와 산업계가 서로 일정한 거리를 두었던 전전 수예 문화의 모습을 계승하였다.

그러나 『주니어 솔레이유』가 전전의 수예 문화를 계승했다 할지라도 소녀들을 수예 문화에 친숙하도록 이끌었던 전전의 여성교육^{수예ᆞ재봉}과는 전혀 다르다는 점이 중요하다. 『주니어 솔레이유』에는 여성교육에 관여한 논객이 없었고, 아플리케를 강조한 것에서 알 수 있듯이 여성의 역할로 규범화된 전전과는 다른 수예를 중심에 두었다.

결국 『주니어 솔레이유』는 다른 수예잡지와 달리 수예용품 회사와 거리를 두고, 작가 중심으로 지면을 구성했다. 또 기존의 여성 중심 수예 문화와 달리 남성지도자를 중심에 두었다. 이러한 두 가지 '새로움'에 의해 '독립적인 남성 수예가'가 부상했으나, 『주니어 솔레이유』가 제시한 모범적 주니어는 '소녀'였다. 그들이 추구하는 세계를 구현하기 위해서는 만들기 주체로서의 '소녀'가 필요했던 것이다.

4. 기피된 '수예'

이야기 속의 '수예'

지금까지 살펴보았듯이 『주니어 솔레이유』가 제시한 소녀의 수예는 전전과 전후가 단절된 독자적인 '수예'였다. 『주니어 솔레이유』의 평론과 기사에 나타난 '수예'는 이를 명확히 말하고 있다. '수예'는 어떤 문맥에서 이야기되고 있었을까.

예를 들면 전후 전형적인 가정주부인 어머니를 다음과 같이 묘사하였다. "가정생활을 합리적으로 개선해 어머니들이 시간적, 정신적으로 여유 있는 생활을 했으면 좋겠다", "그렇게 되면 독서를 한다거나, 수예하면서 라디오를 듣는다거나, 그림 그리는 것도 가능하다. 그리고 옷도 많이 만들 수 있다"[52]라고, 딸은 어머니에 대한 희망사항을 말한다. 이어서 "유치원 다닐 때 옷과 한 세트로 장갑이나 가방을 많이 만들어 주던 어머니는 어린 마음에도 고마웠다. 그해 봄 노래발표회 때 어머니는 밤을 새워 드레스를 만들어주었다"라고 어머니가 만든 것에 대한 추억도 말했다. 딸은 "학교에서 있었던 일, 친구들 일, 영화나 연극 이야기를 나누며, 다이쇼에 태어난 어머니가 쇼와 사회에서 길을 잃지 않도록 도왔다"[53]라며 문장을 끝맺었다. 딸에게 옷을 만들어 입힌 어머니는 '쇼와 사회'에서 길을 잃어버린 존재로 간주되었던 것이다.

어머니가 딸을 대신해 재봉하는 장면으로 시작되는 이야기 「엄마와 두 딸」은 딸이 재봉을 못해 어머니가 대신 숙제를 해주는 전후의 새로운 모녀관계를 묘사하였다.[54] 딸의 숙제를 돕기 위해 재봉틀을 돌리고, 일부러 서툴게 레이스를 뜨는 어머니는 다른 어머니들도 딸의 공부를 위해 뜨개질을 도와준다고 하니 자신도 괜찮을 것이라고 말한다.

전후 어머니들은 봉제기술이 있는데도 그것을 자아실현의 도구로 살리지 못하고, 딸 대신 숙제나 해 주는 쓸모없는 존재가 되었다. 어머니들에게 '수예'는 풍요로움이나 즐거움을 주지 못했으며, 물질적으로 풍요로운 사회에서 이 기술은 무용한 것으로 묘사되었다.

이러한 수예 기사를 비롯해 도처에서 인용되는 글을 살펴보면 이상화된 수예만 등장한 것은 아니었다. 오히려 거기에는 전전의 수예 주체였던 어머니 세대와 수예를 얕보는 현대의 가치관 등이 반영되었다.

어머니들의 '수예'

어머니 '수예'의 대표 격은 '레이스 뜨기'와 '자수'로, 『주니어 솔레이유』에서는 전혀 나타나지 않았다. 사실 1950년대 이후 수예 문화의 중심은 자수와 레이스 뜨기였다. 전후 이 두 분야에 관한 서적이 차례로 출판되었고 1960년대까지 수예의 왕좌를 차지하였다. 1950년대 중반부터 경제적 여유가 생겨남에 따라 일본에 수예 열풍이 새롭게 일어났다.[55] 전전의 자수나 레이스 뜨기 같은 수예가 또다시 같은 모습으로 등장하였고 수용층이 광범위하게 넓어져 일대 열풍을 일으켰다.

그러나 이 무렵에 나카하라 준이치는 "정말 손이 많이 가는 레이스 뜨기나 자수 등은 누구나 간단히 할 수 있는 것이 아니고, 기껏 만들어도 마음에 들지도 않을 뿐만 아니라 오히려 사는 것보다 더 비싸게 드는 경우도 있습니다"[56]라며 비판적이었다. 이에 비해 "아플리케는 주변을 유쾌한 분위기로 연출하고 싶은 사람이라면 손재주가 없어도 배우지 않아도 누구나 그 소망을 쉽게 이룰 수 있습니다. 설령 실수가 있어도 오히려 그런 서투름이 재미있어 미소 짓게 합니다"[57]라며 아플리케의 가치를 레이스 뜨기나 자수보다 높이 평가하였다. 어려운 기술이 필요한 "관상용 수예"도 분명 훌륭한 것이지만 이것은 "어린 주니어의 생활 감각에는 맞지 않는"[58]것으로 보았다.

어머니들과 동시대를 살았던 나카하라 준이치는 자신과 같은 세대 여성들의 '수예'를 왜 비판적으로 보았을까.『주니어 솔레이유』는 어머니 수예를 부르주아 문화 그 자체로 이해하였다. 고야마 긴코小山銀子는 전전의 여성교육에 대해 다음과 같이 말하였다.

전전 일본의 가정 대부분은 봉건적이었다. 여자 아이의 경우 교육의 범위가 좁았고, 대개 그 목표는 가정주부였다. 어디까지나 얌전하고 여성다운 것을 가르쳤다. 이것이 일반적인 상식이었다. (…중략…) 주로 고토,[15] 샤미센, 다도, 꽃꽂이, 일본 무용, 기모노 만들기, 요리, 습자, 수예 정도였다. 그 외 피아노나 바이올린 등도 있었지만 이것은 하이칼라 가정의 따님이거나 직업을 목적으로 한 경우였다.[59]

또 흥미로운 것은 독자 사연 코너에서 다음과 같은 비판이 나타났다는 점이다.

한 가지 유감스러운 것은, 일하는 친구들이『주니어 솔레이유』를 '부르주아 잡지'라 말한다는 점입니다. 실제로 화보 면에 부잣집을 방문한 기사가 넘치고, 일하는 사람들이 보기에는 밝게만 보이는 기사도 적지 않아 그런 소리를 들어도 별수 없다고 생각해요. '꿈을 꾸면서도 현실에 맞는 것'을 보여줘야 하지 않을까요. 또 독자들이 이 지면을 단순히 자기소개의 장으로만 여겨, 생활과 관련한 현실적인 의견 교환은 잘 이뤄지지 않는 것 같습니다. 이 잡지가 단지 부르주아 자녀를 위한 것으로만 보여서는 안 된다고 생각합니다. 교토시, 기타하라 가츠코(北原克子)[60]

---

15) 일본 가야금.

이는 일반 독자 입장에서 부유한 계층의 소녀를 다룬 『주니어 솔레이유』를 비판한 것으로, 이에 대해 편집부는 다음과 같이 답했다.

☆ 기타하라 씨 말씀이 맞습니다. 그러나 『주니어 솔레이유』는 결코 부르주아 잡지가 아닙니다. 우리는 여러분들에게 매일의 생활을 아름답게 하는 일은 돈을 들이지 않고도 할 수 있다는 것을 가르쳐드리고 싶습니다만…….[61]

풍요로운 생활은 경제력에 따른 것이 아니라고 하지만 투고자 물음에 답이 되지 못했다. 투고자가 지적하고 있는 것은, 부유한 소녀들의 인형 만들기, 근사한 방, 좋아하는 옷의 재봉, 외국 유학 등과, 소박하고 간단한 수예품 만들기 사이의 모순이었다. 전후 지식계급에게 이어진 전전 부르주아에 대한 혐오는 이렇게 나타났다.

나가며 전후 소녀 문화로서의 '새로운 수예'

남성 수예가가 어머니의 수예인 전전 여성교육과 전후 수예 문화 양쪽을 부정하면서 소녀의 새로운 수예로 제시한 것은 무엇일까. 그것은 『주니어 솔레이유』가 제시한 '주니어' 이미지와 깊은 관련이 있다.

나카하라 준이치 등이 소녀들을 향해 역설한 이데올로기는 '주니어다움'의 필요성이었다. 구체적으로 살펴보면 '주니어'의 패션은 "어른들 눈에 귀여운" 것이 좋고 "곤란한 복장이나 태도"는 바람직하지 않다고 했다. "젊은이가 아니라면 입을 수 없는", "어딘가 좀 부족한 듯하지만" "그것을 젊음으로 채우는" 복장이 좋다는 것이다. 무엇보다 "어른들이 자주 하고 다니는 스타일의 액세서리"를 하지 않는 것이 중요했다. 이런 것들이 아니어도 "젊은이는 충분히 아름답다"[62]는 것이다.

『주니어 솔레이유』 필자들에게 '주니어'는 '어른이 아니었고', 특히 '소녀'를 '성인 여성과는 다른' 대상으로 다루었다는 공통점이 있다. 소녀는 어머니를 비롯한 성인 여성들에게 배우는 대신에 남성 필자들이 선별한 이상화된 여성 즉 일반적인 성인 여성과는 다른 이미지를 본받는 것이 요구되었다.

『주니어 솔레이유』에서 반복되는 '주니어다움'은 이처럼 기존 여성의 부정 위에 성립되었다는 점이 중요하다. 새로운 소녀로서의 '주니어'는 어리고 귀여운 것으로 특징지어졌다. 에이프런 특집 기사에서는 극단적으로 어린 이미지의 에이프런을 여러 개 소개했고<그림 2>,[63] 일본 10대의 패션 특집에서도 아동복을 원형으로 한 주니어 옷을 제시하고 있다.[64] 소녀 주니어세대는 성인에 다가가는 것이 아니라 성인과의 차별화를 위해 아동과의 연속성이 강조되었다. 이것은 소년 주니어에게는 요구되지 않았던 특징이었다.

이처럼 사랑받는 어린아이 이미지에 다가감으로써 소녀들은 가정 안에서도 어린 존재로 간주되었다.

> 집에서도 당신이 여자아이라는 점을 크게 발휘하세요. 검은색 교복을 귀엽고 사랑스러운 실내복으로 바꿔 입고, 아플리케로 꾸민 에이프런을 재빨리 걸친 후 어머니를 도와드리면 어머니뿐 아니라 가족 모두가 여자아이여서 정말 좋다고 생각할 것입니다. 당신이 집안 분위기를 바꾸고 있습니다.[65]

사회적 의복인 교복을 벗고 가정 공간에서 '소녀'다운 스타일을 가짐으로써 소녀는 가정 내에서 인정을 받았다. 이를 위해 소녀는 사치스러운 물건 따

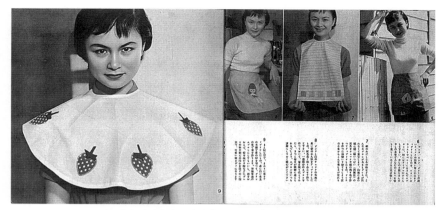

위가 필요 없는, '만들기'의 이상적 주체가 된다. 조 나쓰코城夏子[16]는 "주변에 널려 있는 것을 사용해, 싼값으로 장식해도 시시하기는커녕 멋있어 보이는 젊음의 특권을 마음껏 누려보세요", "모피 같은 것을 입으면 저답지 않잖아요", "젊은이는 50엔짜리 브로치를 달아도 더할 나위 없이 사랑스럽습니다. 단, 값싼 것이라고 해도 어디까지나 나름의 개성이 드러나야지 비싼 것의 모조품은 안 됩니다. 이 점이 대단히 중요합니다"[66]라면서, 성인문화와는 철저히 분리시킨 소녀 특유의 문화형태를 제시하였다.

주니어는 비록 변변치 않더라도 개성 있는 '진짜'를 즐겨 입고, 물질적 풍요로움을 따르지 않는 저항적 주체라 할 수 있다. 그러나 이 저항을 경제력도, 사회적 지위도, 결정권도 갖지 못한 '소녀'에게 맡기는 것에 대해 나카하라 준이치 등은 어떻게 생각하고 있었을까. 여기에 대한 명확한 대답을 『주니어 솔레이유』에서는 찾을 수 없었다.

남성 수예가는 어머니 세대의 수예를 사치스러운 부르주아 문화라고 지적하면서 부패한 가치와 결부시키고 다른 한편으로는 가진 게 없는 소녀들에게

---

16) 1902~1995. 작가. 와카야마 고등여학교 시절부터 소녀 소설을 썼으며, 『여인예술(女人藝術)』, 『여성전선(婦人戰線)』 등에 작품을 발표했다.

이상을 제공하였다. 여성에서 여성으로 계승되어온 수예 문화를 빼앗아 그 가치를 변화시키려고 한 『주니어 솔레이유』는 전후 젠더 질서의 재편성을 시도하였던 것이다. 그러나 그 밑바탕에는 '어머니 수예'를 '과거'의 유물이라고 부정하는 여성혐오도 존재했다는 사실을 동시에 읽을 수 있다.

『소녀의 벗』과 『주니어 솔레이유』를 통해 본 '소녀'·'주니어'의 인형[1]

이마다 에리카今田繪里香[2]

들어가며

이 장에서는 일본의 전전·전후 시기 소녀 문화에서 인형이 어떻게 다루어 졌는지 알아보고자 한다. 다니자키 준이치로谷崎潤一郎는 『세설細雪』에서 양재 는 저급한 노동자계급의 일로, 인형 만들기는 상류계급의 고급 취미로 묘사 하였다.

제가 아무리 생활능력이 없다고 해도 설마 다에코 씨를 경제적으로 불편하게 하기야 하겠습니까? 그러니 직업여성 같은 일은 하지 못하게 했으면 좋겠습니다. 그야 뭐 다에코 씨는 손재주가 있는 사람이니까 뭔가 일을 하지 않고는 못 배긴다 는 건 압니다만, 돈 버는 게 목적이 아니라 취미로 한다면 적어도 예술이라는 이름 이 붙는 일을 하는 게 더 기품있고 남 보기에도 좋지 않습니까? 인형 제작이라면

---

[1]   이 장은 남효진이 번역했다.
[2]   일본 세케대학 문학부 현대사회학과 교수. 저서로 『'소년'·'소녀'의 탄생(「少年」·「少女」の誕生)』(2019)이 있다.

좋은 집안의 아가씨나 부인의 여기餘技니까 누구한테 무슨 말을 듣더라도 부끄럽지 않겠지만, 양재는 좀 그만두었으면 좋겠습니다.[1]

『세설』은 오사카 센바船場의 유서 깊은 마키오카蒔岡 가문 네 자매의 일상을 1936년부터 1941년까지 묘사한 소설이다. 위 인용문은 넷째 딸인 마키오카 다에코蒔岡妙子의 연인인 오쿠바타케 게이자부로奥畑啓三郎가 다에코의 언니 사치코幸子에게 불만을 털어놓고 있는 장면이다. 그는 다에코가 인형 만들기를 그만두고 양재를 시작하려는 것이 불만이다. 이 인용에 따르면, 인형 제작은 "좋은 집안의 아가씨나 부인"의 "여기餘技" 또는 "예술"로 "기품있고" "누구한테 무슨 말을 듣더라도 부끄럽지 않겠지만", 양재는 "직업여성"의 '돈벌이'에 불과하다.

오늘날의 관점에서 보자면 이런 오쿠바타케의 말은 매우 이상하게 들린다. 전전 시기 소녀 문화에서 인형은 도대체 어떻게 여겨진 것일까? 『세설』과 같은 관점이 일반적이었을까? 그리고 그것은 전후 소녀 문화에서 어떻게 변용되었을까? 이를 밝히기 위해 나카하라 준이치中原淳一가 전전 시기 화가로서 관여한 『소녀의 벗少女の友』과 패전 후 편집자로 일한 『주니어 솔레이유ジュニアそれいゆ』를 분석하고, 이를 통해 인형이 어떻게 다루어졌는지 알아본다.

인형에 초점을 맞춘 이유는 인형이 전전·전후 시기 소녀의 만들기 문화를 대표하기 때문이다. 당시 인형은 소녀의 만들기 문화 중 하나로 널리 받아들여졌으며, 소년·소녀의 만들기 문화에서 소녀 쪽으로 분류되었다.

나카하라 준이치가 관여한 『소녀의 벗』과 『주니어 솔레이유』를 분석한 것은, 우선 나카하라가 전전에는 『소녀의 벗』을 대표하는 화가로, 전후에는 『히마와리ひまわり』와 『주니어 솔레이유』의 편집자로 계속해서 여성 독자의 절대적인 지지를 받았기 때문이다. 또 나카하라의 첫 직업은 인형작가였고, 이것

이 그후 나카하라의 행보에 큰 영향을 미쳤다는 사실에도 주목했다. 요컨대 나카하라는 전전·전후 시기 소녀 문화를 대표하는 작가 중 하나였다.

전전 시기 나카하라 준이치가 화가로서 관여한 『소녀의 벗』은, 실업지일본사實業之日本社가 1908년 2월호부터 1955년 6월호까지 간행한 잡지이다. 한편 전후에 나온 잡지 『히마와리』와 『주니어 솔레이유』는 나카하라가 직접 편집을 맡았다. 『히마와리』는 히마와리사가 1947년 1월호부터 1952년 12월호까지 간행하였다. 나카하라가 만든 히마와리사ヒマワリ社는 1950년 4·5월 합병호부터 히마와리사ひまわり社로 이름을 바꾸었다. 『주니어 솔레이유』는 히마와리사가 1954년 7월호부터 1960년 10월호까지 출간하였다. 이 세 잡지는 주로 소녀소설을 연재했다. 『소녀의 벗』은 소학교·고등여학교 학생,[2] 『히마와리』와 『주니어 솔레이유』는 중학교·고등학교 여학생[3]을 대상으로 하였는데, 이들은 대부분 도시 신중간층에 속했다.[4]

여기에서는 이 세 잡지 가운데 『소녀의 벗』과 『주니어 솔레이유』를 분석 대상으로 삼았다. 『소녀의 벗』과 『히마와리』는 별 차이가 없지만, 『소녀의 벗』·『히마와리』와 『주니어 솔레이유』는 차이가 크다.[5] 그것은 『주니어 솔레이유』가 고도경제 성장 시대에 간행된 잡지였기 때문이다. 다시 말해 전전 시기의 잡지와 고도성장 시대의 잡지를 비교 분석한 것이다.

1. '어린 여자아이'의 인형 셜리 템플Shirley Temple[3] 인형 논쟁

먼저 『소녀의 벗』이 인형을 어떻게 간주했는지 살펴보자.

나카하라 준이치는 1932년 『소녀의 벗』과 처음 관계를 맺었다. 1932년 3월 긴자의 마쓰야松屋에서 열린 나카하라의 프랑스 인형 개인전에 『소녀의 벗』 편집장인 우치야마 모토이內山基가 방문한 것이 계기가 되었다고 한다.[6] 그리고 나카하라의 인형이 『소녀의 벗』 1932년 5월호 특집 「인형나라의 꿈」에 컬러 화보로 게재되었다.[7] 이후 나카하라는 『소녀의 벗』 1932년 6월호에 실린 오제키 고로太關五郎의 소녀시小女詩 「이별」의 삽화를 시작으로 이 잡지에 그림을 게재하게 된다.[8] 그가 그린 첫 번째 표지화는 『소녀의 벗』 1935년 1월호 표지이다. 〈그림 1〉은 1935년 6월호 표지로, 기모노를 입은 소녀를 그린 것이다. 나카하라가 그린 삽화·표지화는 여성 독자들로부터 큰 호응을 받았다. 『소녀의 벗』 독자통신란인 「친구클럽」을 보면 나카하라의 그림을 칭찬하는 글이 많다.[9] 나카하라는 전시 통제로 인해 1940년 6월호를 마지막으로 『소녀의 벗』을 떠난다.[10]

그런데 1930년대 후반 『소녀의 벗』 독자통신란에서 인형을 둘러싼 논쟁이 일어났다. 이른바 '셜리 템플 인형 논쟁'인데, 1937년 5월호 부록인 「셜리 템플 인형집」을 둘러싸고 독자들이 격렬하게 의견을 주고받은 것이다.

『소녀의 벗』 1937년 4월호 독자통신란을 보면 우치야마 모토이는 다음 달 부록을 다음과 같이 예고하였다.

> 5월호 부록은 예고한 대로 옷을 갈아입힐 수 있는 셜리 템플 인형입니다. 옷을 앞쪽에만 걸치는 것이 아닌, 아주 멋진 인형입니다. 5월호를 크게 기대하셔도 좋습니다.[11]

---

3) 1928~2014. 1930년대 세계적으로 명성을 날린 미국의 소녀 뮤지컬 스타.

〈그림 1〉『소녀의 벗』, 실업지일본사, 1935.6, 표지
(출처 : 나카하라 준이치, 필자 소장)

『소녀의 벗』1937년 5월호 부록인 「셜리 템플 인형집」에는 미국의 아역 배우인 셜리 템플의 사진을 이용한 종이 인형 본체와 의상들이 인쇄되어 있고 이것들을 오려서 인형에게 옷을 갈아입힐 수 있도록 구성되어 있다.

> 이번 호 부록은 좀 독특하고 재미있습니다. 그러나 만들기가 꽤 어려워서 모두 할 수 있을지 걱정되네요. 귀찮아하지 말고 옷 그림을 잘 오려서 귀여운 셜리 템플 인형을 만들어보세요.[12]

이렇게 독자통신란에서 우치야마는 '좀 독특하다'고 하면서 '재미있다', '귀엽다'고 자화자찬하고 있다.

그런데 독자들은 호불호가 크게 갈렸다. 독자들의 반향은 보통 2개월 후 독자통신란에 실리는데, 1937년 7월호에는 「셜리 템플 인형집」에 관한 투고가 19편이나 실렸다. 호평이 15편, 불평이 2편, 완곡한 비판이 2편이었다. 호평한 투고는 다음과 같다.

> 양장을 입은 셜리 템플 양이 너무 귀여워요. 내 인형들과 나란히 웃고 있어요.[13]

이 투고자는 셜리 템플 인형을 '귀엽다'고 하면서 좋아하고 있다. 반면 불평하는 투고는 아주 신랄한데, 이에 대해 우치야마 모토이는 변명어린 코멘트를 덧붙였다.

> **독자** 우치야마 선생님, '셜리 템플 옷 갈아입히기'라니. 『소녀의 벗』이 이렇게 어린애가 보는 잡지였나요? 보자마자 모욕당한 느낌이었어요.
>
> **우치야마 모토이** 화가 나셨나 보네요. 가끔은 이렇게 인형 옷을 갈아입히면서

놀아도 좋지 않을까 생각했습니다만. 저도 틈이 나면 만들어볼까 하는데요. 너무 화내지 마세요.[14]

독자   모처럼 표지가 마음에 들었는데 부록을 보고 속았다는 생각이 듭니다. 색깔하고는. 선생님 어쩌자는 겁니까? 야시장에서 파는 10전짜리 싸구려처럼 보입니다. 내용도 어린애들 눈속임 같고. (…중략…) 이번 달은 마음에 안 드는 것 투성이네요. (…중략…) 부록에 대해서 반성하시기 바랍니다.

우치야마 모토이   그렇게 심한 것 같지는 않은데, 제가 잘못 생각한 건지도 모르겠네요. 옷 갈아입히는 종이 인형을 좋아하는 어른도 보았기에 분명히 좋아해 주시리라 생각했는데 정말 죄송합니다.[15]

위에서 독자는 셜리 템플 인형은 '어린애'나 좋아할 만한 것 혹은 '애들 눈속임' 같다고 하면서 크게 화내고 있다.

『소녀의 벗』에서 편집자는 원래 아호를 사용해 산문이나 운문을 게재하는 문예 능력이 뛰어난 사람으로, '선생님'이라고 불리며 존경받았다. 따라서 편집자를 비판하는 투고는 드물었고 더욱이 이처럼 신랄한 비판은 거의 없었다. 이 부록은 많은 소녀 독자들의 역린을 건드린 것으로 보인다.

그 외 완곡하게 비판한 투고도 있었다. 이 투고자는 자신은 좋아하는데 주위에서 싫어한다고 말한다. 여기에도 우치야마의 코멘트가 달려 있다.

독자   선생님 감사해요!!! 옷 갈아입히는 셜리 템플 인형이 너무 귀여워서 어린애처럼 하루 종일 빠져 있어요. 다들 그런 제 모습을 보고 놀리지만 저는 그래도 좋아요. 이젠 커서 인형과 놀면 안 되는 걸까요?

우치야마 모토이   다 컸어도 인형에게 옷을 갈아입히는 모습은 천진난만해 보

여서 저는 좋아합니다만.[16]

여기서 독자 본인은 셜리 템플 인형을 '귀엽다'며 좋아하고 있다. 그러나 주변 사람들은 셜리 템플 인형을 가지고 노는 것에 대해 '어린애 같다', '다 컸는데 아직도 인형 갖고 노느냐'며 부정적으로 보고 있음을 알 수 있다.

2개월 후 1937년 9월호에는 우치야마를 옹호하는 독자 투고가 실렸다. 여기에도 우치야마의 코멘트가 달려 있다.

> **독자** 모토이 선생님, 부록 「셜리 템플 인형집」의 평판이 너무 나쁘네요. 어른
> 도 가끔 인형 놀이를 하면 어릴 때 추억이 떠올라 좋을 텐데요. 어쭙잖은
> 의견 죄송합니다.
>
> **우치야마 모토이** 저도 그렇다고 생각합니다만, 다음에는 나카하라 준이치 선
> 생의 옷 갈아입히기를 해보죠.[17]

> **독자** '옷 갈아입히는 인형' 때문에 많이 곤란하시지요. 선생님께서는 저희를
> 위해 열심히 만드셨을 텐데, 얼마나 슬퍼하실지 생각하면 눈물이 납니다.
> 동생에게도 주고, 가까운 사람에게도 주었는데 아주 좋아했어요!!! 선생
> 님 너무 낙담하지 마세요.
>
> **우치야마 모토이** 감사합니다. 기쁩니다. 괜찮아요. 다음에는 더 좋은 부록을 만
> 들어 모두를 기쁘게 해드릴게요.[18]

앞에서 말했듯이 존경하는 편집자인 우치야마 모토이가 공격받는 것을 보고, 이 독자는 '선생님께서 얼마나 슬퍼하실지' 염려하고 있다.

그러나 이 투고들도 "어른도 가끔 인형 놀이를 하면 어릴 때 추억이 떠올라

좋을 텐데요", "동생에게도 주고, 가까운 사람에게도 주었는데 아주 좋아했어요"라고 한 것을 보면, 「셜리 템플 인형집」이 '소녀'보다는 '어린 여자아이'에게 더 어울린다고 생각하고 있음을 알 수 있다. 우치야마의 코멘트 역시 다음부록에 대한 기대를 키우면서 「셜리 템플 인형집」의 실패를 받아들이고 있다.

'셜리 템플 인형 논쟁'에서 독자들이 셜리 템플 인형을 '소녀'에게 어울리지 않는다고 한 이유는 다음과 같다. 첫째, 셜리 템플 인형은 '귀엽다'. "너무 귀여워서 어린애처럼 하루 종일 빠져 있어요"라고 했듯이 '귀여운' 인형을 갖고 놀면 '어린애'로 간주된다. 둘째, 셜리 템플 인형은 종이 인형이고, 종이 인형은 싸기 때문이다. 예를 들면 "야시장에서 파는 10전짜리 싸구려" 같다. 셋째, 형겊인형에 비해 만들기가 쉽다. 넷째, 야시장에서도 살 수 있을 정도로 '일상적'이다.

> **독자** 저는 올해 16살인데 5년 전에 숙모가 사준 종이 인형을 지금도 가지고 놉니다. 이제 16살이 되었으니 동생과 종이 인형 따위 가지고 놀면 안 되는 걸까요? 아끼는 인형을 동생에게 물려줘야 한다니 슬퍼요. 좋은 방법이 없을까요?
>
> **우치야마 모토이** 저는 어릴 때 모은 조개껍질을 지금도 소중하게 간직하고 있습니다. 도저히 버리지 못하겠어요. 원해서 어른이 되는 것은 아니니까, 인형을 좋아하는 마음은 나이와 상관없지 않을까요?[19]

이처럼 종이 인형은 '소녀'에게는 어울리지 않는, '어린 여자아이'에게나 어울리는 것으로 간주되었다.

2. 전통공예품·예술작품으로서 '소녀'의 인형

『소녀의 벗』에서 모든 인형이 비판을 받은 것은 아니다. 인형을 다룬 부록들을 살펴보면 이를 알 수 있다. 〈표 1〉은 『소녀의 벗』^{1932년 1월호~1940년 12월호}의 인형 관련 기사를 정리한 것인데, 부록을 ① 나카하라 준이치의 인형, ② 무라카미 미치호村上三千穂의 인형, ③「셜리 템플 인형집」으로 나누어 보았다. ①, ②는 독자통신란에서 비판받은 적이 없다. 나카하라 준이치의 인형은 9회^{인형집은 6회}, 무라카미 미치호의 인형은 2회가 실린 것을 보면, 독자들에게 인기가 있었다는 것을 알 수 있다.

①, ②가 비판받지 않은 이유는 다음과 같다. 우선 무라카미 미치호의 경우에는, 그가 일본화가였기 때문이다. 가령 1933년 3월호 무라카미 미치호의 「기둥에 거는 히나인형雛様」[4]은 일본 인형, 즉 전통공예품으로 여겨져 비난받지 않았다.

또 인형작가인 나카하라 준이치의 경우 그의 인형은 예술작품으로 간주되었고, 그는 군인들을 위한 위문 인형도 만들었기 때문이다. 〈표 1〉을 보면 나카무라는 1938년 8월호, 1939년 4월호에 전쟁터 병사에게 보내기 위한 위문 인형을 내놓았다. 1937년 7월에 발발한 중일전쟁으로 인한 전시 통제 상황에서 독자들이 위문 인형에 대해 비판하기는 어려웠다. 편집자 역시 비판적인 투고를 게재하기는 힘들었을 것이다.

---

4)   일본에서 히나마쓰리에 쓰는 작은 인형.

년	월	권	호	제목	작가	내용
1932년	1월	25	1	큐피 인형 만드는 법	'여성기자'	수예
	2월		2	프랑스 인형 만드는 법	사토 토요코(佐藤都代子)	수예
	5월		5	인형 나라의 꿈	편집자	나카하라 준이치의 인형 특집
1933년	1월	26	1	아름다운 머리카락을 가진 인형	나카하라 준이치	수예
	2월		2	나의 인형	나카하라 준이치	부록
	3월		3	기둥에 거는 히나 인형	무라카미 미치호	부록
				아름다운 히나 인형 접기	데구치 사이치(出口佐市)	수예
				리본으로 만드는 귀여운 히나	데구치 사이치	수예
	4월		4	성모상	편집자	부록
1934년	9월	27	9	인형집	나카하라 준이치	부록
	11월		11	아기 인형 옷 만드는 법	에비 코로(江美ころ)	수예
1935년	3월	28	3	히나 병풍	나카하라 준이치	부록
				히나 인형 만들기의 이모저모	도쿄수예연구회	수예
	4월		4	인형집	나카하라 준이치	부록
	12월		12	인형집 제3 파랑새 인형	나카하라 준이치	부록
1936년	1월	29	1	사요코(小夜子) 인형 만드는 법	쓰치야 모토코(土屋許子)	수예
	3월		3	히나 인형 만드는 법	도쿄수예연구회	수예
	4월		4	인형 만드는 법	다케이 우메코(武井梅子)	수예
	8월		8	인형집	나카하라 준이치	부록
1937년	1월	30	1	옷 갈아입히는 인형	무라카미 미치호	부록
				옷을 갈아입힐 수 있는 인형 만드는 법	편집자	수예
	3월		3	수예 책	나카하라 준이치	부록
	5월		5	셜리 템플 인형집 옷 갈아입히는 인형	편집자	부록
1938년	8월	31	9	전선 위문 인형집	나카하라 준이치	부록
1939년	4월	32	4	인형집	나카하라 준이치	부록
1940년	1월	33	1	위문 인형 만드는 법	후지모토 교코(藤本亨子)	수예
	3월		3	부적 인형과 복숭아꽃 주머니	오가타 수미코(緒方須磨子)	수예
	12월		12	우리 조상의 예술 (4) 머리 흔드는 사가인형……에도시대	편집자	감상

요컨대 독자들은 나카하라와 무라카미의 인형을 '소녀'에게 어울리는 것으로 간주했다. 그 예로 나카하라의 인형을 살펴보자. 1934년 9월호에 실린 나

〈그림 2〉〈장미색 산책복〉 인형 사진
(출처 : 나카하라 준이치, 『인형집』, 『소녀의 벗』, 실업지일본사,
1934.9, 컬러 화보, 필자 소장)

〈그림 3〉〈장미색 산책복〉 인형 그림
(출처 : 나카하라 준이치, 『인형집』, 『소녀의 벗』,
실업지일본사, 1934.9, 컬러 화보, 필자 소장)

카하라의 「인형집」에는 헝겊인형인 〈피치코와 차코〉, 〈파레아나〉, 〈장미색
산책복〉의 그림, 사진, 만드는 법, 패턴이 실려 있다.[20] 〈그림 2〉는 〈장미색 산
책복〉 인형의 사진이며, 〈그림 3〉과 〈그림 4〉는 그 인형의 그림과 도면이다.
이 인형은 화려한 드레스를 입은 소녀인데, 〈그림 4〉를 보면 만들기 꽤 까다
롭다는 것을 알 수 있다. 2개월 후 『소녀의 벗』 1934년 11월호 독자통신란에
는 '아름답다', '예쁘다', '멋지다'는 칭찬이 많이 실렸다.

　　모토이 선생님, 이렇게 아름다운 부록을 만들어주셔서 정말 감사합니다. 오랫동
안 기다렸던 인형이라 너무너무 기뻐서 얼른 '피치코'를 만들어보았어요. 나카하
라 선생님에게도 감사 말씀 전해주세요.[21]

이 글을 쓴 독자는 부록에 나온 헝겊인형을 '아름답다'고 표현했다. '귀엽

다'고 한 투고자도 있었지만 '아름답다'고 한 쪽이 훨씬 많았다. 또 앞에서 보았듯이 두 사람의 인형은 전통공예품 혹은 예술작품으로 여겨져 '고가' 혹은 '고급'이라는 평가를 받았다. 그리고 만들기가 '어렵다'는 평도 있었다.

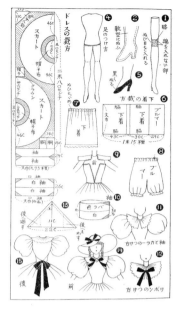

<그림 4> <장미색 산책복> 인형 패턴
(출처 : 나카하라 준이치, 「인형집」, 『소녀의 벗』,
실업지일본사, 1934.9, 19면, 필자 소장)

> 이번 달 부록이 너무 마음에 들어요. 곧바로 '피치코와 차코'를 만들어보았어요. '파레아나'도 만들고 싶은데 좀 어려워 보이네요.[22]

이처럼 이 헝겊인형을 만들기 '어렵다'고 한 독자들이 많았다. 그렇다고 이를 비판한 것은 아니었다. 만들기가 '어렵다'고 하면서도 「인형집」의 인형들이 멋지다는 것, 악전고투하면서 인형을 만들었다는 것을 이야기하고 있다.

> 모토이 선생님, 멋진 부록 정말 감사합니다. 재빨리 파레아나 인형을 만들어보았는데 모두가 칭찬해줘서 기뻤어요. 그중에는 만들어달라는 사람도 많아서 기분이 더 좋았어요. 그렇지만 너무 몰두한 나머지 엄마에게 꾸지람을 듣고 말았네요.[23]

나카하라 준이치의 인형은 만들기 어려웠기 때문에 인형 만들기가 취미인 독자에게는 만드는 것이 오히려 즐거웠고 주위로부터 칭찬도 받을 수 있었다.

그리고, 무라카미와 나카하라의 인형은 전통공예품, 예술작품인 동시에 위문인형이었기 때문에 '비일상'의 인형으로 받아들여졌다.

정리해보면 나카하라 준이치와 무라카미 미치호의 인형은 '아름답고', '고가'이고, 만들기 '어려우며', '비일상'적인 것이어서 '소녀'에게 어울린다고 간주된 것이다.

'소녀'를 위한 인형이 고급품인 것, 그리고 '소녀'를 위한 인형 만들기가 고급 취미인 것은 앞에 인용한 『세설』에서도 알 수 있다. 다시 말해 이런 시각이 『소녀의 벗』에만 있었던 것은 아니었다.

3. 일용품으로서의 '주니어' 인형

이제 『주니어 솔레이유』에서는 인형이 어떻게 인식되었는지 살펴보자.

패전 후 나카하라 준이치는 편집자가 되어 잡지를 만드는 데 전념했다. 그는 1946년 간다 진보초神田神保町에 히마와리사를 세우고, 『히마와리』, 『주니어 솔레이유』를 간행했다.[24] 〈그림 5〉는 나카하라 준이치가 그린 『주니어 솔레이유』 1956년 5월호 표지로, 세일러복을 입은 소녀를 그린 것이다.

〈그림 5〉 『주니어 솔레이유』, 히마와리사, 1956.5, 표지
(출처 : 나카하라 준이치, 필자 소장)

『주니어 솔레이유』는 1954년 7월 창간호부터 1960년 10월 종간호까지 모두 나카하라 준이치가 제작했다. 그래서인지 모든 호에 인형 관련 기사가 실려 있다. 〈표 2〉는 『주니어 솔레이유』의 인형 관련 기사를 정리한 것이다. 기사 내용은 주로 인형 사진, 인형 만드는 법, 패턴, 인형 이야기이고, 그 인형들 대부분은 헝겊인

형이었다. 그 예로『주니어 솔레이유』1960년 9월호에 실린 마쓰시마 게이스케松島啓介의 인형〈외톨이〉를 살펴보자.〈그림 6〉은〈외톨이〉인형 사진이며,〈그림 7〉은 그 패턴이다.〈외톨이〉인형은『소녀의 벗』에 실렸던 나카하라 준이치의 인형과 비교하면, 같은 헝겊인형이긴 하지만 매우 다르다.〈그림 2〉와〈그림 6〉을 비교해보면〈외톨이〉인형은〈장미색 산책복〉인형에 비해 어리고, 만들기도 쉽다.

〈표 2〉『주니어 솔레이유』의 인형 관련 기사

년	월	호	제목	작가	내용
1954년	7월	1	주니어 스타와 작가가 만든 인형	미소 히바리, 이시하마 아키라(石浜朗), 나카하라 준이치, 미즈노 마사오	스타와 인형
	10월	2	수예 인형극인형	미즈노 마사오	수예
			포장지로 만드는 인형	나카하라 준이치	수예
1955년	1월	3	루리코 인형	나카하라 준이치	수예
			인형 유키雪	미즈노 마사오	수예
			인형 미슐린느와 미셀	나이토 루네	수예
	4월	4	인형 마드모아젤 클라라	나이토 루네	수예
			인형 브루클린의 아이	미즈노 마사오	수예
	7월	5	수예 장화신은 고양이	미즈노 마사오	수예
			인형 나는 인디언	나이토 루네	수예
	10월	6	인형 파리의 아가씨	나이토 루네	수예
			인형 진홍색 상의	마쓰시마 게이스케	수예
1956년	1월	7	인형 트럼펫 모양의 스웨터	나이토 루네	수예
			인형 빨간 표지의 책과 흰색 연필	마쓰시마 게이스케	수예
	4월	8	나카하라 히토미를 위한 인형	마쓰시마 게이스케	스타와 인형
			진급·입학·졸업 선물 2 작은 동물 인형	에키구치 구니오	수예
			인형 신학기	마쓰시마 게이스케	수예
	5월	9	인형 헨젤과 그레텔	마쓰시마 게이스케	수예
			어머니를 위한 선물 3 손수건 주머니	에키구치 구니오	수예
			어머니를 위한 선물 4 어머니 방에	니시무라 시즈에	수예

년	월	호	제목	작가	내용
1956년			히마와리 소녀·야스다 하루미	편집자	인형작가
	7월	10	인형 화원의 소녀	마쓰시마 게이스케	수예
	9월	11	인형 세븐틴	마쓰시마 게이스케	수예
	11월	12	인형 성탄	마쓰시마 게이스케	수예
1957년	1월	13	인형 매화날씨(梅日和)	마쓰시마 게이스케	수예
			인형 어린 연인들	야스다 하루미	수예
	3월	14	인형 꽃 속의 아이들	마쓰시마 게이스케	수예
			인형 매기 아가씨	마쓰시마 게이스케	수예
	5월	15	인형 연두색 드레스	야스다 하루미	수예
			인형 앙드레와 나타샤	마쓰시마 게이스케	수예
			종이 한 장으로 만드는 새색시 인형	나카하라 준이치	수예
	7월	16	인형 여름 방학	마쓰시마 게이스케	수예
			여름방학 특집1 유카타 인형	나카하라 준이치	수예
			여름방학 특집2 강아지 세 마리	마쓰시마 게이스케	수예
			여름방학 특집3 흑인꼬마 인형	편집자	수예
			여름방학 특집4 검정 곰과 빨간 당나귀	마쓰시마 게이스케	수예
			여름방학 특집6 놀러갈 때 가져갈 인형	야스다 하루미	수예
			여름방학 특집8 고케시 인형	지바 요시코	수예
			여름방학 특집9 인형을 좋아하는 아이	마쓰시마 게이스케	수예
	9월	17	인형 3학년 A반	마쓰시마 게이스케	수예
			노래하는 인형을 만들자 1 귀여운 신디	나이토 루네	수예
			노래하는 인형을 만들자 2 루이 바이 베이비	야스다 하루미	수예
			노래하는 인형을 만들자 3 안나	지바 요시코	수예
	11월	18	주니어의 크리스마스를 위해 3 귀여운 루에의 혼잣말	야스다 하루미	수예
			주니어의 크리스마스를 위해 7 귀여운 선물을 하자	마쓰시마 게이스케	수예

년	월	호	제목	작가	내용
			주니어의 크리스마스를 위해 9 인형 새빨간 스키복	마쓰시마 게이스케	수예
1958년	1월	19	인형 쌍둥이 망아지	마쓰시마 게이스케	수예
			인형 스케치하러 가자	지바 요시코	수예
			인형 오늘도 좋은 날씨	야스다 하루미	수예
	3월	20	인형 제비꽃 필 무렵	마쓰시마 게이스케	수예
			인형 어린 스튜어디스	마쓰시마 게이스케	수예
			인형 아마빛 머리카락의 처녀	야스다 하루미	수예
			인형 새 흰옷을 입은 두 사람	지바 요시코	수예
			강아지 가방	마쓰시마 게이스케	수예
	5월	21	인형 간식 시간	마쓰시마 게이스케	수예
			인형 빨간 조끼	지바 요시코	수예
			인형 한낮의 꿈	야스다 하루미	수예
			인형 히바리의 노래	아사카 준지	수예
	7월	22	인형 귀여운 짱구	마쓰시마 게이스케	수예
			인형 네 꼬마	마쓰시마 게이스케	수예
			인형 멋쟁이 밀레느	나이토 루네	수예
			인형 데이지	야스다 하루미	수예
	9월	23	인형 인디언 여자아이	나이토 루네	수예
			인형 베스의 옷 고르기	마쓰시마 게이스케	수예
			멋쟁이 꼬마 곰	마쓰시마 게이스케	수예
	11월	24	인형 깡통 인형	지바 요시코	수예
			인형 빨강머리의 앙리엣	마쓰시마 게이스케	수예
			드디어 즐거운 크리스마스! 주니어의 겨울 준비	나카하라 준이치	수예
1959년	1월	25	인형 빨간 드레스의 소공녀	마쓰시마 게이스케	수예
	3월	26	인형 티롤의 소녀	마쓰시마 게이스케	수예
			인형 봄의 아이	야스다 하루미	수예
			인형 강아지 왈츠	마쓰시마 게이스케	수예
	5월	27	인형 헨젤과 그레텔	마쓰시마 게이스케	수예
			인형 기무의 보물 컬렉션	나이토 루네	수예
	7월	28	인형 밀짚모자	마쓰시마 게이스케	수예
	9월	29	인형 흰색 나들이옷	마쓰시마 게이스케	수예
	11월	30	인형 작은아씨들	마쓰시마 게이스케	수예
			특집 선물 3 화이트 프린세스	가도와키 히로미	수예

년	월	호	제목	작가	내용
			특집 선물 7 사이좋은 귀여운 강아지와 꼬마 곰	마쓰시마 게이스케	수예
1960년	1월	31	인형 축하합니다!	마쓰시마 게이스케	수예
			인형 새끼고양이와 새끼다람쥐도 멋지게 꾸며요	마쓰시마 게이스케	수예
			인형 리리의 겨울방학	마쓰시마 게이스케	수예
	4월	32	인형 봄나들이	마쓰시마 게이스케	수예
			인형 귀여운 인형극	마쓰시마 게이스케	수예
			인형 바람맞은 루루	나이토 루네	수예
	5월	33	수예 목재 더미 위의 강아지들	마쓰시마 게이스케	수예
			수예 차밍한 자매	가도와키 히로미	수예
			인형 미도리의 노래	마쓰시마 게이스케	수예
			인형 만들기 요령	마쓰시마 게이스케	인형작가
	6월	34	인형 거리를 걷는 소녀	마쓰시마 게이스케	수예
	7월	35	인형 예쁜 꽃…… 나도 갖고 싶다!	가도와키 히로미	수예
			인형 들장미	마쓰시마 게이스케	수예
			피포와 페포	마쓰시마 게이스케	수예
	8월	36	인형 닻을 올려라	마쓰시마 게이스케	수예
			B 검은고양이 사보	마치다 유타카	수예
			C 벨트 액세서리	가도와키 히로미	수예
	9월	37	인형 외톨이	마쓰시마 게이스케	수예
			인형 안녕! 내일 봐!	가도와키 히로미	수예
	10월	39	인형 손수건 스커트 멋지죠?	가도와키 히로미	수예
			인형 요델	마쓰시마 게이스케	수예
			수예 윙키 베이비	가도와키 히로미	수예
			마쓰시마 게이스케 방문	편집자	인형작가

〈표 1〉과 〈표 2〉를 비교해보면, 『주니어 솔레이유』가 인형을 『소녀의 벗』보다 비중 있게 다루었다는 것을 알 수 있다. 『주니어 솔레이유』에서는 인형을 '주니어'와 어울린다고 여겼기 때문이다. '주니어'는 소년·소녀를 가리킨다. 『소녀의 벗』에서는 '소녀'라는 말에 가치를 부여했는데, 『주니어 솔레이유』에서는 그 말이 '주니어'로 바뀌었다.[25]

〈그림 6〉〈외톨이〉인형
(출처 : 마쓰시마 게이스케, 〈인형 외톨이〉, 『주니어 솔레이유』, 히마와리사,
1960.9, 130면, 필자 소장)

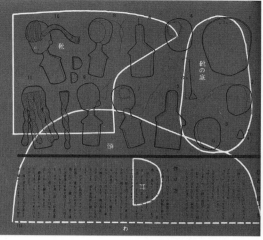

〈그림 7〉〈외톨이〉인형의 패턴
(출처 : 마쓰시마 게이스케, 〈인형 외톨이〉, 『주니어 솔레이유』, 히마와리사,
1960.9, 131면, 필자 소장)

주니어 시절은 당신의 긴 인생 중 정말 짧은 한때입니다. 그리고 가장 아름답고 멋진 시기라는 것을 잊지 마세요. (…중략…) 결코 어른의 차림새를 동경한다든지 해서는 안 됩니다. 주니어라는 자긍심과 특권이 있으니까요. 어디까지나 주니어다운 차림이 가장 중요합니다.[26]

이처럼 '주니어'에 가치를 부여하면서 '주니어'에게는 주니어에게 어울리는 차림이 있다고 말한다. 그중 하나가 바로 인형을 몸에 지니거나 인형으로 꾸미는 것이다. 『주니어 솔레이유』 1958년 3월호는 마쓰시마 게이스케의 '강아지 가방'을 소개하고 있다. 이 가방은 닥스훈트 헝겊인형의 등에 지퍼를 달아 물건을 넣을 수 있도록 한 것이다.

이런 동물 가방을 들고 다니는 것은 주니어에게만 허락된 멋. 여러분, 부디 지금 많이 즐겨주세요. 방에 장식해도 귀엽게 잘 어울립니다.[27]

이렇게 닥스훈트 가방을 드는 것, 또 방에 장식하는 것은 '주니어'에게만 허락된다고 말하고 있다. 인형을 패션 아이템이나 인테리어로 이용하는 것이 '주니어'에게는 어울리지만, 어른에게는 어울리지 않는다고 본 것이다.

그리고 인형을 만들거나 소유하는 것을 '주니어'다운 행동이라고 말한다.

> 어떤 환경에 있더라도 언제나 여러분 가까이에 꿈을 놓아두기 바랍니다.
> 아름다운 것, 귀여운 것을 사랑하는 마음이 아름다운 감정을 자연스럽게 자아냅니다.
> 일하러 다니든 학교에 다니든, 집에 돌아가 수예를 하거나 인형을 만드는 기쁨이 있다면 생활이 더 정감 있고 즐거워지지 않을까요.[28]

이는 마쓰시마 게이스케가 인형 만드는 법에 관해 이야기한 글에서 인용한 것이다. 그는 인형을 만들고 사랑하는 것이 '주니어'의 마음을 아름답게 만든다고 말한다.

그러면서 '주니어'에게 어울리는 차림을 인형에 구현한다. 나이토 루네內藤ルネ[5]는 헝겊인형이 '주니어'다운 옷차림을 보여주고 있다고 말한다.

> 열일곱 살의 소녀는 아주 가냘프고 연약해서 사람처럼 느껴지지 않을 정도예요. 아직은 미완성인 상태에서. 생각도 행동도 에너지가 **정말** 넘치기 때문에, 꿈과 공상 안에서 그녀는 천사처럼 요정처럼 날아다닙니다. 이런 소녀에게 나는 어떻게든 멋진 옷을 입혀주고 싶습니다.[29]

---

5) 1932~2007. 일본의 일러스트레이터, 디자이너. 나카하라 준이치에게 사사하였으며, 1950년대부터 『주니어 솔레이유』 같은 소녀 잡지에 일러스트나 인형 작품을 발표했다. 이후 소녀 문화에 큰 영향을 주었으며 일본 '가와이(kawaii)' 문화의 선구가 되었다.

나이토 루네는 '주니어'를 구현한 것이 인형이라고 보았다. 인형 대부분은 '주니어'를 모방한 것이고, 그런 인형은 '주니어'라는 짧은 시기를 영원하게 만드는 것이 가능하기 때문이다. 다시 말해 인형은 시간을 정지시킨 채 가장 아름다운 시기인 '주니어' 그대로의 모습을 간직할 수 있다. 따라서 인형은 '주니어'와 어울리는 것으로 간주되었다.

〈표 2〉를 보면, 인형 관련 기사의 필자는 나카하라 준이치, 나이토 루네, 마쓰시마 게이스케, 미즈노 마사오水野正夫,[6] 가도와키 히로미門脇ひろみ, 에키구치 구니오, 니시무라 시즈에西村シズエ, 마치다 유타카町田豊, 야스다 하루미安田はるみ, 지바 요시코千葉芳子, 아사카 준지麻加淳二 등이다. 그 가운데 야스다 하루미는 제1회 '히마와리 소녀'이다. 「히마와리 소년」・「히마와리 소녀」란 일하는 소년・소녀를 소개하는 특집 기사 제목이다. 야스다 하루미는 특집 기사 제1회에 소개된 '일하는 소녀'였고, 지바 요시코, 아사카 준지는 『주니어 솔레이유』의 독자였다. 말하자면 이 세 사람은 '주니어' 인형작가라 할 수 있다. 야스다의 인형은 10회, 지바의 인형은 6회, 아사카의 인형은 1회 게재되었다.

야스다 하루미는 1956년 5월호에 고교 졸업 후 집안일을 하면서 인형을 만드는 '히마와리 소녀'로 소개되었다.[30] 이 잡지는 인형이 '주니어'와 어울린다고 보았기 때문에 '주니어' 작가의 탄생이 가능했다.

『주니어 솔레이유』에서 인형은 어떻게 간주되었을까. 우선 인형은 '주니어'의 애정을 담고 있기 때문에 '귀여운' 것으로 여겨졌다.

기술이 조금 모자라도 애정을 담아 만든 인형은 그 나름대로 귀엽다. 이것이 돈을 주고 사는 인형에서는 얻을 수 없는 수제 인형의 좋은 점이 아닐까.[31]

---

6) 1928~2014. 일본의 의상 디자이너.

이것은 마쓰시마 게이스케가 고교를 막 졸업한 조카 레이코와 헝겊인형을 함께 만든 경험을 소개한 기사이다. 같은 인형 패턴을 사용했음에도 불구하고 화가이며 인형작가인 마쓰시마의 인형보다 초보자인 레이코의 인형이 더 귀여웠다. 마쓰시마는 그 이유를 레이코가 애정을 담아 만들었기 때문이라고 말한다. 그는 인형을 귀여운가 그렇지 않은가에 따라 평가한다. '주니어'는 어른에 비해 바느질이 서툴지만 애정을 담아 만들기 때문에 주니어가 만든 인형이 더 '귀엽다'고 한다.

또 인형은 '값싸고', 만들기 '쉽기' 때문에 '주니어'에게 어울리는 것으로 여겨졌다.

> 상점에서 물건을 싸주는 포장지 가운데에는 그냥 버리기 아까운 귀여운 것도 있지요. (…중략…) 그런 종이로 귀여운 인형의 드레스를 만들어볼까요. (…중략…) 이것은 세 시간 정도면 누구나 만들 수 있는 종이 공예입니다.[32]

이 기사는 창호지로 인형 몸체를 만들고, 드레스는 상점에서 물건을 싸주는 포장지로 만드는 것을 제안한다. 이렇게 인형 재료비가 '싸고', 만들기가 '쉬운' 것을 장점으로 들고 있다. 어른에 비해 경제력이 없는 '주니어'도, 바느질이 서툰 '주니어'도 인형을 만들 수 있다는 것이다.

그리고 인형은 인테리어·패션용품·선물로 이용될 수 있는 일상적인 것으로 간주되었다.

> 틈틈이 하나씩 하나씩 늘려가면서 각양각색의 옷을 입은 인형들이 방에 넘쳐나는 것을 보면 얼마나 기쁠까요.[33]

이렇게 작고 귀여운 인형은 2시간이면 만들 수 있답니다. (…중략…) 친구들에게 선물해도 좋고, 여름 드레스의 액세서리로도 좋아요.[34]

이렇게 손수 만든 귀여운 선물을 받은 사람은 선물을 준 사람의 따뜻한 마음을 언제까지나 잊지 못하고, 졸업 혹은 입학을 기념하는 마스코트로 간직하겠지요.[35]

첫 번째 인용문은 하나의 패턴으로 옷만 바꾼 헝겊인형을 여러 개 만들어 방을 채워 보라고 권하고 있다. 두 번째 인용문은 손안에 들어갈 정도로 작은 헝겊인형 네 개를 만들어 친구에게 선물하거나 옷에 달라고 권유한다. 세 번째 인용문은 작은 동물 인형을 만들어 입학이나 졸업 축하 선물로 주라고 한다. 이처럼 인형은 인테리어·패션용품·선물로도 이용될 수 있었다.

정리하면, 『주니어 솔레이유』에서 인형은 '주니어'와 어울리는 것으로 인식되었다. 그렇기 때문에 남녀 '주니어' 인형작가가 탄생할 수 있었다. 인형은 무엇보다 '주니어'가 애정을 담아 만들어서 '귀엽다'. 또 '값싸고', 만들기 '쉽기' 때문에 주니어에게 어울렸다. 따라서 주니어를 위한 인테리어·패션용품·선물로 이용될 수 있는 '일상적인' 것이었다.

그렇다면 '주니어'가 아닌 인형작가가 인형을 만드는 것은 어떻게 받아들여졌을까. 『주니어 솔레이유』는 인형작가인 마쓰시마 게이스케의 취미는 의외로 남자의 취미인 모형 비행기 만들기라고 소개한다.[36] 즉 이 잡지는 인형만들기는 어디까지나 '주니어'에게 어울리는 것이지, '주니어'가 아닌 마쓰시마의 취미는 아니라고 본 것이다.

나가며

『소녀의 벗』[1932~1940]에서 셜리 템플 같은 인형은 '어린 여자애'에게나 어울리지, '소녀'와는 어울리지 않았다. 왜냐하면 귀엽고, 값싸며, 만들기 쉽고, 일상적인 것으로 여겨졌기 때문이다.

반면 일본화 화가인 무라카미 미치호의 인형은 전통공예품으로, 인형작가인 나카하라 준이치의 인형은 예술작품 혹은 군인 위문 인형으로 받아들여졌고, '소녀'와 어울린다고 간주되었다. 그들의 인형은 아름답고, 고가이며, 만들기 어렵고, 일상적이지 않기 때문이다.

그런데 고도성장 시대에 나온 『주니어 솔레이유』[1954년 7월호~1960년 10월호]에서는 인형을 '주니어'와 어울리는 것으로 보았다. 인형을 몸에 지니는 것은 주니어에게 어울리는 차림이며, 인형을 만드는 것은 '주니어'에게 어울리는 활동으로 보았다. 인형 자체가 '주니어'를 구현시킨 것이기 때문이다. 그런 까닭에 남녀 '주니어' 인형작가가 탄생할 수 있었다.

『주니어 솔레이유』에서 인형은 애정을 담아 만들었기 때문에 '귀여운' 것, '값싸고' 만들기 '쉽기' 때문에 '주니어'에게 어울리는 것, 인테리어·패션용품·선물로 이용되기 때문에 '일상적인' 것으로 인식되었다.

나카하라 준이치에 관한 선행 연구 대부분은 주로 화가, 잡지 편집자, 디자이너로서 한 작업에 초점을 맞추었다. 인형작가 나카하라에 관한 연구는 별로 없었다. 이 글의 의의는 나카하라가 인형작가로서 한 작업에 주목했다는 것이다.

이 장에서 소녀 문화·소녀의 만들기 문화에서 소녀에게 어울리는 인형에 대한 인식이 전전에서 전후 시기에 걸쳐 '아름다운' 것에서 '귀여운' 것으로, '비싼' 것에서 '싼' 것으로, 만들기 '어려운' 것에서 '쉬운' 것으로, '일상적이지 않은' 것에서 '일상적인' 것으로 바뀌어 갔음을 알 수 있었다. 한마디로 말하자면, 예술작품·전통공예품에서 일상용품으로의 전환이라고 할 수 있다. 나아가 인형작가 측면에서는 남성작가 중심에서 남녀작가가 혼재하는 세계로의 전환이었다.

이러한 전환의 배경에는 소녀 문화·소녀의 만들기 문화에서 나타난 주체의 변화가 있었다. 앞에서 살펴보았듯이 전전 시기 『소녀의 벗』 독자는 대부분 도시 신중간층 여성이었다. 전후 『주니어 솔레이유』의 독자층을 보면, 도시 신중간층 여성이 여전히 다수이긴 하지만 다른 계층의 여성도 점차 늘어났다.[37] 즉 전전에서 전후 시기에 걸쳐 소녀 문화의 주체가 도시 신중간층 여성에서 모든 계층의 여성으로 바뀐 것이다. 소녀 문화에서 이런 주체의 변화가 있었기 때문에 인형 또한 도시 신중간층 여성이 지지하던 고급품예술작품·전통공예품에서 모든 사회계층의 여성이 지지하는 일상용품으로 전환된 것이다.

이러한 전환을 고려할 때, 전전의 소녀 문화와 전후의 소녀 문화를 안이하게 결부시켜 전전의 소녀 문화를 전후에 나타난 '가와이kawaii' 문화[7]의 원조로 파악하는 방식은 재고되어야 한다.

---

7) '가와이'는 일본어로 귀엽다는 뜻인데, '가와이 문화'에서는 단순히 대상의 특성을 표현하는 것이 아니라 대상을 접했을 때 느끼는 감정까지 포함하는 의미를 가진다. 일본의 가와이 문화는 만화, 애니메이션, 패션, 캐릭터 사업 등 문화 전반에 걸쳐 있다. 그 대표적인 예로는 헬로 키티를 비롯한 산리오의 캐릭터 상품, 도라에몽, 하라주쿠 패션 등을 들 수 있다.

제3장

인테리어 수예와 공작의 시대[1]

진노 유키[神野由紀][2]

들어가며

오늘날에도 백화점에서 패치워크 퀼트나 자수 등의 아마추어 수예 전시회가 개최되는 것을 종종 볼 수 있다. 전시회 출품자의 대부분은 60대 이상의 여성이다. 아마도 그들은 자신이 만든 다수의 수예품으로 집을 꾸몄을 것이다. 집에서 옷을 만들어 입던 예전에는 여성의 바느질이 생활에 필요한 일이었지만, 대량 생산품 기성복이 보급된 이후 더는 필수적인 가사 일이 아니다. 그럼에도 많은 여성은 수예라는 취미의 형태로 바느질을 계속하고 있다. 기성복이 일반화함에 따라 여성의 수예는 인테리어 쪽으로 선회한다.[1] 이러한 변화상을 고려하여, 1950년대 말부터 만들기에 대한 여성의 태도를 그 이전과 구별해 살펴야 한다.

대량 생산과 대량소비를 기반으로 한 근대 이후의 일상 생활에서 디자인 표상은 어떻게 젠더화되었을까. 이를 이해하기 위해서는 '상품디자인'의 역사적 고찰[2]에 보태 다양한 '만들기 디자인'의 의미를 밝힐 필요가 있다. 이 장

---

1)   이 글은 허보윤이 번역하였다.
2)   이 책의 편집자. 서장의 역주 (2)번 필자소개 참조.

에서는 재봉에서 해방된 여성들이 다양한 방식으로 인테리어 만들기로 향한 상황, 그리고 그것이 다시 수예라는 젠더화한 장르로 수렴되는 양상에 초점을 맞추었다. 이를 위해 1950년대부터 1960년대 초, 젊은 여성을 위한 만들기 기사를 많이 실은 잡지『주니어 솔레이유』와 이 잡지가 지향한 수공예 인테리어의 성격을 1970년대에 계승한 잡지『나의 방私の部屋』婦人生活社, 1972~1990에 실린 기사들을 조사했다.[3] 두 잡지는 공통적으로 소녀 혹은 젊은 여성들에게 아름다운 생활을 강조하고 주변 사물을 미적 가치관에 따라 만들라고 이야기한다. 그러한 가운데 젊은 여성들이 무엇을 만들고 어떤 디자인을 지향했는지를 밝히면서 20세기 후반에 크게 변화한 만들기의 의미와 젠더의 재편과정을 검증하고자 한다.

1.『주니어 솔레이유』의 만들기

『주니어 솔레이유』의 인테리어 만들기 기사

서장「만들기와 젠더」에서 언급했듯이『주니어 솔레이유』에는 만들기에 관한 기사가 매우 많았다. 그 내용을 자세히 살펴보면 재봉 이외의 만들기 기사가 적지 않았음을 알 수 있다. 1950년대 양재 붐의 영향으로『솔레이유』와 자매지『주니어 솔레이유』에는 유행하는 옷의 패턴을 소개하는 기사가 많았고, 그와 비슷한 빈도로 인테리어 만들기에 관한 기사가 실렸다. 전체 만들기 기사 430건 중에 인테리어 관련 기사가 113건에 달하니, 대부분의 소녀가 아직 자기방을 갖지 못한 시절이었음에도 매우 큰 비중을 차지했던 것이다.[4] 이 절에서는 인테리어 만들기 기사를 아래와 같이 조사했다.

〈그림 1〉 © JUNICHI NAKAHARA / HIMAWARIYA INC.
나카하라 준이치, 「아플리케의 방」, 『주니어 솔레이유』 no.5, 1955.7, 96~97면.

분석 대상 『주니어 솔레이유』 제1호[1954]~제39호[1960],

『아플리케와 공작』『주니어 솔레이유 임시증간』1960년 8월호,

『즐거운 일요공작』가타야마 류지(片山龍二), 1958[5]

분석항목 만들기 관련 기사 중에서 113건의 인테리어 기사 내용 분석

인테리어 기사에서 특히 눈에 띄는 세 가지의 특징은 다음과 같다.

① 천을 사용한 인테리어 만들기

『주니어 솔레이유』의 만들기 기사 중에서 가장 많은 것은 아플리케 기사다. 천 위에 다른 작은 천을 덧대어 모양을 내는 아플리케 기법은 옷의 수선뿐 아니라 장식으로도 많이 활용되었다. 나카하라 준이치中原淳一[3)]는 아플리케를 양재나 기존 의복에 적용하는 것 외에도 가방, 쿠션, 방석커버, 고타쓰 이불커버, 액자, 커튼 등 다양한 사물에 활용했다.〈그림 1〉『주니어 솔레이유』나 『솔레이유』에서 인기가 높은 주제는 예외 없이 임시증간호로 출간되었는데, 아플리케도

---

3)　서장 역주(8)번 참조.

역시 1960년에 『아플리케와 공작』으로 간행되었다.<그림 2>

나카하라 준이치는 자수처럼 기본 소양 교육이 필요한 수예에 비판적이었고, 집안이 수예품으로 가득 차 '수예 전람회장'으로 변해서 결과적으로 인테리어의 통일성이 사라지는 상황도 문제 삼았다.[6] 대신 나카하

<그림 2> 『아플리케와 공작』, 『주니어 솔레이유』 임시증간호, 1960.8.

라는 특별한 기술 없이도 누구나 가위와 실만 있으면 할 수 있고 "그림을 그리는 듯한 재미"가 있는 아플리케를 추천했다. 또한, 아플리케 도안은 복잡하지 않고 단순하며 쉽고 친숙하여 "마치 어린아이가 그린 그림 같은 것"[7]이어야 한다고 말했다. 결국 아플리케 디자인은 소녀, 동물, 꽃 등의 모든 소재가 형태변형, 추상화, 유아화를 거쳐 '귀여운' 것이 되었다. 형태의 변형, 즉 데포르메déformer는 나이토 르네內藤ルネ[8]의 일러스트에서 가장 잘 드러나지만, 그에 앞서 아플리케 기법의 디자인으로 등장했던 것이다. 아플리케 디자인은 이전 시대의 수예 디자인과 크게 달랐기 때문에, 소녀들은 그 참신함을 전후 새로운 시대의 이미지로 받아들였다. 이에 관해 야마사키 아키코山崎明子는 제1장 「『주니어 솔레이유』에 나타난 소녀의 수예」에서 부르주아적인 수예를 비판한 나카하라와 같은 남성들의 의도를 엿볼 수 있다고 지적한 바 있다.

기사에 소개된 아플리케의 대부분은 인테리어 소품류였다.[9] 이는 기성복이 유통되기 시작하면서 여성의 만들기가 점차 양재 이외의 것으로 바뀌는 과도기의 상황을 잘 보여준다. 나카하라뿐 아니라 마쓰시마 게이스케松嶋啓介, 나이토 등도 아플리케 기법을 적극 활용했다. 이렇듯 남성이 고안한 귀여운 아플

〈그림 3〉 가타야마 류지, 「조이씨(Mr.JOY)의 작은 집」, 『주니어 솔레이유』 no.14, 1957.3, 152~153면.

리케 디자인이 간행 기간 내내 잡지에 실려 수예의 대중화를 촉진했다.

② 공작 인테리어

임시증간호 『아플리케와 공작』은 제목대로 후반부에 공작을 소개한다. 또한 1958년 히마와리사는 『즐거운 일요공작』[10]을 출간했고, 이는 젊은 여성들 사이에서 공작의 인기가 높아졌음을 잘 보여준다. 『주니어 솔레이유』에도 인테리어 만들기 기사 중 공작으로 볼만한 내용이 다수 포함되어 있다. 더욱이 공작 기사 47건 가운데 목공이 20건을 차지하고 심지어 전문적인 목공 기술을 소개하기도 했다. 여성의 만들기는 바느질이나 뜨개질 같은 수예가 주를 이룬다는 생각이 일반적이다. 가정 교과에서 남녀구별이 사라진 것은 2002년 이후였지만, 미국 주도로 민주주의 사상이 확산된 전후의 짧은 기간 동안, 젠더에 얽매이지 않는 특이한 현상이 나타났던 것이다.

1950년대 후반부터 1960년대에는 남성과 마찬가지로 여성도 톱이나 망치를 들고 집안 물건을 만드는 일이 권장되었다. 『주니어 솔레이유』에서는 여자 중고생에게 편지꽂이나 책장, 나아가 커다란 개집 만들기〈그림 3〉까지 소개한다.[11]

일본에서 공구를 이용한 만들기는 고도경제성장기에 기술자가 부족해지

〈그림4〉© JUNICHI NAKAHARA / HIMAWARIYA INC.
나카하라 준이치, 「액자에 넣을 것을 직접 만들어보아요」, 『주니어 솔레이유』 no.12, 1956.11, 196~197면.

자 스스로 집을 수리하거나 가구를 제작하면서 시작되었다. 대부분은 남성이 휴일에 하는 일이었기에 이를 '일요목공'이라고 불렀다.[12] 또한 생활이 윤택해지면서 공작 취미는 남성의 가정 내 바람직한 여가로 정착되었다. 그러나 공작 취미를 남성의 여가로 보는 관점은 젠더 편향에 의해 나중에 생긴 것이다. 소녀 잡지의 많은 공작 기사가 이를 증명하고 있다.

③ 장식

인테리어 기사의 또 다른 특징은 방을 아름답게 장식해야 한다는 사고방식이 지배적이라는 점이다. 재래의 일본 가옥, 특히 대다수 중간층이 살던 접객 중심의 가옥에서는 남성이 도코노마(床の間)[4]에 놓일 사물을 선정했다. 그러나 전후에 여성이 집의 인테리어를 담당하게 되자 잡지는 여학생도 자신의 생활을 아름답고 '소녀답게' 정돈하길 주장한다. 전전의 남성적이고 과시적인 미술품이 아니라 '귀여움', '자기다움'이 드러나는 수공예품 혹은 기성품이

---

4) 방의 윗부분에 바닥을 높여 만든 곳으로 벽에 족자를 걸고 바닥에 꽃이나 장식물을 놓아 꾸미는 공간.

장식품으로 활용되었다. 잡지는 상업디스플레이 같은 장식법을 통해 실용적 기능을 벗어나 온전히 장식만을 목적으로 하는 사례들을 소개했는데, 여름에는 조개껍데기 등을 사용한 장식, 크리스마스에는 트리나 캔들을 사용한 장식 등 계절에 어울리는 예시가 많았다. 또한, 성냥갑, 컵, 빈 깡통 같은 폐품을 솜씨 좋게 이용하는 방법을 다양하게 제안했다. 특히 벽면을 어떻게 꾸밀지에 대한 것이 가장 많았고 액자나 선반의 제작뿐 아니라 액자 안의 그림, 콜라주, 아플리케 등도 모두 자기다움을 표현하기 위해 소녀 자신이 디자인하게 되었다.<그림 4>

스스로 생활을 아름답게 연출하는 행위는 여성에게 자기표현의 발로가 되고, 그 연장선상에서 예술과 수예가 혼재된 세계가 전개되었다. 잡지 기사에서 예술과 수예의 구분은 매우 모호했고 예술적 행위라는 인식하에 수예가 '좋은 취미'로 인정받아서, 여성이 팬시한 디자인을 집에 다량으로 끌어들이는 흐름을 조성했다.

나카하라 준이치와 가타야마 류지 – 남성에 의한 젠더의 재확인 및 해체

『주니어 솔레이유』의 특징 중 하나는 남성 필자가 많다는 점이다.^{기사 수로 보면 남성 946건, 여성 539건, 불명 490건} 나카하라 준이치를 비롯하여 나이토 르네 등 소녀풍의 초기 일러스트 작가가 모두 남성이라는 사실은 이미 알려져 있고 바느질이나 뜨개질 같은 수예 기사도 대부분의 필진이 남성이었다.[13] 나카하라와 나이토의 아플리케, 마쓰시마 게이스케의 인형 만들기 등의 디자인은 밝고 발랄하게 단순화된 것이 많았고, 이는 이후 소녀들의 '귀여운' 캐릭터 디자인의 기본형이 되었다. 나카하라는 수예에 대한 자신의 생각을 다음과 같이 말했다.

남자가 남자다울 때 매력적인 것처럼 여성이 여성스러워야 한다는 사실은 그 어떤 시대에도 유효하다. 나에게는 수예를 하려는 마음이 여성다움을 만들어가는 일로 보인다.[14]

이같이 나카하라는 남성의 입장에서 수예를 하면서도 수예를 근대적 젠더관에 따라 '여성다움'을 나타내는 것으로 이해했다.

그렇다면 공작에 관한 기사는 '여성다움'을 일탈한 셈이다. 『주니어 솔레이유』의 많은 남성 필자 중에서 공작 기사를 담당한 사람은 가타야마 류지[5]였다. 다양한 경력을 가진 가타야마는 히마와리사 잡지의 공작 기사를 주로 담당했다. 그는 폐품을 활용한 일요목공 스타일의 공작을 소개했는데, 남성적인 일요목공과 달리 소녀 취향의 장식적이고 귀여운 디자인을 제안한다. 이러한 잡지 기사가 눈에 띄어 『아사히신문』에 「일요목공」을 연재했고 이후 모리나가森永제과의 TV 프로그램 〈생활의 센스〉도 맡게 되었다.[15] 앞서 언급한 『즐거운 일요공작』은 가타야마의 저작으로 속표지와 뒤표지에 'DO IT YOUR-SELF 스스로 만들어요'라는 부제가 달려 있다. 이는 가타야마가 꽤 이른 시기부터 해외 DIY의 영향을 받았음을 보여준다.제9장 「일요목공의 사회사 – 남성의 만들기 취미와 가정주의」의 〈그림 2〉 참조

『주니어 솔레이유』는 짧은 기간 간행되었음에도 소녀들에게 크게 영향을 끼쳤고, 이후 소녀 취미의 원류가 되었다. 여성의 수예는 양재를 계승하여 '여성다움'을 실천하는 것으로 자리매김한 동시에, 이후 '우먼 리브'[6]의 시대를

---

5) 1915~1982. 도쿄 출생. 본명은 미나미타니 가쓰토시(南谷勝敏). 1939년에 '히마와리사'를 창립하고, 잡지 『히마와리』, 『솔레이유』를 발행했다. 1968년부터는 TBS라디오 〈안녕하세요 가타야마 류지입니다(おはよう片山竜二です)〉에 출연했다.

6) 여성에 의한 여성 해방 운동. Women's Liberation Movement를 줄인 말.

예견하듯이 남녀구별 없는 공작도 배제하지 않았다. 가타야마는 '귀여운' 디자인의 공작을 새로운 시장으로 바라보았을 뿐, (후술할) 공업사회를 비판하는 대항문화로서 DIY를 장려한 것은 아니었다. DIY는 그저 소비사회 안에서 벌어지는 일로 이해되었을 뿐이다. 그러나 『주니어 솔레이유』에 소개된 귀여운 디자인의 만들기는 많은 소녀에게 '소녀다운 것'으로 열광적으로 받아들여졌다. 『주니어 솔레이유』에서 볼 수 있는 만들기와 젠더에 대한 의식의 혼재는 이후 1970년대에도 계속되었다.

2. 『주니어 솔레이유』에서 『나의 방』으로

인테리어에 대한 젊은 층의 높은 관심 – 『나의 방』의 창간

『주니어 솔레이유』에서 나타난 인테리어 만들기에 대한 관심은 이후 1970년대에 『나의 방』에서 더욱 커졌다. 1972년에 창간된 『나의 방』은 당시 10대 후반에서 20대의 젊은 여성을 독자로 삼은 인테리어 잡지다.

젊은 여성들의 인테리어에 대한 높은 관심은 여성의 진학 및 취업 상황의 변화와 맞물려 있었다. 일본 여성의 대학 및 전문대 진학률은 1960년대 5.5%에 불과했는데, 1970년대에 들어서면서 급증하여 1970년에는 17.7%, 1970년대 중반에는 30%를 넘었다.[16] 취업 혹은 대학 진학을 계기로 지방에서 상경해 혼자 사는 여성이 늘어났고 또한 부모와 함께 사는 경우에도 자신의 방을 가진 비율이 1970년대 전반에 이미 80%에 가까웠다. 자매 혹은 혼자만의 공간을 가진 미혼 여성이 많아지자 자신을 둘러싼 공간의 인테리어에 관심이 높아졌다. 창간호의 권두언에는 "『나의 방』은 당신만의 공간, 멋진 방을 만들기 위해 당신에게 보내는 메시지로 특화되었다"[17]고 쓰여 있다. 이는 개인 공간이 생겨서 인테리어에 대한 관심이 높아진 당시의 상황을 잘 보여준다.

총 120호의 지면 대부분이 만들기에 관한 기사였다. 창간 당시에는 혼자 사는 젊은 여성을 독자로 삼았으나 곧 독자의 성장에 발맞춰 신혼 가정, 나아가 어린아이가 있는 주부까지 독자로 끌어들였다.

『나의 방』의 만들기 기사

『나의 방』은 인테리어 전문 잡지였지만, 독자가 젊은 여성이라는 점, '아름다운 생활'을 정서적 측면에서 제안한다는 점, 만들기 기사가 많았던 점 등으로 볼 때, 『주니어 솔레이유』나 『솔레이유』와 공통점이 많았고, 또 나이토 르네, 구니에다 야스에 등 서로 겹치는 필진이 많았다. 따라서 이 절에서는 이 잡지들을 비교검토함으로써 여성의 만들기에 대한 개념의 계승과 변화상을 분석하였다.

> 분석 대상 『나의 방』제1호[1972]~제120호[1990],
> 부인생활사[결호 : 제17・58・76・77・82・85・87~90호]

그 결과, 창간부터 종간까지 『나의 방』의 만들기 기사를 크게 두 가지로 분류할 수 있었다.

① DIY 사상의 시대

창간부터 1977년 무렵까지 『나의 방』에서는 쿠션이나 커튼 만들기, 자수, 퀼트와 같은 수예 분야와 공작 분야가 공존했는데, 이를 모두 아우르는 용어로 'DIY'를 사용한다. 1973년 제8호는 「DO IT YOURSELF 인테리어 만들기」라는 특집을 기획했고, 그때부터 이런 유의 만들기 기사에는 큐피 인형과

〈그림 5〉 DIY 마크

공구가 그려진 오리지널 마크가 붙었다.〈그림 5〉 스스로 전후의 피해를 복구하자는 런던의 시민운동에서 유래했다는 DIY는 그 후 미국에서 홈 센터home center[7] 사업으로 발전하며 대중화되었다.[18] 동시에 모리 요시타카毛利嘉孝도 지적했듯이, DIY는 대항문화의 시대에 대량 생산을 재검토하기 위한 커뮤니티 운동으로서 특히 젊은이들의 지지를 받았다.[19]

일본에서도 1960년대 말부터 젊은이들 사이에 히피 문화가 퍼졌고, 이는 사회에 환경문제가 심각해지는 시기와 겹쳐 미국과 마찬가지로 내츄럴 라이프스타일을 지향하는 젊은 층을 만들어냈다. 전후에 생겨난 '일요목공'이라는 아마추어 공작은 특별한 사상이 담긴 DIY로 이해되기 시작했고 초기의 『나의 방』에서도 이러한 분위기가 두드러졌다.

그러나 『나의 방』의 공작 기사가 제안한 실제 디자인은 DIY가 가진 사회적 사상성이 희박했다. 『나의 방』은 창간호부터 「일요일의 공작」이라는 코너를 두었고 1973년 제8호부터 가마다 도요시게鎌田豊成, 1936~가 필진으로 등장한다. 디자이너이자 아트디렉터인 가마다 도요시게는, 이 코너에서 창가에 놓는 플랜트박스제12호, 휴지통제13호, 데크 의자 및 테이블제31호 등 여성도 만들 수 있는 일요목공을 제안한다.〈그림 6〉 가타야마와 마찬가지로 가마다가 제안한 것은 귀엽고 팬시한 디자인이었으나 나름대로 전문 공구를 사용해야 하는 것도 있었다. 이 시점까지 일요목공은 남자의 일이 아닌 여성도 똑같이 할 수 있는 만들기로 인식되었다. 가마다가 담당한 「일요일의 공작」 코너는 초기 『나

---

7) Home Improvement Center, 주거공간을 자기 손으로 꾸밀 수 있는 소재나 도구를 파는 상점.

〈그림 6〉 가마다 도요시게, 「일요일의 공작―휴지통」, 『나의 방』 제13호, 1974, 20~21면.　　　〈그림 7〉 『나의 방』 제1호, 1972, 21면.

의 방』의 인기 연재물이었고 1977년 말제34호까지 이어졌다. 앞서 언급한 DIY
마크는 「일요일의 공작」 연재 종료 시점인 1977년까지 사용되었다. 가마다
의 기사에서 만들기를 통해 사회의 존재방식을 묻는 사상성을 엿볼 수는 없
지만, 잡지의 방향성은 동시대의 대항문화적 만들기로 진일보하였다.

　본래 DIY는 지나친 공업화 사회에서 남녀구별 없이 인간의 삶의 방식을 묻는
사상이자 행위였다. 초기 『나의 방』도 이러한 경향을 보이며 대도시의 인공적 생
활을 버리고 자연 속 만들기의 삶을 제안했다. 창간호에는 「BACK TO NA-
TURE 지금 동경의 대상은 전원풍으로 살기」라는 특집이 기획되었다.〈그림 7〉

　1974년 제14호 「핸드메이드 특집HANDMADE SPECIAL」에서는 DIY의 정신을 다
음과 같이 말한다.

　　돈을 주고 살 수 있는 것을 만든다면 그다지 즐겁지 않을 것 같습니다. 아무리
　비싼 것이라 해도…… . 이것이 HOBBY와 DO IT의 차이입니다. DO IT은 필요한
　것을 만드는 일에서 시작됩니다.[20]

그리고 "이 정신의 바탕에는 반문명적인 것에 대한 애착이자 일종의 절약 정신이 흐른다"[21]고 말한다. 미국에서 DIY 사상은, 스튜어트 브랜드Stewart Brand 가 간행한 히피를 위한 제품 카탈로그『지구백과Whole Earth Catalog』[22]에 나온 것처럼, 남녀 공동의 만들기 생활을 전제로 한 자급자족 공동체를 출현시켰다. 초기『나의 방』에도 남녀가 함께 집을 처음부터 끝까지 지어 산다는 기사가 빈번했다.

그러나 DIY가 확장되면서 여성은 다시 여러 만들기 가운데 스스로 성별 역할분업을 선택한다. 앞서 말한 1974년 제14호「핸드메이드 특집」에는「바느질의 재발견」이라는 제목의 다음과 같은 글이 실렸다.

> DO IT에서 여성의 특기 과목은 무엇보다 꿰매고 짜는 부드러운 일이 우선입니다. DO IT 정신은, 갑자기 목공을 시작하기보다 현실적으로 부드러운 일부터 먼저 내 것으로 만드는 것입니다.[23]

DIY 혹은 일요목공은 남녀가 평등하게 협력해야 하는 만들기 문화로 전후에 확산되었고, 또한 인테리어 쪽으로 향한 여성의 만들기는 필연적으로 남성의 영역에 가까워졌다. 그러나 여성은 DIY 중 수예를 여성에게 '친숙한 작업'이라는 이유에서 자발적으로 선택했다. 페니 스파크Penny Sparke도, 전후 DIY 문화는 부부가 함께하는 작업임에도 "배관이나 전기공사가 남편의 일인 반면에 커튼 만들기는 아내의 일"[24]로 명백하게 성별 역할분업이 존재했다고 지적한 바 있다. "함께한다는 것은 공유를 의미하나 다른 한편으로 가정 내 노동의 성별 역할분업을 감소시키기보다 오히려 교묘하게 높이는 데에 일조"[25] 했다는 그의 말은 전후 일본에서도 마찬가지였다. 이는 특히 다음에 서술할 1970년대 후반의 패치워크 퀼트 유행을 계기로 더욱 현저해졌다.

〈그림 8〉「'되찾고 싶은 아름다움이 있는 삶' 초창기 미국에 대한 향수」, 『나의 방』 제44호, 1979, 10~11면.

② 패치워크 퀼트와 컨트리 시대

『나의 방』에서 컨트리 라이프를 지향한 것은 공업사회 비판의 흐름을 반영하는 동시에 여성의 로맨틱한 컨트리 취미에 크게 영향받은 결과였다. 또한『초원의 집』,『빨강머리 앤』과 같은 미국 컨트리 스타일에 대한 동경을 내포하고 있었다. 『나의 방』에는 1973년 무렵부터 서부개척시대 미국에 대한 기사가 많아지고, 컨트리 라이프를 실천한 사례가 자주 실렸다.〈그림 8〉 이는 1980년대에 이시야마 오사무石山修武가 '쇼트케이크 하우스',[26] 구마 겐고隈研吾가 '기요사토淸里[8] 펜션과 주택'[27]이라고 비꼬아 표현한 교외 양식으로 구현되었고, 혼종적인 식민지풍 주택 유행의 시발점이 되었다. 「나의 컨트리 일기」[28]라는 기사는 손으로 그린 그림과 직접 쓴 글씨로, 동경하는 컨트리 라이프를 묘사한다. "아침, 일찍 깨서, 맨발로 뛰쳐나가 초원을 달리고 싶다"[29]로 시작

---

8) 일본 야마나시현(山梨県) 남알프스 산록에 위치한 경치 좋은 마을. 젊은이들이 모이는 별장지로 유명하다.

〈그림 9〉「패치워크 퀼트 강좌 제1회」, 『나의 방』 제37호, 1978, 64~65면.　　　〈그림 10〉 패치워크 퀼트 팬클럽 배지

하는 이 글은 소설이나 TV 드라마에서 간접적으로 익힌 컨트리 라이프를 그리며 실제와 몽상을 뒤섞은 필자의 전원생활을 소개한다. 이러한 미국문화에 대한 동경이 가장 잘 드러난 것이 바로 패치워크 퀼트의 대유행이었다.[30] 창간 초기부터 자수 등의 수예 기사가 실렸으나 얼마 지나지 않아 퀼트 기사가 다른 모든 수예 기사를 압도한다. 이때가 앞서 말한 공작 기사의 종료 시기와 정확히 겹친다는 점에 주목해야 한다. 퀼트를 중심으로 한 미국 초창기의 컨트리 스타일은 전전 현모양처주의 수예와는 다른 맥락에서 여성이 선망하는 새로운 스타일이 되었다. 한편으로 이는 미국이라는 필터를 거쳐 보수적인 남녀 성별 역할분업을 전제한 만들기를 받아들인 것이기도 했다.

　여성 독자들이 퀼트 기사에 큰 관심을 보이자 1978년 제37호부터 「패치워크 퀼트 강좌」제37~49호, 총 13회가 연재되었고,〈그림 9〉 이후로도 유사한 강좌가 반복되었다. 또한 '『나의 방』 패치워크 퀼트 팬클럽'이 결성되어 잡지의 독자 통신란은 팬들의 교류의 장이 되었다. 그리고 앞서 말한 DIY 마크 대신 새로운 천사 마크회원 로고를 만들어 관련 기사에 붙였다.〈그림 10〉 패치워크 퀼트가 중심이 된 1977~1978년은 여성 만들기 영역의 젠더적 재편 시기였다.

만들기 생활의 서정성과 나이토 미에코內藤三重子

『나의 방』은 1977년 제31호부터 계절에 어울리는 권두 메시지를 실었고, 1978년 제35호부터는 외국의 전원풍경이나 컨트리풍 주택 사진과 함께 일상 생활을 시적으로 표현해 실었다.<그림 11> 거기서 생활이란 만들기를 중심에 둔 자연에 의지하는 삶이다. 생활의 지혜와 그 배경에 있는 가치관을 독자에게 정서적으로 주입한 점은 『주니어 솔레이유』와 마찬가지였지만,『주니어 솔레이유』에서 남성이 메시지를 발신했다면 『나의 방』에서는 여성이 여성적 가치 관으로 메시지를 전했다. 동시에 만들기는,『나의 방』 창간 초기에 보여준 근 대적 젠더 틀을 넘어선 DIY에서 이제 여성적 수예나 요리로 한정되었다.

〈그림 11〉「가을의 나의 방에서」,『나의 방』 제39호, 1978, 4~5면.

1978년 이래『나의 방』의 인테리어 만들기 기사는 모두 '인테리어 수예' 기사였다. 앞서 말했듯이, 남성 주도로 만들어진 동화 같은 소녀적 디자인의 세계는 DIY와 같은 남녀평등의 만들기 시대를 거친 후, 마치 여성 스스로 만들어낸 남성 불가침의 영역인 듯한 팬시한 세계가 되었고 이를 중심으로 재젠더화가 급속히 추진되었다. 1977년경부터 남성 필자가 감소하고 여성 혹은 무기명의 기사가 늘어나면서 '여성 자신'의 목소리를 실었다는 인상이 강해진다. 그런 가운데 창간 때부터 여성들에게 일관된 지지를 받은 인물이 바로 수예가, 수필가 겸 일러스트레이터였던 나이토 미에코[1934~]다. 앞서 언급한 가마다 도요시게의 아내인 나이토 미에코는 창간 초기부터 오랜 기간『나의 방』의 필진이었다.

나이토의 만들기 기사는 남편 가마다의 공작 기사와 전혀 다른, 주부의 알뜰한 생활을 위한 만들기 기사였다. 그 내용은 예전부터 여성이 해오던 '여성적 행위'를 벗어나지 않았다. 나이토는 거기에다가 동시대의 문명비판, 자연공생 사상을 보태고 미국풍 컨트리 라이프라는 새로운 맥락을 끌어들였다. 이로써 나이토의 만들기는 낡은 냄새나 궁핍의 이미지가 지워진 미국풍의 세련된 라이프 스타일의 실천으로 보였다.

나이토의 글에 깔려 있는 생활규범이나 문명비판은 고도의 대량소비시대에 생활은 편리해졌으나 환경오염을 발생시키는 소비중심형 생활을 비판하는 시대적 분위기와 겹쳐 있었다. 나이토는 1960년대 말 미국을 방문했을 때 대항문화에 크게 영향을 받았다고 한다.[31] 직접 만들기보다 사는 편이 싸고 쉽다는 사실을 인정하면서도, "(만들기에서) 중요한 것은 잘 만들기보다 스스로 생각해서 만드는 것입니다. 만드는 일에 가치가 있습니다",[32] "풍요로운 물질문명의 세상에서 절약" 혹은 "석유 문제, 고층빌딩 화재, 공해, 약물 피해"[33]와 같은 말에서 드러나듯이 나이토의 만들기는 분명 새로운 시대의 DIY 사상에 기반한 것이었다.

1970년대 세계 각지에서 일어난 페미니즘 운동은 여성 참정권 운동처럼 분명한 목표를 세우지 않고 가정주부의 우울 문제 등에 주목했다. 여성의 사회적 지위 향상에 대한 공감대가 높아졌음에도 젊은 주부가 주요 독자층이었던 『나의 방』은 한편으로 공업화를 비판하면서 다른 한편으로 여성의 사회진출을 의식하지 않은 채 전통적인 젠더 개념에 고착되어 있었다. 나이토 역시 여성의 사회진출로 가정 내 만들기 활동이 쇠퇴한 것을 부정적으로 생각했다. 나이토가 제안한 만들기는 낡은 스웨터 등의 의류 리폼이나 절약 노하우, 은행장아찌나 레몬오일절임 같은 저장음식 만들기 등 오랫동안 여성이 맡아온 노동에 속하는 것이었다. 즉, 집에서 여성이 정성 들여 만드는 일의 중요성을 설파했다. 요컨대 나이토의 공업화 사회 비판은 근대 이전의 전통적 가정으로 회귀하는 것을 의미했다.[34]

세계여성의 해[1975] 전후의 사회적 분위기는 일본의 대다수 여성이 처한 현실과 거리가 있었다. 당시 일본의 높은 전업주부율을 감안하면, 나이토를 비롯한 『나의 방』의 만들기 기사 전반이 초기의 남녀평등 DIY 사상에서 점차 멀어져 더욱 '여성화'된 것은 당연한 귀결이다. 1978년 전후에 시작된 만들기의 보수화는 여성 스스로의 정체성을 찾으려는 움직임이었을 수도 있다. 여성은 자신의 존재 가치를 생산 노동이 아닌 가정에서 찾을 수밖에 없는 상황이었다. 낡은 현모양처주의에 저항한 여성들에게는 '만들기'에 대한 새로운 가치관이 필요했다. 역사적 뿌리가 없는 동화적인 컨트리 취미와 거기에서 자라난 가정적이고 여성적인 만들기 세계관은 바로 그 새로운 만들기 가치관으로서 의미를 지닌다.

생산 노동에서 소외된 현실과의 갈등 – 수제품 가게를 열다

1970년대 후반 여성의 수예는 예전의 여성적 활동으로 회귀했을 뿐만 아니라 또 다른 새로운 징후를 보였다. 『주니어 솔레이유』에서 볼 수 있듯이, 가정 안에 머물러야 했던 여성에게 집을 아름답게 꾸미는 인테리어 수예는 제한된 자기표현의 수단이었다. 그러한 여성들은 취미로 시작한 수예 작품을 점차 전시회에서 발표하는 식으로 여성 교양 쌓기에 열중했다. 이와 달리 1970년대 후반에 새로운 자기표현의 방법으로 주목받은 것은 취미인 수예를 통한 경제활동이었다.

『나의 방』에도 자신이 만든 수제품을 중심으로 가게를 열었다는 여성이 급증했다. 그 시작은 1975년[제20호]이었고, 1980년대 중반부터는 여성 자신의 가게에 관한 기사가 빈번하게 게재되었다. 1984년[제71호] 「나의 가게 이야기」에서는 염색공예품 가게, 꽃집, 음식점, 만들기 체험 가게, 수예 재료상점 등을 다뤘고 가게 규모부터 개업 자금까지 갖가지 사례를 소개했다. 이는 가게를 열고자 하는 여성이 늘고 있었음을 잘 보여준다. 이후에도 「지금 가장 열고 싶은 가게는 옷감 가게, 소품 가게」[제72호]와 같은 기사가 눈에 띈다. "가게를 통해 자신을 표현하고 싶고, 스스로 돈을 벌고 싶고, 사회와 접촉하고 싶다······ 등, 한목소리로 '가게를 차리지만' 그 목적이나 방법은 다양합니다. 그러나 자신의 개성을 바탕으로 새로운 세계를 열겠다는 열성은 공통적이고, 그것이 바로 가게의 묘미죠"[35]와 같이 가정주부였던 여성이 취미로 하던 수예나 요리로 가게를 차림으로써 자기 실현하는 모습을 소개했다.

원래 여성의 수예는 가사노동의 연장으로 집을 아름답게 꾸미기 위한 인테리어 수예였다. 생산 노동과는 거리가 멀었고, 주부 스스로도 수예 작품으로 돈을 버는 것에 대한 거부감이 강해서 전시회에 출품하더라도 판매하지 않고 자기가 사버리는 경우가 많았다.[36] 부르주아 여성 교양으로서 수예에 부정적

お店で自己主張

手づくり人生はマイペース。生活で大切にしたいものを自分の言葉で語りたい。だからお店を持ちました。

〈그림 12〉「가게에서 자기주장」, 『나의 방』 제97호, 1988, 82면.

이었던 『주니어 솔레이유』도 수예로 돈벌이하는 것에는 거리를 두었다.

그러나 『나의 방』에서는 돈벌이에 대한 아무 거리낌 없이 '만들기 가게'를 차리는 것이 여성의 소망으로 그려진다. 가게에서 얻는 수입은 필시 미미했을 터이고 대부분 취미 수준을 벗어나지 못했지만, 근대의 남성 중심적 경제 활동에 편입되지 않는 새로운 생산-소비의 형태가 여성의 '만들기'를 통해 실천되었던 것이다. 이는 오늘날 인터넷 등을 매개로 한 핸드메이드 작품 판매의 융성으로 이어진다.

나가며

근로시간과 여가시간이 뚜렷하게 구분되는 직업이 증가하면서 남성은 별 쓸모없는 일요목공이나 모형 공작을 오로지 취미로 즐겼으나, 여성의 경우에는 오랫동안 가정에 도움이 되는 취미에 묶여 있었다. 이 때문에 여성의 손일을 미화하고 손일을 전제로 한 생활로 돌아가야 한다는 도덕적 규범이 따라붙으면서 그 정통성을 주장할 필요가 생겼다. 공업사회 비판과 자연 회귀 사상은 미국문화에 대한 표면적 동경으로 치환되어 여성을 다시 보수적 젠더성에 기반한 만들기로 향하게 만들었다. 다만, 새로운 여성관이 확산되어 만들기가 자기표현의 수단이 된 것은 이미 피할 수 없는 사실이었고, 그것이 오늘날 핸드메이드 유행으로 이어졌다.[37] 핸드메이드는 오늘날 제작자와 소비자의 관계뿐 아니라 예술과 수공예의 경계를 해체하는 새로운 문화를 창출하고 있다. 만들지 않아도 되는 시대에 '만드는 것의 의미'는 계속 변화하고 있다.

제4장

여학생과 수예[1]

『주니어 솔레이유』 세대의 계승

나카가와 아사코中川麻子[2]

들어가며

취미에 관한 통계를 정리한 일본생산성본부의『레저백서レジャー白書』1977는 '수예'에 '편물, 직물, 수예'를 포함시켰다.『레저백서 2017レジャー白書2017』[1]에 따르면, '편물, 직물, 수예'를 취미로 즐기는 사람의 95% 이상이 여성이고, 그중 60~70대가 대략 절반을 차지한다. 그녀들은 야마사키 아키코山崎明子,[3] 이마다 에리카今田絵里香,[4] 진노 유키神野由紀[5]가 주장한 것처럼,『주니어 솔레이유』가 수예를 권장한 1950년대를 소녀 시절로 보냈고, 성인이 된 1970년대에 수예 열풍을 일으킨 세대이다.

---

1) 이 글은 전미경이 번역했다.
2) 쓰쿠바대학 예술학 박사 수료. 교리쓰여자대학 가정학 박사. 오쓰마여자대학 가정학부 겸임 교수. 염직문화사, 디자인사 전공,「메이지~다이쇼 시대 여성 교육 기관의 자수 견본에 대하여(明治~大正時代における女子教育機関の刺繡見本について)」(2015) 등 다수의 논문이 있다.
3) 이 책 제1장 필자. 제1장의 역주 참조.
4) 이 책 제2장 필자. 제2장의 역주 참조.
5) 이 책의 공동 편집자이면서 서장 필자. 서장의 역주 참조.

이와 대조적으로 오늘날 수예가 취미인 10~20대 비율은 20%가 안 된다. 그 이유를 야마모토 이즈미山本泉는 재봉 교육과정의 변화로 보았다.[2] 니시노 소노 기미코西之園君子 등의 조사에 따르면, 전후戰後 가정과학습지도요령의 개정에 따라 의복분야 수업은 수업시수, 난이도, 과제가 단계적으로 줄어들었다.[3] 또한 전후의 기성복 보급과 함께, 1950년대 이후 SPA[6]방식의 의류 판매 및 패스트패션의 등장으로 싼 값에 새 옷을 구매할 수 있게 되었고, 따라서 집에서 옷을 만들거나 수선하는 일은 크게 감소하였다. 이러한 상황에서 오늘날의 여학생은 수예를 어떻게 접했고, 또『주니어 솔레이유』와 함께한 옛 소녀들로부터 무엇을 계승하였을까. 이 장에서는 여학생과 그들의 할머니와 어머니 세대의 인터뷰를 통해 1950년대부터 2000년대의 수예와 수예의 사회적 이미지 변화를 살펴보고자 한다.

1. 여성 커뮤니티와 수예

'어머니 수예'에 대한 기대

현재 10~20대 여학생들의 할머니는 60~70대이고, 어머니는 40~50대이다. 특히 할머니 세대는 앞서 말했듯이 1970년대 일어난 수예 열풍의 중심에 있었고 지금도 수예 애호가 대부분을 차지하고 있다.

할머니 세대는 가정교과에서 각종 자수와 편물, 기모노 만들기를 배웠다. 전후 의복 소재 사정이 나아지긴 했지만, 기성복은 아직 고급품인 경우가 많아 평상복이나 아동복을 직접 만드는 가정이 여전히 많았기 때문에 재봉과

---

6) Specialty store retailer of Private label Apparel. 한 회사가 의류의 기획과 디자인, 생산과 제조, 유통과 판매까지의 전 과정을 맡아 진행하는 사업모델.

수선은 집에서도 꼭 필요한 기술이었다.

1960년대 후반부터 1980년대 베이비 붐 현상에 따라 도시를 중심으로 사립학교 입시가 과열되었고, 입학 후에는 어머니가 손수 만들거나 수놓은 학용품과 의류가 일종의 사회적 신분이 되었다. 또 학교의 요청이 아니라 PTA[7]의 결정이긴 하지만, 입학 후 바자회나 봉사활동에 어머니들이 직접 만든 물품을 내 놓는 것이 의무인 학교가 많았다.

특히 가톨릭계 유치원과 초등학교의 경우, 바자회가 열리면 어머니들은 모임을 만들어 공동 작업으로 수제품을 만드는 것이 정례화 되어 있었다. 1970년대 후반에 가톨릭계 유치원에 딸을 보낸 70대 여성은 당시 상황을 다음과 같이 말했다.

> 일주일에 한 번 누군가의 집에서 아트 플라워나 바자회에 내놓을 수제품을 만드는 모임이 열려요. 항상 누군가의 집에서 차 모임이나 만들기 모임이 열렸는데, 아이를 생각해 쉬지도 못하고 무리했어요. 그런 시대였어요. 당시 수예나 만들기를 못하는 어머니는 주눅 들어 있었어요. 바자회의 할당량이 많았죠. 아침부터 과일이 듬뿍 들어간 파운드케이크를 몇 개씩 구워야 했어요. 비용도 많이 들었고, 힘도 들었어요. _{딸을 가톨릭계 유치원에 보냈던 70대 여성}

할머니 세대와 달리 어머니 세대의 경우, 초등학교와 중학교 가정교과에서 의복 영역이 대폭 줄어들었다. 기초적인 재봉과 수선, 몇 종류의 장식기법만 습득하면 될 정도로 학습내용이 압도적으로 적었다. 또 '남녀고용균등법'이

---

7) Parent-Teacher Association. 일본 각 학교에서 아동의 건전한 발달 도모를 목적으로 학부모와 교직원으로 구성된 임의단체. 아동의 건전한 발달 도모를 목적으로 하며, 가정, 학교, 지역에 상당한 영향력을 행사함.

후 맞벌이가 증가함에 따라 가정에서의 만들기도 저절로 감소하였다. 그러나 이러한 상황에도 불구하고 이들이 젊은 엄마였던 2000년대에도 유치원이나 어린이집 등에서는 여전히 손수 만든 학용품을 요구했다. 특히 가톨릭계 유치원과 초등학교의 바자회에서는 어머니들이 직접 만든 수제품이 인기였다. 학교 측은 이를 어디까지나 부모들이 주체가 된 자발적 봉사활동이라 했지만 어머니 커뮤니티의 보이지 않는 압박이 있었다.

딸을 가톨릭계 유치원에 보냈던 여중생 어머니들은 당시의 바자회 상황을 다음과 같이 말했다.

바자회에서 담당자를 정했더라도 맡은 담당 이외에 1인당 3점 이상은 반드시 제출해야 했어요. 만들기가 서툰 사람이라도 예외는 없어요. 매년 휴지 케이스나 열쇠고리 등 학년 별로 만들 작품이 정해집니다. 먼저 만들기 담당자나 수예를 잘 하는 사람이 견본품을 만듭니다. 담당자는 이것을 키트로 준비해 어머니들이 만들기 쉽도록 해줘요. 재료를 미리 잘라 놓고, 설명서도 준비해요. 이후 담당자는 어머니들에게 만드는 법을 가르칩니다. 잘 하는 사람도 그렇지 못한 사람도 판매할 정도의 작품을 만들도록 하는 겁니다. 수예 잘 하는 사람은 그 외에도 개인 창작품을 내놓기도 합니다._{딸을 가톨릭계 유치원에 보냈던 40대 여성}

딸이 네 살 때인가 나는 하와이풍의 리본 달린 열쇠고리를 맡았다. 매일 자투리 시간에 조금씩 만들어 할당량을 채웠다. 리본은 다 같이 샀다. 나는 딸이 발레 수업을 받는 때라든지, 아무튼 틈나는 대로 이것만 해야 했다._{딸을 가톨릭계 유치원에 보냈던 50대 여성}

단지 수제품을 내놓으면 좋은 정도가 아니라, 정해진 내용에 따라 일정 수준에 달한 작품을 제출해야하기 때문에 커뮤니티 규칙에 따라 만들어야 했다. 또 집안일이나 육아 틈틈이 많은 시간을 할애하지 않으면 결코 달성하기 어려운 많은 할당량이 부과되기도 했다. 독창성을 살리거나 작품을 변경하는 것은 커뮤니티 규칙을 어기는 것이 된다. 예외인 사람은 오직 '전문가 못지않게 수예를 잘하는' 특별한 어머니뿐이었다. 여기에서 '만들기를 잘한다'는 '훌륭한 어머니'와 같은 의미이다. 자녀 졸업 후에는 수예 재능을 살려 집에서 수예 교실을 여는 것도 유행하였고, 여성 잡지나 서적은 이것을 '행복한 주부상'과 한 쌍으로 다루었다.[4]

'어머니의 만들기'는 단지 사립 유치원만의 일이 아니었다. 직장 다니는 어머니가 많은 어린이집인데도 특정 크기의 낮잠용 이불이나 도시락 주머니를 만들어 오라고 요구했다. 인터넷에서는 유치원 '입학준비'를 둘러싼 댓글이 많았는데, "미싱이 진짜로 서툴러 손바느질로 한 땀 한 땀", "비뚤비뚤한 미싱질은 애교", "서툴지만 끝냈다!" 등에서 어머니들이 유치원 물건 만들기에 분투했음을 알 수 있다.

유치원이 특정한 형태나 크기의 학용품을 지정한 것은 '보육 활동에 꼭 필요하다'는 이유였고, 규정에 맞으면 굳이 직접 만들 필요는 없다고 했다. 그러나 실제로는 유치원이 정한 크기 때문에 시판 제품을 구하기 어려웠다. 직접 만들 수 없는 경우 바느질을 잘 하는 친구에게 부탁하는 사람도 있었다. 수예점 등에서는 인근 유치원이 지정한 크기의 종이 본을 준비해서 재료를 구매하는 어머니들을 대상으로 만들기 교실을 여는 경우도 있었다. 또 인터넷에서는 수제품 대행 서비스나 주문 사이트가 다수 생겨나 물품을 살 수 있게 되었다. 그러나 이러한 서비스를 이용한다 해도 어디까지나 '어머니가 손수 만든' 것처럼 보여야 했고, 기성품으로 보이는 것은 철저히 배척되었다. '어머니의 수예'는 자녀에 대한 사랑을 표현하는 절대적인 것이었다.

이러한 사례에서 알 수 있듯이, 어머니 커뮤니티와 만들기의 관계는 할머니와 어머니 세대 간 약 40년의 차이가 있음에도 그다지 바뀌지 않았다는 사실이 놀라울 뿐이다. 할머니와 어머니 세대에게 수예는 가정에서 필요한 기본적인 기술이었을 뿐 아니라 '좋은 주부와 좋은 어머니 상'을 보완함으로써 어머니 커뮤니티에 귀속될 수 있는 수단이었다.

할머니와 어머니의 영향

딸 세대 여학생들이 어떤 경위로 수예를 시작해 취미가 되었는지를 알아보기 위해, 초등학생 2명, 고등학생 5명, 대학생 4명 등 수예 경험이 있는 11~20세의 여학생 11명을 대상으로 인터뷰와 설문조사를 실시하였다. 대면으로 진행한 인터뷰는 한 사람당 15~30분 정도 소요되었고, 그 결과는 〈표 1〉과 같다.

수예를 시작한 시기는 유치원 또는 초등학교 저학년이라 답한 경우가 많았다. 집에서 할머니 혹은 어머니에게 배우거나, 가톨릭계 유치원, 특히 손작업을 중시하는 몬테소리 유치원에서 '아동의 자주성과 자발적 활동'의 촉진을 위해 시작하는 경우가 있었다. "어머니가 만든 것이 귀여워서", "할머니가 하시는 걸 보고"라는 이유도 많았다. 또 "도구가 귀여워서", "도구나 옷감이 이미 있었기 때문에" 등, 수예하는 가족이 있어 시작하기 쉬운 환경이었다는 점도 요인의 하나로 거론되었다. 어릴 때는 책을 보고 따라 만들기 어렵기 때문에 할머니나 어머니로부터 배우는 것이 자연스러웠을 것이다.

그중에는 초등학교 고학년에 시작한 그룹 활동, 가정교과, 여름방학 숙제로 수예 작품을 만들다가 취미로 이어진 경우도 있었다. 그러나 대부분이 취학 전부터 수예를 했기 때문에 여학생이 수예를 시작하는 계기는 학교 교육이라기보다는 취학 전 가정환경이 더 큰 영향을 미쳤다고 말할 수 있다. 어릴 때 수예를 시작한 여학생들은 초등학교 고학년의 가정교과나 여름방학 숙제를 통해 경험을 쌓았고, 학교 등에서 평가 받는 가운데 수예를 몸에 익혔다.

집안일로서의 수예

인터뷰에 따르면 여학생들이 수예를 하는 경우는 크게 둘로 나뉜다. 먼저 '집에 필요한 수작업'이기에 수예를 한다는 것이다. 사례 1은 대학교 2학년 학생으로, 할머니는 재봉을 좋아하지만 어머니는 수예와 재봉을 하지 않았다. 삼대가 같이 사는 사례 1은 어렸을 때부터 할머니와 바느질을 했다. 초등학교 5학년 때는 수예 동아리에도 들어갔다. 수예가 취미이며, 세밀한 작업을 좋아한다. 사교댄스 동아리도 다니고 있어 옷을 장식하기도 한다.

사례 1

질문 초등학교 때 수예 동아리에 가입했다고 했는데, 원래 수예는 가정교과를 계기로 좋아하게 되었나요?

답변 전부터 관심이 있었는데 수업시간에 개별로 나눠주는 재봉 세트를 갖게 되면서 본격적으로 시작했어요.

질문 그 전에는 재봉 도구가 없었나요?

답변 할머니 것으로 해 봤어요.

질문 할머니나 어머니는 수예나 재봉을 하셨나요?

답변 할머니는 하셨고 어머니는 하지 않았어요.

질문 할머니는 어떤 것을 하셨나요?

답변 취미로 재봉을 좋아하셨어요.

질문 바느질을 하셨다는 건가요?

답변 옷을 만들지는 않았지만 직접 수선은 하셨어요.

질문 단추를 단다든가?

답변 빨래를 개다가 단추가 떨어진 것을 보면 당신이 얼른.

질문 어머니가 안 하시고요?

〈표 1〉 인터뷰와 설문조사 결과

질문내용 \ No / 학년	1 초등 6년	2 초등 6년	3 고등 2년	4 고등 2년	5 고등 2년
동아리 소속경험	없음	없음	없음	없음	없음
수예를 좋아하는가?	좋아함	좋아함	좋아함	좋아함	좋아함
수예가 취미인가?	예	아니오	아니오	예	아니오
수예 빈도	주2시간	주30분	부정기적	부정기적	주2~3시간
수예하는 장소는?	집, 어린이센터	교실	집	집	집
수예는 누구와 하는가?	혼자서, 친구와	혼자서	혼자서	혼자서, 가끔 동생과	혼자서
수예하면서 무엇을 하는가?	수예에 집중, 수다	수예에 집중	수예에 집중	수예에 집중	'묵묵히' 수예에 집중
해 본 수예는?	편물, 자수, 레이스, 인형·봉제인형, 액세서리, 비즈 공예, 종이 공예, 염색	자수	액세서리	펠트 공예	주머니
수예를 시작한 계기	할머니가 하셔서	할머니가 하셔서	어머니가 하셔서	할머니가 하셔서	어머니가 하셔서
	어머니가 하셔서	어머니가 하셔서		어머니가 하셔서	
	마무리가 귀엽다고 생각했다.	바늘과 실이 귀여웠다.	집에 도구가 갖춰져 있었다.	몬테소리 유치원	초등학교 가정교과
수예를 시작한 시기	유치원	유치원	초등학교	유치원	초등학교
수예 하는 이유	만들기가 좋아서, 차분해져서, 편안한 기분이 들어서, 좋아하는 것을 만들 수 있어서	만들기가 좋아서, 물건을 만드는 것이 즐거워	나를 위해서, 내가 사용할 물건을 만들기 위해서	좋아하는 것을 만들 수 있어서	좋아하는 것을 만들 수 있어서, 내가 쓸 것을 만들기 위해
작품 용도	집 등에 장식, 선물용, 자신이 사용	자신이 사용, 집 등에 장식	자신이 사용	자신이 사용	자신이 사용
수예의 이미지	여자다운	무언가를 만드는, 수선하는	자신의 욕구를 채워주는 것	자신의 욕구를 채워주는 것	옛날, 소중한 사람에게 물품을 드리는 수단

6	7	8	9	10	11
고등 2년	고등 2년	대학 2년	대학 2년	대학 2년	대학 2년
없음	없음	있음	있음	있음	없음
좋지도 싫지도 않음	좋아함	좋아함	좋아함	좋아함	좋아함
아니오	예	예	예	예	예
수예를 하지 않음	주3시간	주30분	주3시간이내	주1시간이내	주1시간이내
수예를 하지 않음	집	집	집, 동아리 룸	집	집
수예를 하지 않음	혼자서	혼자서	혼자서	혼자서	혼자서
수예를 하지 않음	TV, 라디오, 비디오를 보면서	TV, 라디오, 비디오를 보면서	TV, 라디오, 비디오를 보면서 또는 수예에 집중	수예에 집중	TV, 라디오, 비디오를 보면서
십자수	뜨개질	지우개 스탬프, 리본자수	자수, 레진 공예, 재봉	편물, 자수, 인형·봉제인형, 액세서리, 비즈, 재봉	주머니, 액세서리, 재봉
어머니가 하셔서	동네 뜨개질 카페에 갔다가	할머니가 하셔서	할머니가 하셔서	어머니가 하셔서	할머니가 하셔서
		(어머니 안 함)	어머니가 하셔서		(어머니 안 함)
		초등학교 가정교과	가톨릭계 유치원	초등학교 여름방학 과제	
초등학교	고등학교	초등학교	유치원	초등학교 2학년	유치원
수예를 하지 않음	만들기가 좋아서, 기분이 차분해져서	물건 만들기가 즐거워	물건 만들기가 즐거워	물건 만들기가 즐거워, 좋아하는 것을 만들 수 있어서	만들기가 좋아서, 좋아하는 것을 만들 수 있어서
보관, 자신이 사용	자신이 사용	다른 사람에게 선물, 옷에 장식	선물, 전시회나 인터넷에 판매	선물, 자신이 사용	선물, 자신이 사용
여자다운, 가사라든가, 옛날의 좋은 여자	좋아하니까 하는 것	좋아하니까 하는 것	자신의 욕구를 채워주는 것	좋아하니까 하는 것	좋아하니까 하는 것

답변 어머니는 싫대요.

질문 어머니 대신 할머니가 하신 건가요?

답변 맞아요.

질문 할머니 보다 잘한다면 당신도 바느질을 할까요?

답변 네. 쿠션 같은 게 찢어진 것을 보면 '꿰매고' 싶어져요.

사례 2 역시 대학교 2학년 학생으로 할머니는 기모노를 만드신다. 유치원에 들어가기 전부터 근처에 사시는 할머니로부터 수예와 바느질을 배웠고, 지금은 털실 공예를 한다. DIY가 취미인 어머니는 수예를 하지 않는다.

사례 2

질문 할머니는 기모노 만드는 분이시고, 그럼 어머니도 수예를 하시나요?

답변 어머니는 전혀 못해서 신발주머니도 제가 만들었어요.

질문 본인이 직접 만들었다는 건가요?

답변 네. 할머니가 '천 사러 가자' 하시면 일단 닛포리日暮里까지 따라가요. '좋아하는 걸 골라보렴'이라고 하시면 '이거'라고 하고.

질문 그걸 본인이 열심히 만들었나요? 몇 살 때요?

답변 아마 유치원 들어가기 전일 거예요. 할머니가 도와주셨죠. 혼자서는 못해요.

질문 어머니는 바느질을 조금도 안하시나요?

답변 전혀 안하세요.

질문 할머니와 함께 살았나요?

답변 집에서 걸어갈 수 있는 곳에 사셨어요. 재봉 세트를 들고 할머니 댁으로 가서 무언가 만들어 왔어요.

질문 그럼 어머니는 편하다고 생각하셨을까요? 아니면 미안해하셨을까요?

답변 어머니는 만들어줄게 하시고 접착제로 붙인 다음 '자 됐어'라고 하셨어요. 저는 그게 싫어서, '아니, 내가 만들 거야'라고 했어요.

질문 그럼 따님이 지금 만드는 여러 모양의 동물풍퐁[8] 같은 걸 보고 '쓸모없다'라든지 아니면 '이런 걸 왜 만들어?'라고 하지 않으시나요?

답변 전혀요.

질문 어머니에게는 다른 취미가 있나요?

답변 어머니는 정원 가꾸기나 가구 꾸미기를 좋아하세요. 대체로 잡화점에서 벽에 붙이는 종이나 액자 같은 것을 사서 거기에 접착제로 레이스 붙이는 정도를 하세요.

질문 어머니 입장에서 보면 접착제로 붙이는 것은 게을러서가 아니라 장식 수단이군요.

답변 맞아요.

사례 1과 사례 2의 경우는 어렸을 때부터 할머니에게 수예나 바느질을 배웠다. 어머니가 하지 않기 때문에 집에서 필요한 바느질은 자신들이 직접 해야만 했다. 이런 일이 계속되면서 수예가 좋아져 취미로 굳어진 것이다.

사례 3은 고등학교 2학년 학생으로 주머니 같은 실용품을 만들었다. 어머니도 수예와 재봉을 한다.

사례 3

질문 어머님이나 집에 있는 누군가가 바느질을 하시나요?

---

8) 털실을 둘둘 말아 만든 동물 얼굴 모양의 폭신폭신한 마스코트.

답변 어머니께서는 바느질을 엄청 잘 하세요. 때때로 옷도 수선해요.

질문 그것을 보고 수예를 시작한 것이 아니고 역시 가정수업이 계기였나요?

답변 어머니가 바느질 하는 모습을 본 적은 없어요.

질문 그런가요? 어머님은 식구들이 안 볼 때 바느질을 하신다는 건가요?

답변 네. 금방금방 하셨어요. 봤을 때는 이미 되어 있더라고요.

사례 1과 사례 3에 따르면, 수예와 재봉은 할머니나 어머니가 빨래나 청소하는 틈틈이 '재빨리' 해치워야 하는 '가정 내 보이지 않는 일'이었다. 이 경우 여학생들은 할머니·어머니 세대로부터 수예만이 아니라 가정 내 '보이지 않는 일'인 수예와 재봉의 위상까지도 이어받았다. '어머니가 재봉이나 수예를 하지 않기' 때문에 '할머니에게 배워서' 하게 되었다는 사례와 '필요해서' 스스로 하게 되었다는 사례는 수예가 '원래 어머니의 일'인데 딸이 대신해 집안일을 보충한다는 구도를 말하고 있다.

커뮤니티와 수예

수예를 하는 또 다른 이유는 가정, 유치원, 학교, 친구 등과 같은 '커뮤니티에서의 인정'을 들 수 있다. 사례 4는 가톨릭계 초등학교의 6학년 학생으로, 어머니는 유치원 주부모임에서 수예를 하고 멀리 사는 할머니는 기모노를 만든다.

사례 4

질문 수예를 시작한 계기를 알고 싶어요.

답변 바늘과 실이 예뻐서요.

질문 어디서 보았어요?

답변 어머니 방을 뒤적거리다가요.

질문 어머니는 원래 수예를 하셨나요? 어떤 것을 만드셨죠?

답변 비즈 곰인형, 제 학용품, 도시락 가방, 신발주머니를 만드셨어요.

질문 그걸 보고 만들고 싶다고 생각했군요.

답변 맞아요.

질문 수예하는 친구들이 많나요?

답변 네. 열심히 하는 애들, 진짜 잘하는 애들, 자기들은 안하면서 저한테 떠넘기는 애들, 이렇게 세 부류가 있어요.

질문 그런 학생들이 얼마나 되죠?

답변 아주 잘 하는 애들이 30% 정도이고, 그냥 하는 애들이 50% 정도, 20%는 나한테 떠넘겨요.

질문 반 친구들은 어떤 식으로 수예를 하나요?

답변 가정수업의 연장처럼 쉬는 시간에 해요.

질문 그럼 쉬는 시간에 친구들과 함께하는 경우도 있나요?

답변 있어요. 치마 단이 터지거나 단추가 떨어지면 다 같이 고쳐요. 선생님께 도움을 청하지 않고 웬만하면 직접 해요.

사례 5는 초등학교 6학년 학생으로, 가톨릭계 유치원을 다녔다. 어머니 역시 어릴 때 몬테소리 유치원을 다녔으며 수예를 좋아한다. 할머니도 수예가 취미이다.

사례 5

질문 수예를 시작하게 된 계기는 무엇인가요?

답변 어머니가 하셨고, 만드신 것이 예뻐서요.

질문 어머니는 수예를 하셨군요.

답변 네. 옷이나 식탁매트나 할로윈 의상이나 유치원 용품을 만들어주셨어요.

질문 학생은 수예를 어디에서 하나요?

답변 집에서 매일 해요. 어린이센터에서도 하고요.

질문 어린이센터에서는 어떤 것을 해요?

답변 레이스를 뜨거나 바늘꽂이를 만들어요.

질문 친구와 같이 하나요?

답변 네. 두세 명 정도요. 전혀 못하는 애들이나 하고 싶은 데 못하는 애들도 있어요.

사례 6은 고등학교 2학년 학생으로, 몬테소리 유치원을 다녔고 수예가 취미이다. 할머니와 어머니 모두 재봉과 수예를 한다. 할머니는 지금도 직접 만든 파우치를 보내준다.

사례 6

질문 수예를 시작한 계기가 궁금하네요.

답변 예를 들면 집에 있는 면장갑이나 수건으로 인형 만들기를 좋아했어요. 그렇다고 특별한 것을 만든 것은 아니에요. 포포짱 같은 인형도 만들고, 인형 옷이 없어서 그런 것을 만들고 싶었어요. 이게 계기가 되어 부모님이 수예 세트를 사다 주셨고 그때부터 여러 가지를 만들게 되었어요.

질문 몇 살 때였나요?

답변 몬테소리 유치원 다닐 때 단추달기 활동이 있어서 아마 그때부터 계속한 것 같아요. 유치원에서는 만들 것을 가져오라고 했고, '활동'으로 정해서 했기 때문에 단추달기를 정말 좋아했어요.

사례 7은 대학교 2학년 학생으로 가톨릭계 유치원을 다녔다. 수예가 취미이며 작품을 본격적으로 판매하고 있다. 할머니와 어머니도 수예와 재봉을 한다.

사례 7

질문 유치원 때 어머니는 수예 모임에서 활동하셨나요?

답변 네. 전업주부가 많은 유치원이어서 어머니 수예 모임에 가입하셨고, 저는 수예가 재밌을 것 같았어요. 초등학교 무렵부터 어머니 재봉 도구를 빌려 무언가를 꿰매고 그랬어요.

질문 가톨릭계 유치원이었나요? 바자회도 있었고?

답변 네. 바자회가 몇 년에 한 번씩은 있는 유치원이었어요.

질문 그때 어머니는 뭘 만드셨나요?

답변 어머니는 자수를 꽤 하셨어요. 휴지 케이스 같은 소품에 수를 잘 놓으셨어요.

질문 그걸 보고 '좋다'고 생각했나요?

답변 맞아요.

사례 4~7은 모두 가톨릭계 유치원과 초등학교를 나온 여학생으로, 어머니가 수예하는 것이 계기가 되어 수예를 시작했다. '어머니가 유치원 수예 모임에 나가는 것이 재밌어 보여', '어렸을 때 도시락 가방 등을 만들어 주셨다'는 말에서 수예가 '좋은 어머니상'과 결부되어 있음을 알 수 있다. 또 가톨릭계나 몬테소리 유치원과 초등학교에서는 손작업을 중시하여 수예도 교육과정 안에 포함되었다. 수예를 하는 것이 커뮤니티 안에서 적극적으로 장려되어 수예를 잘 하면 크게 인정받았다. 이러한 사례들은, 집에서 반드시 필요로 했던 재봉이나 수예와 성격이 다르다. 그것은 자신이 소속한 커뮤니티에서 '보이는' 일로 인정받고 칭찬받는 경험이었다. 학교의 친구 커뮤니티에서 수예를 하거나, 친구들끼리 선물로 손수 만든 수예품을 자연스럽게 주고받았다.

수예와 여성 이미지

지금까지의 인터뷰를 통해 수예는 '가정 내 여성의 일'이며, 어머니 커뮤니티에서 중요한 수단이었음을 알 수 있다. 그중에서도 특히 사회가 수예를 매우 여성적인 것으로 파악하고 있음을 보여주는 인터뷰가 있다.

앞서 사례7의 대학생은 가톨릭계 유치원을 다녔으며, 할머니와 어머니 모두 수예와 재봉을 한다. 이 학생은 현재 혼자 살고 있으며, 하루에 수예를 3시간씩 할 때도 있다. 최근에는 자신이 만든 작품을 대여점이나 전시회에서 판매하는 등 작품 활동에 적극적이다. 그러나 아버지는 수예를 강하게 반대한다고 말한다.

사례 7

질문 집에 수예하는 사람이 있나요?

답변 어머니와 할머니가 취미로 수예를 엄청 좋아하세요. 할머니는 의상계열의 대학에 가고 싶었지만 집안 사정으로 고등학교 졸업 후 결혼 해 취미로 재봉을 계속하고 계세요. 어머니는 제가 다녔던 유치원 어머니 모임에서 수예를 하셨는데 아마 취미가 있었나 봐요. 저 역시 의상 쪽으로 진학하고 싶었는데 아버지가 반대하셨어요. 지금도 수예를 하고 있으면 싫어하세요. 독립해서 다행이에요.

질문 아버지는 왜 그렇게까지 싫어하실까요? 의상 쪽도 싫고, 수예도 싫고?

답변 하고 있으면 엄청 화를 내셨어요. 수예나 봉제는 '여자가 집에서 하는 일'

이라는 생각을 지금도 갖고 계신 것 같아요.

질문 어머님이 하시는 것을 보고도 뭐라고 하시나요?

답변 그건 잘 모르겠어요. 제가 고등학생 때였고 대학입시 때문에 공부하라는 뜻으로 화를 내셨던 것 같아요.

질문 그럼 장래에 수예 작가가 된다거나 수예 관련 취업을 한다고 말씀드리면?

답변 엄청 혼나요.

질문 어머니는 딸이 수예를 하는 것에 대해 뭐라 하시나요?

답변 반은 포기한 것처럼 '좋을 대로 하라'고 하세요. 일을 너무 크게 벌려 못 말리겠다고 포기하신 것 같아요.

사례 7의 대학생에게는 남자 형제도 있지만 수예를 하는 것은 가족 중 여자 뿐이라고 한다. 수예에 대한 아버지의 강한 반감은 수예 작업이나 수예 작품에 대한 것이 아니라 수예가 '공부에 비해 열등한 것'으로 공부와 진학을 방해한다고 생각하기 때문이다. 또 무엇보다 '수예는 여자가 하는 것'이라는 이미지 때문에 상당히 싫어했다. 대학 진학을 앞둔 딸에 대한 기대가 수예를 멀리하도록 만들었다. 또 어머니도 자신은 수예를 함에도 불구하고 딸이 수예에 몰두하는 것은 '기가 막혀 포기하신 것 같다'고 한다.

사례 7의 인터뷰 내용은 수예의 여성적 이미지가 현 사회에서도 뿌리 깊게 남아있음을 잘 보여준다. 가족의 강한 반대에도 사례 7은 작품을 적극적으로 제작했고, 판매도 본격적으로 시작하였다. 이런 상황에 대해 그녀는 '이전보다 수예품이 늘어나 가족들에게 싫은 소리를 듣지만', 이미 '발을 담가 버려' 어쩔 수 없다고 한다. 여기에는 이미 늘어나버린 수예품 같은 물질적인 것뿐 아니라 '반대하는 수예를 본격적으로 한다'는 꺼림칙함이나 일종의 반항심이 나타나 있다.

'취미'와 여성 이미지

인터뷰 대상자 11명 중 10명은 '수예를 좋아한다'고 했고, 1명만이 '좋지도 싫지도 않음'이라고 답했다. 그러나 '수예가 취미인가'라는 질문에는 4명이 '아니다'라고 했다. 수예를 '좋아하고', 매주 30분에서 3시간까지 수예를 하면서도 '취미는 아니다'라는 것이다. 그 이유는 '더 많은 시간을 보내는 취미가 있어서' 또는 '더 좋아하는 다른 것이 있어서'라고 한다. 여기에서 수예하는 실제 시간이나 빈도는 '취미'의 판단기준과 무관하다는 것을 명확히 알 수 있다.

이들에게 수예는 '취미다, 취미가 아니다'와 관계없이, '만들기를 좋아해서'나 '좋아하는 것을 만들 수 있어서'라는 만들기 욕구, '편안한 기분이 들어서'라는 심리적 안정의 효과, '친구들에게 선물하거나 부탁을 받아서'라는 친구들 간 소통의 수단 같은 역할을 했다. 또 만든 작품 대부분의 용도는 '실제로 사용'하거나 '선물' 또는 '판매'였다.

인터뷰를 진행하기 전에 나는 실용적 이유나 필요로 수예를 할 경우에 '취미가 아니다'라는 답을 예상했다. 그러나 인터뷰 결과는 수예를 하는 이유, 시작하게 된 배경, 작품의 용도, 작업 빈도와 시간에 따른 차이가 없었다.

'취미'라고 답한 학생들을 보면, 수예를 '좋아하기 때문에' 혹은 '자신의 욕구를 채울 수 있어서' 등 자신의 만들기 욕구 표출을 위해서라고 말했다. 또 '여자다움'이나 '치유' 같은 여성 이미지에도 긍정적이었다. 반면에 '취미가 아니다'라고 말한 학생들은 수예를 '여자다운 이미지, 집안일, 구시대의 여성 덕목'으로 여기거나, '소중한 사람에게 손수 만든 물건을 선물하는 것은 옛날 일'이라고 말했다. 이들은 수예가 가진 '여성다움'이나 '구시대적인' 이미지를 피하고 있었다.

2. '수예'에서 '핸드메이드'로

양분화하는 '수예'

인터뷰를 진행하면서 나는 '수예'라는 말을 의식적으로 사용했다. 그러나 여학생들은 종종 '핸드메이드'라는 단어로 답했다. '수예'와 '핸드메이드'라는 단어의 이미지 차이를 물어보니 대부분 '핸드메이드'가 현대적 이미지이고 자신들은 이 말을 더 많이 사용한다고 했다. 또 수예보다 '핸드메이드가 더 포괄적이고, 프로 같고, 팔릴 수 있는 것' 같은 느낌이 난다고 말했다. 반면 '수예'는 '할머니', '어머니', '뜨개질' 같은 구세대 이미지가 강해 자신들이 하고 있는 것은 '수예'가 아니라 '핸드메이드'라고 했다.

이에 나는 '수예'와 '핸드메이드'의 용례와 이미지 변용을 알아보기 위해 두 단어를 국회도서관에서 찾아보았다. '수예'와 '핸드메이드'가 들어간 책과 잡지 기사를 검색하였고, 이를 참조해 1950년대 이후 연대별 특징을 살펴보았다.

우선 '수예'가 들어간 책 제목의 경우, 1950년대는 집에서 필요한 수예 기법을 주로 다루는 실용서가 대부분이었다. 1960년대에는 『태팅레이스タッチングレース』[5]처럼 특정 기법을 다룬 책, 여러 종류의 수예를 다룬『수예전서手芸全書』[6] 같은 책,『생활 속 수예와 공작暮しの手芸と工作』[7]처럼 방을 꾸미는 수예나 간단한 공작을 다룬 책 등, 다종다양한 서적이 출판되었다. 1960년대는『주니어 솔레이유』로 수예에 친숙해진 소녀들이 성인이 되었을 무렵이라, 이 시기 책들은 각자의 특기 분야가 있는 독자들의 수요에 맞추었다.

『주니어 솔레이유』세대가 어머니가 된 1970년대는『즐거운 수예たのしい手芸』[8]에서 볼 수 있듯이 집안일이 아니라 자신의 즐거움을 추구한다는 새로운 이미지가 수예에 더해졌다. 또 '선물'이나 '귀엽다'는 단어가 많았는데, 그 배경에는 스웨터나 인형을 직접 만들어 가족과 친구에게 선물하는 유행이 있었다.

'재밌다'고 말하지만 이렇게 말하기에는 고난도의 작품이 많았고, 전문가만큼은 아니어도 적어도 가족에게는 인정받는 수준이어야 했다. 1980년대는 『주니어 솔레이유』세대가 낳은 딸이 초등학생과 중학생이 되어 수예를 시작하는 시기였다. 이때는 『쉽고 즐거운 등나무 공예やさしくできてたのしい藤手芸』[9]나 『폭신폭신 플라워 수예 놀이 2ふわふわフラワー手芸あそび2』[10]처럼, 제목에서 '쉽다'거나 '놀이' 같은 아이 느낌이 나는 초보자 대상의 서적이 많았다. 다른 한편으로는 전문성을 보다 지향한 『NHK 세계 수예 기행 1 니트 레이스 뜨기 편NHK世界手芸紀行1ニットレース編』[11]처럼 본격적인 수예 책 출판이 이어져 초보자용과 전문가용으로 수예의 양분화가 시작되었다. 그 밖에 신문지나 비누 등을 재료로 하는 새로운 수예가 나타난 점도 특징적이어서, 기존 수예로 충족되지 않는 소비자의 '더 자유롭게 만들고 싶다'는 욕구를 읽을 수 있다.

1990년대에는 양분화 경향이 더욱 뚜렷해졌다. 「프랑스 고블랭 공방의 고블랭직조 유학 체험」[12] 같은 유학 체험담 출판물도 증가하였다. 출판물에 등장하는 인물들은 가정주부가 아닌 작가로 소개되었다. 가정과 주부 커뮤니티에서 벗어나 제작에 몰두하는 이들의 모습이 동경의 시선으로 그려졌다. 이런 책에서 나타나는 공통점은 '집안일로서의 수예'를 철저하게 배제했다는 점이다.

2000년대로 접어들면 전문 수예서적은 감소한 반면 집에서 간단히 만드는 소품이나 초보자용 서적은 증가하였다. 그것은 노인이 된 『주니어 솔레이유』세대가 수예를 자주하지도 못할 뿐더러 젊었을 때처럼 대형 작품을 만드는 일도 줄었기 때문이다. 또 『주니어 솔레이유』세대의 딸들이 성장해 어머니가 되었지만 과거에 비해 전업주부가 적어 집에서 수예하는 일도 감소하였다. 이 때문에 2000년대는 수예 경험이 있는 노인이 수예 책의 주 대상이었다. 또 『귀엽게 변신! 우유 팩 수예かわいく変身!牛乳パック手芸』[13]처럼 재활용 교육을 중시

하였고, 초등학생과 중학생 대상의 간단한 수예 책도 늘어났다. 그 밖에도 실이나 천 등의 재료가 부록으로 들어 있어 구매 후 바로 제작이 가능한 책이 발행되는 등, '수예'에 학생들의 놀이 측면이 강해졌다.

새로운 범주의 탄생

'핸드메이드'라는 말은 언제부터 나타난 것일까? 이 단어는 1950년대 제빵 잡지에서 처음 등장하였다.[14] 이후 1960년대에는 보험, 제빵, 산업, 의료 쪽에서, 1970년대는 자동차,[15] 컴퓨터, 신시사이저 등에서 나타났다. 주로 산업 분야나 남자들이 좋아하는 기계와 공업제품 쪽 만들기를 '핸드메이드'라는 단어로 칭했다. 수예 분야에서는『주간 다이아몬드週刊ダイヤモンド』1913년 창간, 다이아몬드사(ダイヤモンド社)의「핸드메이드 세계」[16]나『세븐틴セブンティーン』1968~2021, 集英社의「핸드메이드 교실—예쁘게 예쁘게 뜨개질하자」[17]에서 처음 사용되었다.

1980년대로 들어서자 '핸드메이드'라는 단어는 수예 분야에서 빠르게 확산되었다.「미미Mimi」,「크리스마스 만들기 특집②X마스 핸드메이드 선물」,[18]『웨딩드레스 핸드메이드 북ウエディングドレス手づくりブック』[19] 등 지금까지 수예나 양재로 불렀던 분야에서 '핸드메이드'라는 단어를 사용하기 시작한 것이다. 또 '핸드메이드' 단어는 캠핑카, 등산, 자동차, 요트, 모터보트, 아마추어 무선, 미술, DIY, 요리 분야 등 온갖 곳에서 쏟아졌다. 1983년에 시작한 도큐핸즈東急ハンズ 주최의 '핸즈 대상'[20] 인기에 힘입어 '핸드메이드'는 새로운 만들기 문화를 지칭하는 용어가 되었다.

1990년대로 접어들면 '핸드메이드'는 자동차나 컴퓨터 분야에서는 감소한 반면 퀼트, 자수, 뜨개질 쪽에서는 증가하였다. 그 배경에는, 1991년『주부생활』1946~1993, 主婦と生活社 2월호「핸드메이드 갤러리」 연재의 시작과 함께 패치워크, 뜨개질, 레이스 분야 인기작가의 부상이 있었다. 또 주부와생활사에서『나의 컨트리私のカントリー』1991~,『코튼타임コットンタイム』1994~잡지가 창간되고,『최고! 코튼타임 디럭스大好き!コットンタイムデラックス』1999[21] 특별호가 잇따라 출간되어 여성의 수예와 공작 분야에도 '핸드메이드'라는 단어가 정착했음을 알 수 있다.

2000년대에 들어서면 지금까지 '수예'나 양재로 취급된 대부분의 분야가 '핸드메이드'로 바뀌었다. 앞서 언급하였듯이 이전 수예 책의 주 독자층은 오랫동안 수예를 해 온 노인이나 초등학생과 중학생 같은 수예 초보자들이었다. 여기에 포함되지 않는 20~50대와 다양한 것을 만들고 싶은 노인들은 '지나치게 가정적이지 않고, 너무 구식도 아니고, 여성적이지도 않은' 수예나 재봉을 요구했다. '핸드메이드'라는 새로운 단어는 수예 너머의 광범위한 분야를 아우르고, 나아가 남성층까지 포함시키면서 수예 분야를 재편성하였다.

또 '핸드메이드'는 단지 창작분야를 확장시켰을 뿐 아니라 '수제품 판매' 시장을 빠르게 형성시켰다. 수예를 직업으로 삼으려는 움직임은 다이쇼시대부터 쇼와시대 초기, 1950년대에도 산발적으로 보였으나 그것은 어디까지 가정 내 부업 정도로 취급되었다. 전문가 버금가는 솜씨를 가진 주부들이 개인 교실을 여는 경우도 있었지만 가정이라는 범주 안에 머물면서 직업으로 삼는 것은 피했다. 그러나 1990년대 후반부터 2000년 무렵, 인터넷 웹사이트를 개설해 수제품을 소개하고 판매하는 젊은 제작자들이 나타나기 시작했다. 또 1990년대부터는 갤러리 등에서 판매전이나 교류 이벤트를 열어 주목을 받았다. 2006년에 출판된『웹작가 50인의 핸드메이드가 있는 아름다운 생활Web作家50人のハンドメイドのあるやさしい暮らし』[22]은 인기 작가들을 소개하였고, 이후 개별 작가들의 활동이 널리 알려졌다. 이러한 흐름에 힘입어 2010년에 수제품 판매 사이트 '크리마Creema',[23] 2012년에 '민네minne'[24]가 개설되었다. 이후『핸드메이드 직업의 첫걸음ハンドメイドを仕事にするはじめの一歩』,[25]『인기 핸드메이드 작가가 되려는 사람들을 위한 책人気ハンドメイド作家になりたい人が読む本』[26]에서 볼 수 있듯이 '핸드메이드 작가'라는 호칭이 정착되었고 동시에 '핸드메이드'는 직업이나 상품과 연동하는 단어로 사용되었다. 현재 '크리마' 등록 작가는 약 9만 명이고, '민네'는 약 38만 명에 이른다. 또 인터넷과 연동한 '핸드메이드 재팬 페스티벌' 이벤트를 비롯해, 관람객 15만 명을 모은 일본 취미 박람회Japan Hobby Show나 도쿄 국제 퀼트 페스티벌 같은 핸드메이드 행사가 일본 각지에서 매년 개최되고 있다.[27] 핸드메이드는 그 범주가 넓어 퀼트나 자수처럼 천과 실을 사용한 수예에서부터 레진 수지를 사용한 액세서리, 양철을 활용한 인테리어 잡화에 이르기까지 다양한 수제품을 아우르는 큰 범주로 크게 성장하였다. 지금까지 오랫동안 여성의 대표적인 취미였던 '수예'는 이제 '핸드메이드'의 한 분야가 되었다.

나가며

여학생 인터뷰에서 '수예는 누구와 하는가'라는 질문에 모두 '혼자' 한다고 했다. 어떤 모습으로 수예를 하느냐는 질문에는, '음악을 들으며', '묵묵히', '집중하면서', '쉬지 않고 끝날 때까지', '수다를 떨지 않는다', '아무 생각 없이 한다'고 하였다. 또 완성한 작품 대부분을 '자신이 사용'하거나 '자기만족'을 위해서 '진열'해 둔다고 답하였다. 결국 여학생이 수예를 하는 이유는 '자신을 위한 창작활동'의 측면이 강했고, 이는 할머니나 어머니 세대와 크게 다른 점이었다.

할머니와 어머니 세대는 가정 내 '보이지 않는 일'로 수예를 했고, 다른 한편으로 공들인 수예품으로 집안을 장식하고, 학용품을 만들고, 바자회에서 어머니 수예를 선보임으로써 가정이나 어머니 커뮤니티에서 자신의 존재를 드러냈다.

할머니 세대는 학교에서 수예 교육을 충분히 받아 수예 기술이 뛰어났다. 이들은 1950년대『주니어 솔레이유』가 창조한 '수예하는 소녀 = 착한 존재'라는 이미지에 힘입어 창작열이나 자기표현의 욕구를 수예로 발산하였다. 가정주부가 된 이후에는 가족 혹은 어머니 커뮤니티의 시선을 의식하며 수예를 했다.

현재 40~50대의 어머니들은 어린 시절에 자수로 장식된 자신의 학용품에 대한 찬사를 통해 '어머니의 수예'에 대한 사회적 평가를 직접 경험한 세대이다. 1980~1990년대 무렵에 이들은 자녀를 키우며, 여전히 남아있는 '어머니 수예'에 대한 사회적 기대를 다시 마주하였다. 그러나 다른 한편으로 수예가 특정 커뮤니티에서 자신의 존재 가치를 드러낼 수 있는 유효한 수단이라는 사실을 깨닫고, 이를 이용해 개인 교실이나 창작활동을 적극적으로 펼치는 사람들도 나타났다.

이 무렵에 이르면 할머니 세대는 자녀양육을 끝내고 집안일에서도 해방되었다. 오랫동안 수예를 해온 할머니 세대 중에서 본격적인 여성작가들이 나타났다. 그들은 수예의 새로운 방향을 발전시켰는데, 그것은 '자기다움을 표현'하는 수예였다. '핸드메이드'라는 말을 통해 수예는 지금까지 가졌던 '여성적이고 가정적인 이미지'에서 해방되었고, 할머니나 어머니 세대 역시 이제야 '좋아하는 것을 좋아하는 방식으로 만드는 것'이 가능해졌다. 1990년대 이후 수예 분야는 핸드메이드의 한 영역으로 편입하여 순수한 창작활동으로서 연령이나 성별과 관계없이 누구나 자유롭게 할 수 있는 분야가 되었다.

오랜 시간 '수예'가 담당한 여성적이고 가정적인 이미지가 할머니 혹은 어머니를 통해 여학생들에게 이어졌다. 이들은 취미든 취미가 아니든 '수예'를 좋아했으나, 다만 이를 '핸드메이드'로 인식하였다. 이는 지금까지 젠더와 결부해 '수예'가 짊어진 것에 대한 저항감이 옅어졌다는 사실을 보여준다. 인터뷰에 따르면, 이들은 '수예'와 '핸드메이드'의 차이를 이해하고 이 두 영역을 자유롭게 넘나들었다. 왜냐하면 어릴 때부터 인터넷이나 SNS를 접한 여학생 세대는 가족, 친구, 학교 너머의 커뮤니티를 가지고 있어, 자신이 속한 집단과 무관한 평가기준이 있다는 사실을 이미 알고 있었기 때문이다. 그들은 더 이상 '수예'에 의지하지 않고도 자신의 존재가치를 찾는 것이 가능하며, 창작의 욕에 따라 자유롭게 작품에 몰두하면서 더 넓은 사회에서 인정받을 수 있게 되었다. 그들이 어머니 세대가 되었을 때에도 여전히 '수예'는 여성 커뮤니티 안에서 기능하고 있을까? 어쩌면 다른 무언가가 생겨날 수도 있다. 『주니어 솔레이유』 세대부터 3세대에 걸친 '수예'의 변용은 새로운 형태로 다음 세대에 이어질 것이다.

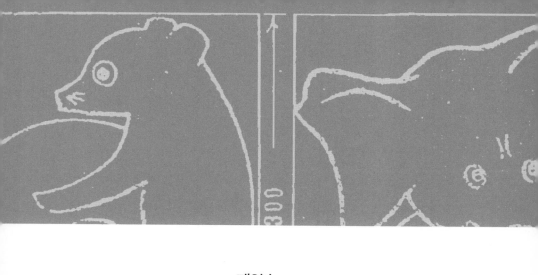

제2부

'공작'하는 소년공동체

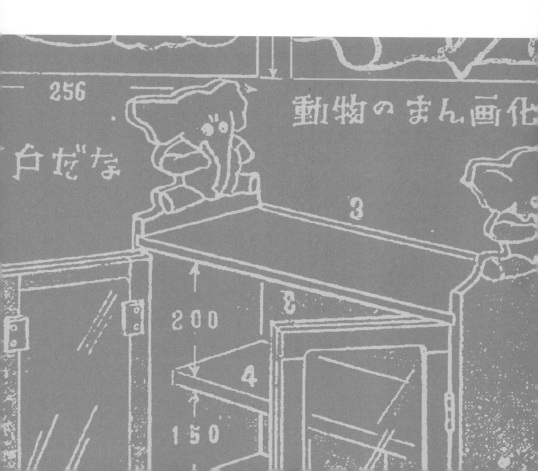

제5장

과학 잡지에서 출발한 공작 취미와 철도 취미[1]

전전·전중·전후에 발행된 『어린이 과학』 분석

쓰지 이즈미辻泉

1. 왜 과학 잡지인가

왜 공작 취미, 철도 취미인가

이 글은 소년 대상 과학 잡지 『어린이 과학子供の科学』을 통해 공작 취미와 철도 취미의 역사적 변천을 개략적으로 이해하기 위해 전쟁 전부터 전쟁 시기, 전쟁 후 발행된 『어린이 과학』을 살펴보고자 한다. 이러한 취미에 주목하는 이유는 이것이 오늘날 일본 사회, 특히 일본 남성들의 대표적인 취미이기 때문이다. 특히 복잡한 기계나 탈것의 인기가 높은데 그중에서도 철도의 인기는 대단하다. 철도 취미 자체가 모형 공작에서 파생했다는 주장도 있다.[1]

부국강병, 식산흥업 같은 슬로건에서도 알 수 있듯이, 일본 사회에서 근대적인 '남자다움'은 공업화나 군사화와 함께 만들어졌다. 이에 대해서는 아베 쓰네히사阿部恒久,[2] 오비나타 스미오大日方純夫,[3] 아마노 마사코天野正子[4] 등이 쓴 「남

---

1) 이 글은 강현정이 번역하였다.

2) 1948년생. 일본사학자. 일본 근현대사가 관심사이며, 주로 메이지기 이후의 지방사, 젠더사 등을 연구하고 있다.

3) 1950년생. 일본사학자. 일본 근대사 전공. 한중일 연구자들이 함께 집필한 『미래를 여는 역사』(한겨레출판, 2012)의 일본 측 편집위원장을 맡았다.

4) 1938~2015. 일본사학자. 오차노미즈여자대학교 명예교수.

성사男性史」 시리즈[2]나 이토 기미오伊藤公雄[5)]의 『'남자다움'의 길'男らしさ'のゆくえ』[3]
같은 중요한 선행연구들이 있는데,[4] 그중에서도 당시 잡지로 대표되는 소년
문화는 시대적인 특징이 더 순수한 형태로 나타났으며, 오늘날에 이르는 변천
을 이해하는 데 매우 유용하다.

　같은 시기의 소년용 잡지를 분석한 문화연구들은, 주로 소년 소설,[5] 혹은 그
것들이 게재된『소년클럽少年俱楽部』大日本雄弁会講談社, 1914~1962 등의 종합잡지나 문
예잡지를 대상으로 삼았다.[6] 이러한 연구들은 일본 사회에서 근대적인 '남자
다움'의 성립과정을 이해하는 데 큰 공헌을 했다. 본 장을 포함한 제2부의 글
들은 이러한 문제의식을 공유하면서, 분석 대상을 달리한 새로운 시도라고
할 수 있다.

　여기서는 문과적 세계보다 이과적 세계에 주목한다. 즉 당시 소년들의 심
리적인 변화에 문학적으로 접근하기보다 그들이 읽은 과학 잡지나 공작을 통
해 미디어론적 혹은 사회학적으로 접근하려는 것이다. 그렇다고 과학 잡지의
공작 기사가 전시의 소년 소설보다 '남자다움'이나 '남자답게'라는 용어를 더
많이 사용한 것은 아니다. 여기서는 소년들을 에워싼 일상 즉, 과학 잡지나 공
작 활동 속에서 젠더의 변용을 파악하고자 한다.

'남자다움'을 이상화한 소년 문화와 잡지

　앞에 서술한 소년 소설을 연구한 기무라 나오에木村直恵[6)]의 『'청년'의 탄생'青
年'の誕生』[7]은 소년 문화의 원류로『소년원少年園』의 창간을 주목했다.『소년
園』少年園, 1888~1895은 일본 최초의 소년 잡지로, 일본 사회에서 본격적인 근대화

---

5)　1951년생. 일본 사회학자. 오사카대학 명예교수, 교토대학 명예교수이자 교토산업대학 교수.
　　남성학 연구로 잘 알려져 있다.
6)　가쿠슈인(学習院) 여자대학 일본 문화학과 교수. 일본근대사, 문화사 전공.

가 시작된 메이지 중기[1880년대]에 창간되었다. 그리고 같은 시기에 '수공手工'이라는 교과목이 일본에 등장했다.

그 계기는 출판사 쇼넨엔少年園이 메이지 21년[1888] 11월 3일 천장절[7]에 창간한 잡지 『소년원』이었다. (…중략…) 오늘날 소년 잡지에 과학理科, 스포츠, 읽을거리, 수수께끼가 수록된 시초는 『소년원』이었다.[8]

『소년원』의 독자층은 초등 고학년부터 중학생까지, 대개 10~17세 정도이다.[9]

『소년원』이 성공하면서 이후 하쿠분칸博文館을 시작으로 크고 작은 출판사들이 비슷한 잡지를 발행하기 시작하고, '소년 잡지'라는 장르가 형성되었다.[10]

메이지 중기는 일본 사회에 근대화가 본격화되면서 국가로서의 윤곽이 어렴풋이 보이기 시작한 시기였다. "소년은 일본 남성의 예비군으로서 '밝고 바르고 강하게', 소녀는 '양처현모'의 예비군으로서 '깨끗하고 바르고 아름답게'라는 '이상'을 추구해야 할"[11] 존재로서 소년 문화와 소녀 문화가 각각 싹트기 시작했다.

그러나 기무라 나오에가 언급한 "과학, 스포츠, 읽을거리, 수수께끼"[12] 중 '읽을거리'에 대해서는 지금까지 소년 소설 연구에서 다루어졌으나 '과학'이나 '수수께끼'에 해당하는 공작 취미의 역사에 대해서는 충분히 연구되지 않았다.

---

7) 일왕의 생일로, 현재는 국가공휴일로 지정되어 있다.

공작 취미, 철도 취미의 역사적 변용

분석에 앞서 몇 안 되는 선행연구를 소개하고 주목할 점에 대해 짚어두고 자 한다.

모리시타 가즈키森下一期[8]는 교육학 관점에서 공작의 역사를 다음과 같이 정 리했다.[13] 1880년대에 설치된 수공 과목에서 비롯된 공작은 처음에는 불안정 한 교과목이었다. 당시 수공 과목은 농업이나 상업과 함께 직업교육 과목이 었다. 수예처럼 일상생활과 결부된 것을 만드는 실천적인 활동이었던 수공 과목은 두 번의 커다란 전환을 맞는다. 다이쇼기에 있었던 첫 번째 전환은 일 상생활과 밀접한 친숙한 것을 만들기보다 과학과 더 결합하여 과학적인 사고 를 키우는 장이 된다. 전쟁 중에 발생한 두 번째 전환은 과학을 내세워 군함과 모형 비행기 같은 군사색이 강한 것을 만드는 것으로 바뀐다.

모리시타 가즈키의 연구는 일본 사회에서 근대화 즉 부국강병, 식산흥업 이라는 공업화·군사화의 진전과 함께 당초 극히 일상적인 것을 만들었던 '수 공'이 서서히 과학적인 '공작'으로 모습을 바꾸어 갔다고 지적한다. 이에 대해 서는 이후 실증적인 데이터를 통해 증명하고자 한다.

철도 취미의 역사에 초점을 맞춰 보면 오늘날 일본 사회에서 철도 취미가 남성들의 취미가 된 배경[14]을 알 수 있다. 철도 취미는 다이쇼나 쇼와 초기 과 학 잡지의 공작 취미에서 파생하였고 전쟁을 거치며 군사색이 강해짐과 동 시에 일정한 발전을 이루었다. 여기서 중요한 것은 전전에는 철도 취미가 현 재만큼 대규모가 아니었다는 점이다. 전전에는 오히려 전함이나 전투기 같은 군사물이 소년들의 많은 관심을 받았다. 철도에 대한 관심은 군사물에 대한 관심과 함께 높아지다가 패전 후 군이 소멸함으로써 결과적으로 철도에 주목

---

8) 1943~2016. 일본 교육자, 교육학자. 전 와코(和光) 중학교·고등학교 교장. 기술교육학, 직업 교육 전공.

하게 되었다.

그밖에 참고할 만한 선행연구로는 일본 라디오 역사를 훑으며 라디오 공작 문화의 형성 과정을 서술한 다카하시 유조高橋雄造[9]와 미조지리 신야溝尻真也[10]의 연구[15]가 있고, 공작 모형의 미디어성에 주목한 마쓰이 히로시松井広志[11]의 연구도 있다. 마쓰이 히로시는 어떻게 공작 모형이 소년과 남성들의 국가주의적이고 낭만적인 욕망을 매개했는지 논한다.[16] 여기서는 마쓰이 히로시가 역사적인 형성 과정을 추적하는 시대 구분 방법을 주목하고자 한다. 일본 사회에서는 '전전·전후'라는 이항 대립 도식을 많이 사용하는데, 마쓰이 히로시는 '전중'이라는 시기를 끼워 넣어, 전후와 대비되는 '전중'의 특이성을 드러낸다. '전전·전중·전후' 3단계로 구분함으로써 수십 년이라는 짧은 기간의 극적인 변화를 더 상세하게 기술한 것은 매우 참조할 부분이라 할 수 있다.

2. 『어린이 과학』

분석 대상

과학 잡지 『어린이 과학』<그림 1>에 대한 소개는 앞서 언급했기 때문에 여기서는 내용 분석 방법에 대해 설명한다. 우선 분석 대상은 각호의 표지와 기사들이다. 특히 이 글은 각호의 내용을 상징하는 표지를 분석하여 대략적인 변화를 살펴본다. 분석 시기는 잡지가 창간된 1924년부터 1960년까지이며, '전

---

9) 1943년생. 일본 과학기술사학자. 고전압공학, 기술사, 박물관학 전공.
10) 미디어, 대중음악 연구자. 음악을 매개로 한 미디어 기술의 역사를 연구. 최근에는 DIY를 중심으로 한 만들기 취미의 역사 등도 연구하고 있다.
11) 1983년생. 아이치슈쿠토쿠(愛知淑徳) 대학 창조표현학부 교수. 문화사회학, 미디어론 전공.

〈그림 1〉『어린이 과학』창간호 표지
(출처 : 『어린이 과학』, 1924.10, 誠文堂新光社(홋카이도립
도서관(北海道立図書館) 소장)

전·전중·전후'의 구분을 명확히 하기 위해 1924년부터 1930년까지를 '전전', 만주사변이 일어난 1931년부터 1945년까지를 '전중', 1946년부터 1960년까지를 '전후'로 구분했다. 월간지이므로 1년에 대략 열두 권이 간행되었지만, 연도별로 다소 차이가 있고, 증간호가 발행된 경우나 창간된 해, 혹은 패전한 1945년 등은 간행 호수가 적고, 자료수집 여건상 구하지 못한 호 등이 있어 총 419권이 대상이 되었다. 그중 '전전'이 74권, '전중'이 169권, '전후'가 176권이다.

분석 방법

내용 분석의 방법으로 코드표를 만들고, 필요한 사항의 유무 등을 확인했다. 또한 객관성을 확보하기 위해 여러 명이 교차로 수량을 검증했다.

분석 단위는 각호의 표지와 기사이며, 기사는 각호의 목차나 그 제목 등을 참조하여 독립된 내용으로 파악할 수 있는 것은 개별적으로 다루었다. 대상이 된 기사는 총 15,250건이다.

여기에서는 공작 취미의 형성과 변용 과정을 개략적으로 이해하기 위해 표지나 각 기사의 기본적인 미디어 특성에 관한 항목의 빈도를 확인했다. 분석에 사용된 코드는 다음과 같다. 표지의 경우 '표현 형식사진 중심, 일러스트 중심'을 확인하고, 기사의 경우 '기사 형식속표지, 화보, 독자 투고란, 부록, 그 외 일반적인 기사'과 '내용공작 기사, 실험관찰 기사, 소설, 지지(地誌), 인물 기사, 독자 투고란, 읽을거리'을 확인했다. 이외에 다루고 있는 '나라나 지역', 필자의 '속성', '성별' 등도 확인했지만 이 글에서는 생략했다. 상세한 사항은 「남성적 취미의 형성과 변용」[17]을 참조하길 바란다.

더불어 '전전', '전중' 시기 군사적인 영향이 얼마나 있었는지를 명확히 하기 위해서, 표지와 기사 모두 '군사 관계 요소'의 유무를 독립된 항목으로 중요하게 검토했다. 나아가 『어린이 과학』이 무엇을 다루었는지, 또 그 열혈 독자였던 소년들의 관심

·군사 관련 요소(공통)
　있다 / 없다
·표현 형식(표지만)
　사진 중심 / 일러스트 중심 / 합성(사진, 일러스트 반반) / 기타
·기사 형식(기사만)
　속표지 / 화보 / 독자 투고란 / 부록 / 기타 일반 기사
·내용(기사만)
　공작 기사 / 실험관찰 기사 / 소설 / 지지 / 인물 기사 / 독자 투고란 /
　읽을거리
·등장하는 인물, 사물(복수응답형식·공통)
　1. 소년 / 2. 소녀 / 3. 군인(남성) / 4. 과학자(남성) / 5. 기타 성인
　남성(20세 이상) / 6. 성인 여성(20세 이상) /
　7. 벌레(곤충 등) / 8. 기타 동물(어류, 파충류, 포유류 등) / 9. 식물
　10. 군함 / 11. 기타 선박
　12. 전투기 / 13. 기타 비행기
　14. 전차 / 15. 기타 자동차
　16. 철도 / 17. 기타 탈것
　18. 라디오·무선 통신기 / 19. 텔레비전
　20. 기타 기계류
　21. 실험도구, 공작도구 등 / 22. 약품류, 의료·위생관련(세균 포함) 등
　23. 천체 / 24. 암석류(보석 포함)
　25. 기타
　(26. 모형)

은 무엇이었는지를 파악하기 위해 표지와 기사를 분석할 때 양쪽 모두 등장 인물이나 물건에 대해 복수 응답 형식으로 확인했다. 상세한 내용은 〈표 1〉에 있는데, 주로 '사람이나 생물'1. 소년 / 2. 소녀 / 3. 군인(남성) / 4. 과학자(남성) / 5. 기타 성인 남성(20세 이상) / 6. 성인 여성(20세 이상) / 7. 벌레(곤충 등) / 8. 기타 동물(어류, 파충류, 포유류 등) / 9. 식물, '기계류나 탈것'10. 군함 / 11. 기타 선박 / 12. 전투기 / 13. 기타 비행기 / 14. 전차 / 15. 기타 자동차 / 16. 철도 / 17. 기타 탈것 / 18. 라디오·무선 통신기 / 19. 텔레비전 / 20. 기타 기계류, '과학·이과'21. 실험도구, 공작도구 등 / 22. 약품류, 의료·위생 관련(세균 포함) 등 / 23. 천체 / 24. 암석류(보석 포함)와 그 외(25. 기타)로 정리할 수 있다. 또 이와는 별개로 공작 취미에 주목하는 관점에서 별도의 항목 '26. 모형'의 등장 유무에 대해서도 확인했다.

한편 각 항목의 시기별 변화도 살펴봤는데, 통계적 검증은 유의수준에 따라 '*** = 0.1%ᵃ<.001, ** = 1%ᵃ<.010, * = 5%ᵃ<.050, ※10%ᵃ<.100'로 분석하였다.

3. 『어린이 과학』은 무엇을 이야기했는가

표지

여기에서는 표지를 중심으로 살펴본다. 전체 419권 중 '전전'이 74권, '전중'이 169권, '전후'가 176권이다. 각 시기 대표적인 표지를 〈그림 5〉부터 〈그림 7〉에 실었는데 다음의 분석 결과와 비교하면 쉽게 이해할 수 있을 것이다.

〈표 2〉는 표지 분석의 단순 집계 결과를 정리한 것인데, 우선 '표현 형식'을 보면, '일러스트 중심'이 가장 많은 70.2%를 차지해, '사진 중심' 28.6%를 훌쩍 넘어선다. '군사 관련 요소'에서 '있음'은 21.2%에 그쳤지만, 시기에 따라 크게 달라졌다.

〈표 2〉 표지의 내용 분석 결과(표현 형식, 주제, 등장인물, 사물, n = 419)

표현 형식	건수	%
사진 중심	120	28.6
일러스트 중심	294	70.2
혼합(사진, 일러스트 반반)	3	0.7
기타	2	0.5
군사 관련 요소	**건수**	**%**
없음	330	78.8
있음	89	21.2
등장인물, 사물(순위)	**건수**	**%**
12+13. 비행기 전체	**106**	**25.3**
10+11. 선박 전체	**82**	**19.6**
5. 기타 성인 남성(20세 이상)	67	16.0
13. 기타 비행기	59	14.1
1. 소년	58	13.8
11. 기타 선박	54	12.9
12. 전투기	51	12.2
20. 기타 기계류	50	11.9
3. 군인(남성)	50	11.9
8. 기타 동물(어류, 파충류, 포유류 등)	50	11.9

등장인물, 사물(순위)	건수	%
23. 천체	36	8.6
14+15. 차 전체	**33**	**7.9**
10. 군함	33	7.9
16. 철도	33	7.9
15. 기타 자동차	26	6.2
9. 식물	21	5.0
7. 벌레(곤충 등)	17	4.1
17. 기타 탈것	15	3.6
2. 소녀	13	3.1
21. 실험 도구, 공작 도구 등	9	2.1
18. 라디오·무선 통신기	8	1.9
14. 전차戰車	7	1.7
6. 성인 여성(20세 이상)	7	1.7
19. 텔레비전	5	1.2
4. 과학자(남성)	5	1.2
24. 암석류(보석 포함)	4	1.0
22. 약품류, 의료·위생 관련(세균 포함) 등	0	0.0
25. 기타	37	8.8
26. 모형	41	9.8

등장인물, 사물의 경우는 빈도에 따라 순위를 매겼다. 나아가 '10. 군함 / 11. 기타 선박'의 경우 '10+11. 선박 전체'로, '12. 전투기 / 13. 기타 비행기'의 경우 '12+13. 비행기 전체'로, '14. 전차 / 15. 기타 자동차'는 '14+15. 차 전체'로 각각 합산하고, 합산 이전·이후 항목을 참고하도록 모두 표 안에 기재해 두었다. 그 결과 1위가 '12+13. 비행기 전체' 25.3%, 2위가 '10+11. 선박 전체' 19.6%로 표지에 탈것이 뚜렷하게 많이 등장했다. 다음으로 많이 등장하는 것은 남성으로, 3위 '5. 기타 성인 남성(20세 이상)' 16.0%, 5위 '1. 소년' 13.8%, 9위 '3. 군인(남성)' 11.9%였다. 이름은 『어린이 과학』이지만, 기본적으로 남성과 소년을 주 대상으로 했다는 것이 데이터로 확인된다. 표지의 중심은 소년 그리고 탈것으로 대표되는 기계였다.

한편 흥미로운 지점도 있다. 오늘날 대규모 철도 취미에 비해 '6. 철도'가 14 위로 7.9%에 그친 것이나 현재 일본의 기간산업인 '14+15. 차 전체'도 마찬가지로 14위 7.9%에 불과했다. 이는 선행연구가 보여주듯이 전투기나 군함에 비하면 당시 소년들에게 철도는 시시한 존재였음을 알 수 있다. 시기별로 보면 그 경향은 더욱 뚜렷하다.

시기별 경향을 살펴보자. 〈그림 2〉의 '표현 형식'에서 '사진 중심'은 '전전', '전중'에는 거의 없다가 '전후'에는 67.6%로 가장 많다. 반대로 '전전', '전중'에는 거의 '일러스트 중심'인 것을 알 수 있다.각각 100%와 98.2% 이를 단순히 인쇄 기술의 발전으로 볼 수도 있지만, '전전'이나 '전중'에 국가주의적이고 낭만적인 욕망을 불러일으키기 위해 사실적인 사진을 게재하는 것보다 일러스트를 사용하는 쪽이 더 효과적이었을 것이라고 해석할 수도 있다.

〈그림 3〉에서 '군사 관련 요소'를 보면 '있음'의 비율이 '전중'에 45.6%로 높은 것은 당연하지만, '전전'에 2.7%, '전후'에 5.7%로 낮은 것이 흥미롭다. 역시 '전전·전후'라는 이항대립보다는 '전전·전중·전후'로 볼 때 변화가 더 뚜렷하다.

'전후'의 이러한 경향에 대해서는 제8장 사토 아키노부佐藤彰宣의 「'과학'과 '군사軍事'라는 굴레 – 1950년대 항공 잡지로 본 모형 공작」을 참고하길 바란다.

〈그림 4〉는 '등장인물, 사물'이 나타나는 비율을 순위로 나타낸 후, 각 시기별 비율을 표시했다. 몇 가지 흥미로운 점이 발견되는데, 우선 1위를 보면 '12+13. 비행기 전체'는 '전전' 18.9% → '전중' 42.6% → '전후' 11.4%로 전중이 가장 많다. 2위인 '10+11. 선박 전체'도 마찬가지다. '3. 군인(남성)'의 경향도 그러한데 이것은 전쟁의 영향이라고 해석할 수 있다.

한편 '5. 기타 성인 남성(약 20세 이상)'은 '전전' 41.9% → '전중' 15.4% → '전

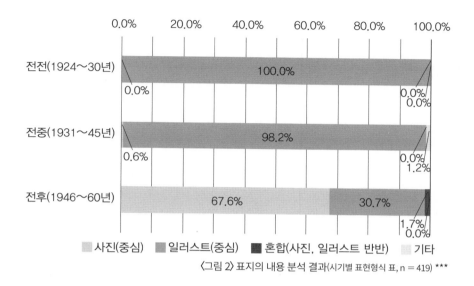

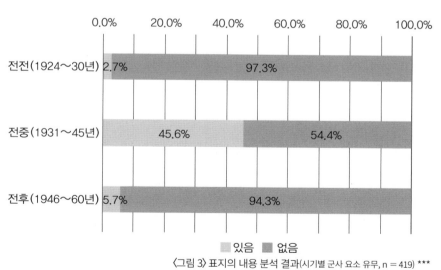

〈그림 2〉 표지의 내용 분석 결과(시기별 표현형식 표, n = 419) ***

〈그림 3〉 표지의 내용 분석 결과(시기별 군사 요소 유무, n = 419) ***

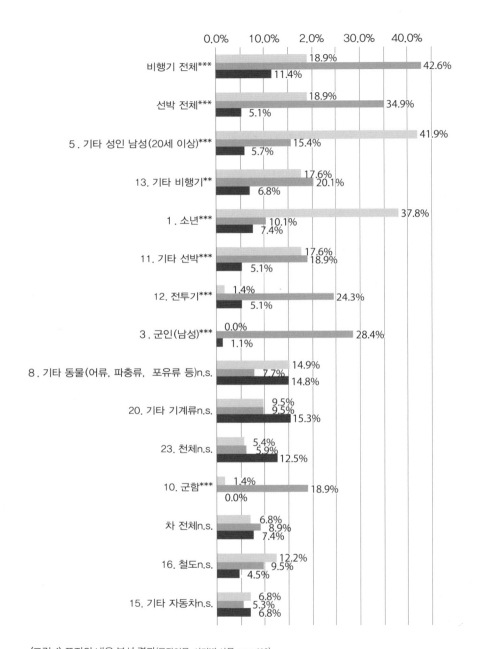

0.0%　　10.0%　　2.0%　　30.0%　　40.0%

비행기 전체* 18.9% / 42.6% / 11.4%

선박 전체* 18.9% / 34.9% / 5.1%

5. 기타 성인 남성(20세 이상)* 15.4% / 41.9% / 5.7%

13. 기타 비행기 17.6% / 20.1% / 6.8%

1. 소년* 10.1% / 37.8% / 7.4%

11. 기타 선박* 17.6% / 18.9% / 5.1%

12. 전투기* 1.4% / 24.3% / 5.1%

3. 군인(남성)* 0.0% / 28.4% / 1.1%

8. 기타 동물(어류, 파충류, 포유류 등)n.s. 14.9% / 7.7% / 14.8%

20. 기타 기계류n.s. 9.5% / 9.5% / 15.3%

23. 천체n.s. 5.4% / 5.9% / 12.5%

10. 군함* 1.4% / 18.9% / 0.0%

차 전체n.s. 6.8% / 8.9% / 7.4%

16. 철도n.s. 12.2% / 9.5% / 4.5%

15. 기타 자동차n.s. 6.8% / 5.3% / 6.8%

〈그림 4〉 표지의 내용 분석 결과(등장인물, 시기별 사물, n = 419)

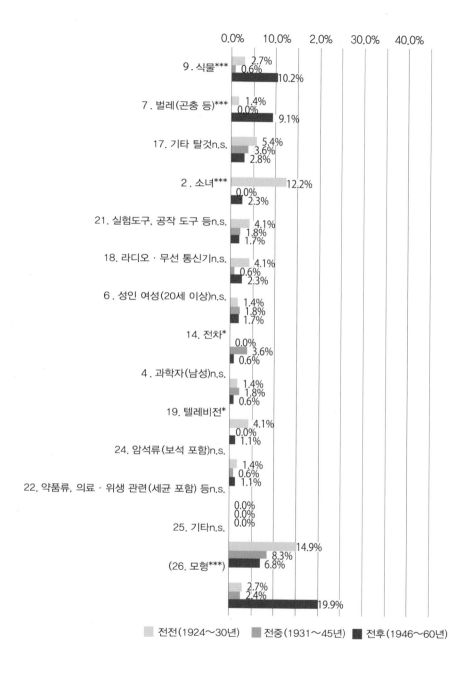

	0.0%	10.0%	2.0%	30.0%	40.0%

9 . 식물*** 2.7% / 0.6% / 10.2%

7 . 벌레(곤충 등)*** 1.4% / 0.0% / 9.1%

17. 기타 탈것n.s. 5.4% / 3.6% / 2.8%

2 . 소녀*** 12.2% / 0.0% / 2.3%

21. 실험도구, 공작 도구 등n.s. 4.1% / 1.8% / 1.7%

18. 라디오 · 무선 통신기n.s. 4.1% / 0.6% / 2.3%

6 . 성인 여성(20세 이상)n.s. 1.4% / 1.8% / 1.7%

14. 전차* 0.0% / 3.6% / 0.6%

4 . 과학자(남성)n.s. 1.4% / 1.8% / 0.6%

19. 텔레비전* 4.1% / 0.0% / 1.1%

24. 암석류(보석 포함)n.s. 1.4% / 0.6% / 1.1%

22. 약품류, 의료 · 위생 관련(세균 포함) 등n.s. 0.0% / 0.0% / 0.0%

25. 기타n.s. 14.9% / 8.3% / 6.8%

(26. 모형***) 2.7% / 2.4% / 19.9%

■ 전전(1924~30년) ■ 전중(1931~45년) ■ 전후(1946~60년)

후' 5.7%로 감소 경향을 보이며, '1. 소년'도 비슷하다. 이를 과학·공작과 '남자다움'의 결합이 느슨해지는 경향이라고 해석할 수도 있지만, '2. 소녀'가 '전전' 12.2% → '전중' 0.0% → '전후' 2.3%로 변한 것과 비교하면 오히려 '전중'에 이르러 점점 '남자다움'의 문화로 기울었다고 이해해야 할 것이다('2. 소녀'가 '전중'에 전혀 등장하지 않는 것은 큰 변화이다).

또 '16. 철도'와 '14+15. 차 전체'의 경우 통계적으로 유의미한 증감이 보이지 않는다는 것도 눈여겨볼 부분이다. 원래 비중이 높은 것도 아니고 '전후'에 증가하지도 않는다는 점에서 선행연구가 지적했듯 주류는 아니었지만, 결국 인기 있는 취미로 도약했다고 해석할 수 있겠다.

반대로 '전후'에 이르러 비중이 증가한 것도 있다. '9. 식물'은 '전전' 2.7% → '전중' 0.6% → '전후' 10.2%이며, '7. 벌레(곤충 포함)'는 '전전' 1.4% → '전중' 0.0% → '전후' 9.1%로 증가했다. 둘 다 생물과 관련된 것으로, 이는 '전후'에 군사색을 띠지 않는 표지를 쓰기 쉬웠다고 해석할 수 있다.

'3. 모형'도 '전전' 2.7% → '전중' 2.4% → '전후' 19.9%로 얼핏 보면 증가 추세이지만, 실물보다 모형을 더 선호했다고 보긴 어렵다. 앞서 표지의 표현 형식 분석에서처럼 '전전', '전중'의 표지는 대부분 '일러스트 중심'이었다. 따라서 '일러스트로 묘사된 실물'에서 '사진으로 찍힌 모형'으로 변화했다고 해석하는 것이 온당할 것이다. 즉 소년들의 현실 세계에서 실물에 대한 관심이 떨어졌다기보다는 그들의 상상력을 자극하는 것이 시기에 따라 질적으로 달라졌다고 할 수 있다.

표지 사례를 통해 본 『어린이 과학』의 변화

시간의 흐름에 따른 표지의 변화를 구체적인 사례를 통해 다시 정리해보자.

〈그림 5〉는 '전전'『어린이 과학』의 특징을 잘 보여준다. 이 시기에는 모든 표지가 일러스트였다. 그리고『어린이 과학』의 창간 자체가 보여주듯이 수공이 아닌 과학적인 공작이 발흥하기 시작한 이 시기에는 탈것으로 대표되는 기계류가 많이 등장한다.

'등장인물, 사물' 순위를 '전전'에 국한해서 보면, 가장 많은 것은 '5. 기타 성인 남성(20세 이상)'이 41.9%이고, 이어서 '1. 소년'이 37.8%로 남성이 특히 자주 등장한다. 여기에 '10+11. 선박 전체' 18.9%그중 '10. 군함' 1.4%, '12+13. 비행기 전체'가 18.9%그중 '12. 전투기' 1.4%로 같으며, '16. 철도'는 12.2%로 그것들보다는 적다. 더욱 흥미로운 것은 '전전'에는 군사와 관련된 표지가 거의 없고이 기간에는 2건뿐이었다, 의외로 '2. 소녀'의 비율이 12.2%로 상대적으로 높다는 사실이다.

다음으로 '전중'의 특징을 살펴보자. 전후와 비교해 볼 때 이 시기의 특징이 더 잘 나타난다. '전중'의 표지는 〈그림 6〉처럼 사진이 일부 사용되기도 했지만 대부분 일러스트였다. 무엇보다 큰 특징은 군사 관련 요소가 크게 증가했다는 점이다. 이 시기 군사 관련 요소는 45.6%다. 이를 자세히 보면 1931년부터 1936년까지는 평균 연간 2, 3회 정도에서 1937년 이후는 절반 정도, 1942년 이후가 되면 거의 매달 등장하면서 점차 늘어나는 것을 알 수 있다. 이와 관련하여 등장하는 기계류가 과학적 목적보다 병기로서의 목적을 강하게 띠는 것도 이 시기 특징이었다. 따라서 '등장인물, 사물' 순위에서 가장 많은 것은 '12+13. 비행기 전체'가 42.6%그중 '12. 전투기' 24.3%이며, '10+11. 선박 전체'가 34.9%그중 '10. 군함' 18.9%로 그 뒤를 이었다. 비행기가 선박을 상회하여 가장 많이 등장했고 그중에서도 전투기와 군함의 비율이 급증했다. 한편 같은 기계류 중에서도 '6. 철도'는 9.5%로 증가하지 않은 것을 보면, 선행연구가 시사했듯

〈그림 5〉'전전'『어린이 과학』의 표지
(출처 : 왼쪽은 『어린이 과학』, 1924.12, 오른쪽은 『어린이 과학』 1925.4(효고(兵庫)교육대학부속도서관 소장))

〈그림 6〉'전중'『어린이 과학』의 표지
(출처 : 왼쪽은 『어린이 과학』 증간호, 1938.7(도쿄도립 다마(多摩)도서관 소장), 오른쪽은 『어린이 과학』, 1943.7(유메노도
서관(夢の図書館) 소장))

140   취미와 젠더

〈그림 7〉 '전후' 『어린이 과학』 표지
(출처 : 왼쪽은 『어린이 과학』, 1946.4, 오른쪽은 『어린이 과학』, 1958.1(모두 도쿄도립다마도서관 소장))

이 전투기나 전함의 인기가 높았으며 철도는 그 뒤였고, 특히 비행기의 인기는 '전중'에 강해졌다는 것도 추측할 수 있다.

또 이 시기의 특징은 '전전' 0.0%였던 '3. 군인(남성)'이 28.4%로 급증하는 반면 '2. 소녀'는 '전전'에 12.2%에서 0.0%로 완전히 표지에서 사라졌다는 점이다. 표지만 본다면 '전중'에 과학 잡지는 전투기나 군함 같은 병기류의 등장이 늘어나면서 남성적 색채가 짙어졌다. 여기에는 명시적으로 '남자다움'과 관련된 단어가 등장하지는 않지만, 이것은 오늘날 공작 취미나 철도 취미가 남성적인 취미로 여겨지는 데 중요한 영향을 끼쳤다.

마지막으로 '전후'의 특징을 살펴보자. 패전 후 한동안은 일러스트 표지도 있었지만 1950년대에 들어서면 사진이 중심이 되었다. 그리고 '전중'과 비교하면 군사 관련 요소가 5.7%로 크게 감소했다. 이 시기 '등장인물, 사물'의 순위를 보면 '20. 기타 기계류'가 15.3%, 이어 '8. 기타 동물(어류, 파충류, 포유류 등)'이 14.8%로 모두 기타 항목들이 상위에 올라온 것이 눈에 띈다. 이것은 그때까지 다수를 차지하던 군사 관련 요소가 패전으로 인해 갑자기 모습을 감추었기 때문이라고 볼 수 있다. '23. 천체'가 12.5%로 증가하고, '9. 식물'이나 '7. 벌레'의 비율도 증가하여 결과적으로 군사적인 성격을 띠지 않는 것이 표지에 많이 사용되었다. 〈그림 7〉의 두 표지는 '전중'과 비교하여 군사색이 급격히 감소했음을 잘 보여준다.

기사는 무엇을 이야기했는가

지금까지 표지 분석을 통해 『어린이 과학』의 변화를 개략적으로 살펴보았다. 여기에서는 기사를 대상으로 한 분석 결과에 대해 논한다. 계량적인 내용 분석에서 상세한 내용은 별도의 논문[18]에서 다루었기 때문에, 여기서는 특히 주목할 만한 결과를 소개하고자 한다. 공작 기사에 대해서는 제6장에서 상세하게 다루고 있으니, 먼저 선행연구와 관련된 철도 관련 기사와 그 변화를 살펴보자.

분석 대상으로 삼은 기사는 총 15,250건으로 그중 '전전'이 3,258건, '전중'이 6,802건, '전후' 5,190건이다. 그러나 총 건수가 많아지는 만큼 기타 항목의 비율이 상대적으로 높아져 표지 분석에 비해 경향을 읽어내기가 다소 어려웠다.

우선 기사의 특징을 보면 '기사 형식'으로는 '기타 일반 기사'가 66.9%로 가장 많았다. 그 외 '화보'가 21.9%로, 문자만이 아니라 시각적인 정보도 많이 전달하려고 했음을 알 수 있다. '내용'에서는 '읽을거리'가 61.1%로 과반수를 차지하고, 그다음 많은 것은 '공작 기사'로 14.2%였다. 이것을 시기별로 보면 '읽을거리'가 '전전' 71.7% → '전중' 62.5% → '전후' 52.6%로 감소하는 반면 '공작 기사'는 6.3% → 15.2% → 16.5%로 증가하고, 마찬가지로 '실험관찰 기사'도 2.0% → 6.8% → 18.6%로 증가했다.

'만드는 것'이나 '실험하는 것' 등 능동적인 활동을 위한 정보가 늘어났는데, 구체적으로는 '실험관찰 기사'가 '전후'부터였던 것에 비해 '공작 기사'는 '전중'부터 증가했다는 것이 눈에 띈다. 공작 취미가 과학 잡지에서 출발했고, 특히 '전중'에 급격히 증가했다는 것은 중요하다.

'군사 관련 요소'는 '있음'의 비율이 표지보다는 낮은 8.1%였다. 시기별로 보면 '전전' 4.1% → '전중' 15.3% → '전후' 1.1%로, 당연하게도 '전중'이 가장 높고, '전후'에 큰 폭으로 감소했음을 알 수 있다.

철도 취미는 어떻게 공작 취미에서 파생되었는가

여기에서는 철도 기사를 중심으로 '전전'에 과학적인 공작 취미에서 철도 취미가 파생되고, '전중'에는 군사색이 강해졌다가 '전후'에 남게 된 과정을 추적하고자 한다.

앞서 살펴보았듯이 『어린이 과학』에서 철도의 등장비율이 갑자기 늘어난 것은 아니었지만, 창간호의 속표지가 '로키산의 전기 기관차'였던 것처럼 철도는 처음부터 중요했다. 더 거슬러 올라가면 과학 잡지의 기반이 되었던 최초의 소년 잡지 『소년원』에도 창간 다음 해인 1889년에 이미 '전기차 그림'이 권두화로 실려 있었다.

1929년 일본의 첫 철도 취미잡지인 『철도鉄道』模型電気鉄道研究会가 창간되었을 때의 일화는 흥미롭다. 『철도』는 그보다 먼저 결성되었던 모형전기철도연구회를 모체로 창간되었는데, 모형전기철도연구회는 그중심 인물이 1927년에 『어린이 과학』이 주최한 제1회 모형의 나라 전람회에 직접 만든 전기기관차를 출품하여 최우수상을 받은 것[19]을 계기로 결성되었다.

이처럼 당시는 철도의 구조를 과학적으로 이해하는 것 혹은 모형을 직접 만드는 것에 주목했는데 이를 모델 엔지니어링Model engineering이라고도 불렀다.[20]

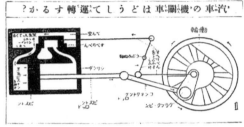

〈그림 8〉 '전전' 『어린이 과학』 철도 관련 기사
(출처 : 위는 「흥미로운 전차 제작」, 『어린이 과학』, 1925.10, 67면, 아래는 「기차의 기관차는 어떻게 작동하는가?」, 『어린이 과학』, 1924.12, 18면(모두 홋카이도립도서관 소장))

〈그림 8〉은 이를 잘 보여준다. 〈그림 8〉의 아래에 있는 그림은 편집 주간이었던 하라다 미쓰오原田三夫의 「기차의 기관차는 어떻게 작동하는가」라는 도해인데 "힘들게 그렸으니, 이 그림으로 열심히 공부하세요"[21]라는 문구가 첨부되어 있다. 〈그림 8〉의 윗부분에 있는 기사는 「흥미로운 전차 제작」이라는 제목으로, 모형을 직접 만들어 봄으로써 그 원리를 과학적으로 배울 수 있다는 내용이다. 이러한 흐름이 나중에 철도 취미의 원류가 되었다고 생각할 수 있다.

'전중'에는 군사색이 강해지면서 기계류 특히 병기인 전투기나 군함이 주목을 받았다. 동시에 공작 기사 비중도 증가했다. 학교 수업에서도 다룰 정도로 인기 있었던 모형 비행기에 대한 공작 기사는 이 시기를 대표하는 것이었다. 다만, '전중'에서도 공작 기사의 비중은 1930년대 특히 그 말쯤에 증가했다. 전황이 불리해진 1943년경에는 군사 관련 기사가 급증하면서 공작 기사는 감소했다.[22] 구체적으로는 1930년대에서 1940년대 초에 걸쳐 〈그림 9〉의 아래「빈 깡통을 활용해 튼튼한 증기 기관차 만들기」와 같은 기관차 공작 기사가 게재되었지만, 전황이 불리해지면서 철도를 병기의 하나로 간주하고, 일본의 높은 기술력을 과시하는 기사가 등장한다. 〈그림 9〉의 기사 「세계가 인정한 일본의 철

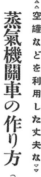

世界に名高い

日本の鐵道技術

鐵道監察官　清水精吉

出發の前、機關車をしらべる機關助士

◁◁空罐などを利用した丈夫な▷▷

蒸氣機關車の作り方（その二）

田口武二郎

〈그림 9〉 '전중' 『어린이 과학』의 철도 관련 기사
(출처 : 위는 「세계가 인정한 일본의 철도 기술」, 『어린이 과학』, 1942.10, 10면(도쿄도립다마도서관 소장),
아래는 「빈 깡통을 활용해 튼튼한 증기 기관차 만들기」, 『어린이 과학』, 1940.4, 78면(홋카이도립도서관 소장))

〈그림 10〉 '전후' 『어린이 과학』 철도 관련 기사
(출처 : 「새롭게 탄생한 탄환 열차」, 『어린이 과학』, 1954.1, 4면(홋카이도립도서관 소장))

도 기술」은 그 전형이며, 전쟁터의 모습을 기록한 「전선까지 이어진 철로」라는 기사에는 "철도는 이렇게 전쟁의 한 축을 담당하며, 전선을 늘여 승리의 열쇠가 된다. (…중략…) 일본 철도의 발달은 세계가 인정하는 기술로 메이지 시대 이래 대단한 성과를 보여줬다"[23]고 나와있다.

'전전'에 모델 엔지니어링이 오로지 해외에서 배우는 것에 열중했다는 것을 생각하면, 이처럼 국가주의적으로 과학기술을 과시하는 기사는 불과 20년 사이에 나타난 큰 변화라 할 수 있다. 그리고 '전후'에 이르러 군사적인 요소가 급격하게 감소하자 철도는 높은 기술력을 과시하는 요소로 중요해졌다. 8장에 나오듯이 항공기는 오히려 일부 마니아용이 되었다.

〈그림 10〉과 같은 기사「새롭게 탄생한 탄환열차」[12]는 그 전형이라 할 수 있다. 이 기사는 1964년에 개통하여 전후 일본의 국가적 상징이 된 도카이도신칸센東海道新幹線의 설계에 관여한 인물이 쓴 것으로, '탄환열차'가 오다큐小田急전철의 로맨스카ロマンスカー3000 시리즈 전차 등에도 직접적인 영향을 미쳤다는 내용이다. 『어린이 과학』은 '전전', '전중' 모두 철도에 관한 공작 기사철도 모형를 일정 비율로 실었다. 이와는 별개로 각종 취미 단체나 전문잡지의 등장과 함께 철도 취미가 발달하게 된다. 그 원류가 과학 잡지였다는 것은 지금까지의 분석을 통해 명확해졌다.

---

12) 1939년 계획된 신개념 열차다. 철도성에서는 광궤를 사용하는 간선이라는 의미에서 광궤간선(広軌幹線)이라고 불렀지만, 신문 등 일반에서는 탄환처럼 빠른 열차라는 의미로 탄환열차(弾丸列車)라고 했다.(https://ko.wikipedia.org/wiki/%ED%83%84%ED%99%98%EC%97%B4%EC%B0%A8)

4. 공작 취미, 철도 취미의 형성 과정을 돌아보다

이 글에서는 남성들을 중심으로 하는 공작 취미와 철도 취미에 관한 역사적 변천을 개략적으로 이해하기 위해, 소년 대상 과학 잡지 『어린이 과학』의 내용을 분석했다. 이 글의 의의는 질적 분석에 의한 선행연구 결과를 계량적인 내용 분석을 통해 재확인한 데 있다. 공작 취미와 철도 취미는 일본 사회의 공업화·군사화와 함께 발전해 온 것이라 할 수 있는데, 이를 설명하기 위해 일반적으로 잘 사용되는 '전전·전후'라는 2항 대립 도식보다 '전중'의 특이성을 강조할 수 있는 '전전·전중·전후'라는 3단계 도식[24]을 사용하여 더 정확히 보여주려 했다.

결과적으로 『어린이 과학』의 표지나 기사에 압도적으로 남성이 많이 등장하는 것을 알 수 있었고, 이 잡지가 남성을 대상으로 했음을 재차 확인했다.

또 기사 분석에서 '공작 기사'가 꾸준히 게재된 것을 통해 '만들기'가 중요했다는 사실을 확인했다. 공작 기사는 '전중', '전후'에 증가했는데, '전전'에는 과학적 요소가 가미되어 수공예에서 공작으로 바뀌었고, '전중'에는 군사적인 요소가 강해지면서 더욱 활발해졌다는 것을 알 수 있었다.

전중에는 전투기와 군함이 중심이었는데 이것들이 '전후'에 모습을 감추면서 철도는 공작 취미 혹은 남성적 취미의 중심이 되었다. 철도는 비행기나 선박과 비교하면 시대에 따라 출현 빈도가 크게 다르지 않았다는 것이 오히려 특징적이다. 철도는 어디까지나 남성의 취미 중에서 '결과적으로' 각광받게 된 것이었다.

제6장

공작 기사는 소년에게 무엇을 이야기했는가[1)]

전전과 전중 시기 '발명'으로 본 실용주의 정신

시오야 마사유키塩谷昌之[2)]

1. 들어가며

　제5장에 이어 제6장에서도 잡지 『어린이 과학』誠文堂新光社, 1924~을 분석하고 자 한다. 지금까지 살펴보았듯이 『어린이 과학』에는 공작, 실험관찰, 소설, 지 지地誌, 인물, 읽을거리 등의 다채로운 기사가 실려 있다. 그중에서도 공작 기사 에 주목하여 '왜 공작을 할까?', 그리고 '만드는 행위에서 젠더 차이를 당연하 게 여기는 이유는 무엇일까'라는 이 책의 일관된 문제의식을 다루고자 한다. 이를 위해서 공작 스타일의 변화와 공작 기사가 소년에게 이야기하고자 한 것, 그리고 그 배경에 자리 잡은 논리를 통시적 추이를 통해 살펴보고자 한다.

　〈그림 1〉은 전형적인 공작 기사이다. 공작 관련 기사는 작은 컷부터 몇 페 이지에 걸친 기사 등 연재 형식이 다양하다. 주로 공작의 원리 설명, 재료, 만

---

1)　이 글은 이현희가 번역하였다.
2)　도쿄대학 대학원 인문사회계열연구과 사회문화연구 박사. 문화사회학 전공. 현재 세케대학 문학부 현대사회학과 비상근강사. 공저서 『거대로봇의 사회학―전후 일본이 만들어낸 상상 력의 행방(巨大ロボットの社会学―戦後日本が生んだ想像力のゆくえ)』(2019) 가 있다.

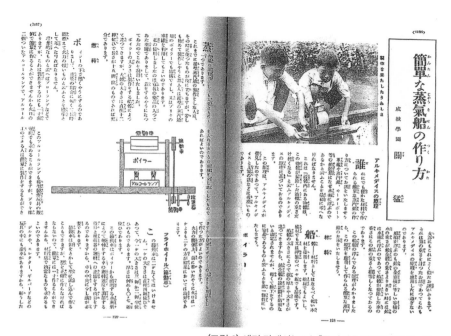

〈그림 1〉 세키 다케시(関猛), 「증기선을 간단히 만드는 법」
(출처: 『어린이 과학』, 誠文堂新光社, 1930.9, 128~131면(쇼와관(昭和館) 소장))

드는 법, 도구 사용법, 조립 후 연구·개량 등의 정보를 담고 있다. 기사 말머리나 말미에 저자의 메시지가 포함되기도 한다. 독자 투고란도 마련되어 「나의 발명」, 「나의 고군분투」, 「손쉬운 공작」 등의 제목으로 투고가 많이 게재되었다.

　여기서 '공작 기사'란, 기사 제목에 '○○○ 만드는 법', '청사진', '설계도', '도면', '모형', '발명' 등 공작과 관련된 키워드를 포함한 것, '제작 기사', '제작 페이지', '공작' 등의 범주에 들어가는 것, 모형 제작품 전람회 공지나 인터뷰 등 공작과 간접적으로 관련한 것 등을 말한다. 위와 같은 기준은 구체적인 기사 분석과정[1]을 통해 도출했다.

1. 수치로 본 공작 기사의 변천

양적 내용 분석 결과

〈그림 2〉는 『어린이 과학』의 기사 구성을 그래프로 나타낸 것이다. 전체 기사에서 공작 기사는 14.2%이며, 약간의 증가와 감소가 있었지만 큰 비중을 차지하며 비교적 일정한 빈도로 나타나고 있었다. 접어 넣은 페이지나 공작 설계도가 부록에 게재된 경우가 많았다. 당시 구독자인 소년들에게 공작 기사는 그 존재감이 컸다.

이 글에서는 공작 기사를 중심으로 양적·질적 접근 방식에 따라 시기를 전전1924~1930·전중1931~1945·전후1946~1960로 구분하고, 공작 기사가 소년에게 전하는 메시지가 어떻게 변화하는지 각 시기별로 밝히고자 한다.

양적 내용 분석에 관한 구체적인 방법은 앞 장에서도 기술한 바 있다. 다시 한번 언급하자면 분석을 위해 1924년부터 1960년까지 발행된 419권 전체 잡지의 목록을 수집한 후, 15,250의 기사 제목을 목록화해 기초 자료를 만들었다. 이후 전체 기사를 항목별로 코딩해 2,163건의 공작 기사를 추출했으며, 이를 바탕으로 양적 분석을 먼저 실시했다.

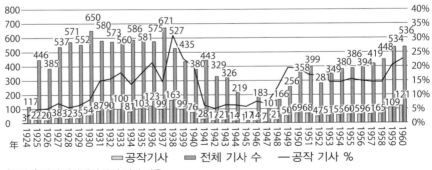

〈그림 2〉 전체 기사에서 공작 기사 비율

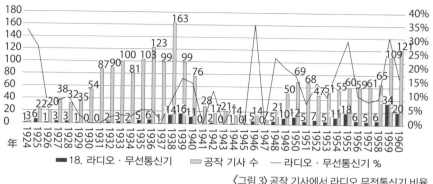

〈그림 3〉 공작 기사에서 라디오 무전통신기 비율

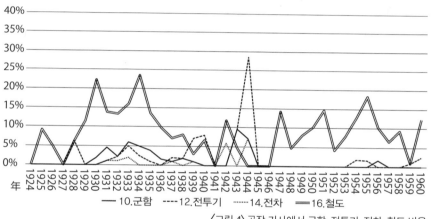

〈그림 4〉 공작 기사에서 군함, 전투기, 전차, 철도 비율

〈표 1〉은 '등장인물, 사물'의 항목별 공작 기사의 세부 내용을 분석한 것이다. '16. 철도' 42.2%와 '18. 라디오・무선통신기'가 전체의 44.7%라는 점에서 이들 항목이 공작 대상으로 삼기 쉬운 기사임을 알 수 있다.[2] 〈표 2〉는 이를 연도별로 자세하게 나타낸 것으로, '27. 일용품(라디오・무선통신기 제외)'이라는 독자적인 항목을 추가한 집계결과이다. 기초적인 양적 내용 분석 결과는 이미 선행연구[3]로 발표했지만, 여기서 주목할 점은 '18. 라디오・무선통신기'와 함께 '10. 군함', '11. 기타 선박', '12. 전투기', '13. 기타 비행기', '14. 전차戰車',

〈표 1〉 공작 기사와 '인물, 사물'의 집계표

			(4) 인물, 사물										
			1. 소년	2. 소녀	3. 군인(남성)	4. 과학자(남성)	5. 기타 성인 남성(20세 이상)	6. 성인 여성(20세 이상)	7. 벌레(곤충 등)	8. 기타 동물(어류, 파충류, 포유류 등)	9. 식물	10. 군함	11. 기타 선박
(1) 기사종류 2. 내용	공작기사	빈도	18	0	0	1	1	0	16	20	15	32	87
		%	11.4%	0.0%	0.0%	0.3%	0.5%	0.0%	4.2%	2.0%	2.3%	14.2%	23.3%
	실험관찰기사	빈도	1	0	0	3	1	0	129	132	165	0	3
		%	0.6%	0.0%	0.0%	0.9%	0.5%	0.0%	34.2%	13.2%	25.8%	0.0%	0.8%
	소설	빈도	7	0	0	7	11	0	3	5	1	0	18
		%	4.4%	0.0%	0.0%	2.1%	5.2%	0.0%	0.8%	0.5%	0.2%	0.0%	4.8%
	지지	빈도	9	2	2	1	24	3	0	25	13	0	8
		%	5.7%	11.1%	3.3%	0.3%	11.4%	17.6%	0.0%	2.5%	2.0%	0.0%	2.1%
	인물	빈도	4	0	11	289	87	6	1	6	4	0	3
		%	2.5%	0.0%	18.3%	85.8%	41.4%	35.3%	0.3%	0.6%	0.6%	0.0%	0.8%
	읽을거리	빈도	118	16	47	36	85	8	227	812	441	193	254
		%	74.7%	88.9%	78.3%	10.7%	40.5%	47.1%	60.2%	81.1%	68.9%	85.8%	67.9%
	그 외	빈도	1	0	0	0	1	0	1	1	1	0	1
		%	0.6%	0.0%	0.0%	0.0%	0.5%	0.0%	0.3%	0.1%	0.2%	0.0%	0.3%
합계		빈도	158	18	60	337	210	17	377	1,001	640	225	374
		%	100.0%	100.0%	100.0%	100.0%	100.0%	100.0%	100.0%	100.0%	100.0%	100.0%	100.0%

			(4) 등장인물, 사물										
			1. 소년	2. 소녀	3. 군인(남성)	4. 과학자(남성)	5. 기타 성인 남성(20세 이상)	6. 성인 여성(20세 이상)	7. 벌레(곤충 등)	8. 기타 동물(어류, 파충류, 포유류 등)	9. 식물	10. 군함	11. 기타 선박
(1) 기사종류 2. 내용	공작기사	빈도	18	0	0	1	1	0	16	20	15	32	87
		%	11.4%	0.0%	0.0%	0.3%	0.5%	0.0%	4.2%	2.0%	2.3%	14.2%	23.3%
합계		빈도	158	18	60	337	210	17	377	1,001	640	225	374
		%	100.0%	100.0%	100.0%	100.0%	100.0%	100.0%	100.0%	100.0%	100.0%	100.0%	100.0%

12. 전투기	13. 기타 비행기	14. 전차	15. 기타 자동차	16. 철도	17. 기타 탈것	18. 라디오·무선통신기	19. 텔레비전	20. 기타 기계류	21. 실험 도구,공작 도구 등	22. 약품류, 의료·위생관련(세균 포함)등	23. 천체	24. 암석류(보석 포함)	25. 기타	26. 모형	합계
43 14.7%	150 26.2%	8 17.0%	51 29.8%	216 42.2%	52 28.3%	227 44.7%	0 0.0%	573 30.9%	149 48.2%	13 4.0%	39 3.5%	6 5.0%	399 6.3%	721 94.4%	2,163 14.2%
1 0.3%	2 0.3%	0 0.0%	1 0.6%	4 0.8%	1 0.5%	9 1.8%	0 0.0%	82 4.4%	61 19.7%	33 10.3%	290 25.7%	20 16.5%	600 9.5%	6 0.8%	1,496 9.8%
0 0.0%	0 0.0%	0 0.0%	0 0.0%	0 0.0%	0 0.0%	1 0.2%	0 0.0%	5 0.3%	1 0.3%	0 0.0%	26 2.3%	3 2.5%	205 3.2%	0 0.0%	287 1.9%
0 0.0%	8 1.4%	0 0.0%	2 1.2%	5 1.0%	2 1.1%	0 0.0%	1 2.0%	9 0.5%	0 0.0%	0 0.0%	10 0.9%	7 5.8%	450 7.1%	1 0.1%	571 3.7%
0 0.0%	6 1.0%	0 0.0%	10 5.8%	9 1.8%	5 2.7%	4 0.8%	1 2.0%	36 1.9%	2 0.6%	9 2.8%	19 1.7%	0 0.0%	11 0.2%	1 0.1%	433 2.8%
248 84.9%	406 71.0%	39 83.0%	107 62.6%	278 54.3%	124 67.4%	263 51.8%	48 96.0%	1,142 61.7%	96 31.1%	266 82.9%	745 65.9%	85 70.2%	3,696 58.4%	35 4.6%	9,320 61.1%
0 0.0%	0 0.0%	0 0.0%	0 0.0%	0 0.0%	0 0.0%	4 0.8%	0 0.0%	5 0.3%	0 0.0%	0 0.0%	1 0.1%	0 0.0%	963 15.2%	0 0.0%	980 6.4%
292 100.0%	572 100.0%	47 100.0%	171 100.0%	512 100.0%	184 100.0%	508 100.0%	50 100.0%	1,852 100.0%	309 100.0%	321 100.0%	1,130 100.0%	121 100.0%	6,324 100.0%	764 100.0%	15,250 100.0%

12. 전투기	13. 기타 비행기	14. 전차	15. 기타 자동차	16. 철도	17. 기타 탈것	18. 라디오·무선통신기	19. 텔레비전	20. 기타 기계류	21. 실험 도구,공작 도구 등	22. 약품류, 의료·위생관련(세균 포함)등	23. 천체	24. 암석류(보석 포함)	25. 기타	26. 모형	합계
43 14.7%	150 26.2%	8 17.0%	51 29.8%	216 42.2%	52 28.3%	227 44.7%	0 0.0%	573 30.9%	149 48.2%	13 4.0%	39 3.5%	6 5.0%	399 6.3%	721 94.4%	2,163 14.2%
292 100.0%	572 100.0%	47 100.0%	171 100.0%	512 100.0%	184 100.0%	508 100.0%	50 100.0%	1,852 100.0%	309 100.0%	321 100.0%	1,130 100.0%	121 100.0%	6,324 100.0%	764 100.0%	15,250 100.0%

년도		전전													전…
	1924	1925	1926	1927	1928	1929	1930	1931	1932	1933	1934	1935	1936	1937	1938
1. 소년						1		1				1	3	6	3
2. 소녀															
3. 군인(남성)															
4. 과학자(남성)															
5. 기타 성인남성(20세 이상)					1										
6. 성인여성(20세 이상)															
7. 벌레(곤충 포함)			1					1	2				1	3	
8. 기타 동물(어류, 파충류, 포유류 등)		2		2			1	5	1				2		
9. 식물		3					2	1	1			1		2	1
10. 군함							1	4	2	6	4	4	2	1	3
11. 기타 선박				1			6	3	11	5	5	5	4	1	1
12. 전투기				2				1	2	5	2	1		2	3
13. 기타 비행기						2	3	7	3	10	5	4	7	6	11
14. 전차								1	1	2				1	
15. 기타 자동차			1		2		2		2	3	1	1	2	1	
16. 철도		2	1			4	12	12	12	16	19	14	12	7	13
17. 기타 탈것							2		2			1	1	5	12
18. 라디오·무선통신기	1	6	1	3	3	1			2	3	2	5	6	1	14
19. 텔레비전															
20. 기타 기계류		8	6	5	12	10	16	28	26	33	25	38	14	18	34
21. 실험 도구, 공작 도구 등		1			1		3					16	28	20	16
22. 약품류, 의료·위생 관련(세균 포함) 등													1	2	2
23. 천체		1			1		1			3	4	2	1	1	
24. 암석류(보석 포함)															3
25. 기타	2	1	10	6	6	9	3	13	15	8	8	10	37	30	37
26. 모형		2	2	24	8	14	27	39	45	56	51	35	21	20	51
27. 일용품(라디오·무선통신기 제외)		1	2	3	4	4	9	10	9	2	7	10	22	8	
합계	3	22	20	38	32	35	54	87	90	100	81	103	123	99	16

(4) 등장인물·사물

1939	1940	1941	1942	1943	1944	1945	1946	1947	1948	1949	1950	1951	1952	1953	1954	1955	1956	1957	1958	1959	1960	합계
							전후															
																		1	1		1	18
																						0
																						0
																			1			1
																						1
																						0
		1					1				1	1	1		1					1	1	16
							1					1			1				1	1	2	20
													1				2				1	15
1			2	1													1					32
3	2	2		2					1	1	1	2	1	2	3	2	2	2	8	5	4	87
7	6			2	4										1	1				1	3	43
6	5	6	6							3	8	17	4	6	3	1	2	5	2	12	6	150
1			1		1																	8
1	1	3			1				2		3	2				4	1	3	1	8	5	51
3	5		2	1				1	1	4	7	10	2	4	7	11	6	4	6	1	15	216
2	2		1							1	1	1					3	2	3	6	7	52
16	11		2		1		5		5	10	12	5	7	5	11	18	6	5	6	34	20	227
																						0
34	15	4	4	11	6		3	5	12	24	24	19	24	21	9	9	10	12	13	16	25	573
17	16	4					3					1	1	1	1	5	3	2	1		8	149
1	3												1		2			1				13
2			1						1	1	2	1	1	1		3	1	1	1	3	5	39
1																		1	1			6
13	13	7	1		1	1	2			8	9	11	4	10	14	10	19	23	22	17	19	399
15	9	11	9	9	11			2	7	11	21	29	12	12	13	24	17	16	16	36	46	721
9	7	3		2	1		1	2			3	10	12	12	6	5	11	10	7	16	17	226
99	76	28	17	21	14	1	14	7	21	50	69	68	47	51	55	60	59	61	65	109	121	2,163

'15. 기타 자동차', '16. 철도', '17. 기타 탈것'과 같은 교통수단의 존재감이다.

〈그림 3〉은 라디오·무선통신기의 출현 빈도와 전체 비율을 시각화한 그래프로, 전전과 전후에 자주 출현한 것을 확인할 수 있다. 공작 기사가 아닌 읽을거리에서도 라디오·무선통신기의 원리나 조립에 관한 기사는 현저하게 많았다. 〈그림 4〉는 군함, 전투기, 전차, 철도의 출현 빈도와 전체 비율을 시각화한 그래프이다. 이 그래프에서는 전후 군대와 연관된 탈것에 관한 기사가 일순간에 사라진 것을 알 수 있다. 또한 공작 기사에서 전전·전중·전후에 걸쳐 탈것 중 철도 관련 기사가 지속적으로 게재되었다. 이러한 특징은 쓰지 이즈미辻泉[4]의 주장과도 일치한다. 전중 시기 다른 교통수단의 그늘에 가려진 철도는 전후 군사적 요소가 배제되면서, 공작 취미의 중심이 되었다. 그 외 선박, 비행기, 자동차에 대해서는 〈표 2〉에서와 같이 일정한 출현 빈도를 유지했다.

그렇다면 라디오·무선통신기와 철도 같은 교통수단은 어째서 공작의 대상으로 삼기 쉬웠을까. 군함, 전투기, 전차를 공작하는 것에는 어떠한 의미가 담겨 있을까. 기사 내용을 중심으로 어떤 개념을 담고 있는지, 질적 내용 분석을 통해 살펴보고자 한다.

2. 시대 별 기술과 탈것의 공작

『어린이 과학』의 공작 기사

질적 내용 분석에서는 지금까지 구축한 자료를 활용하여 기사를 수집했다. 이 장의 분석 공작 기사는 2,163건이다. 양적 분석과는 달리 기사를 총망라하는 것은 불가능했다. 자료가 오래되어 부록이나 별책부록 등은 많이 확보할 수 없었고, 일부 기사는 접근이 불가능하여 질적 내용 분석에서는 2,050건의 기사를 분석 대상으로 삼았다. 또한 목차와 본문 기사 내용이 다른 사례가 빈번했다. 기사 수집은 목차를 기준으로 가능한 한 전부 조사했다. 이후 해당 기사 내용을 살펴보고 『어린이 과학』의 발행 연월0월 0일 형식으로 출처를 제시했다.

공작 기사는 분석 대상으로 삼은 잡지 전권에 걸쳐 나타났다. 특히 공작을 특집으로 한 증간호[5]도 있었다. 더불어 1946년 10월 창간한 자매지 『소년공작少年工作』科學教材社이 1950년 8월 본지와 통합되면서 공작 기사는 더욱 많아졌다.

양적 내용 분석과의 접속

공작 기사를 살펴보면, 과학적인 원리나 이를 응용한 기술에 관하여 중복을 피하면서 다양하게 소개된 것을 알 수 있다. 내용은 다양했지만, 수치로도 알 수 있듯이 역시 라디오나 철도 같은 탈것 관련 기사가 두드러진다. 그렇다면 이러한 출현 빈도 추이와 기사 내용은 어떤 의미를 갖는 것일까.

라디오는 창간 당시부터 생활을 변화시키는 최첨단 전기기술로 소개되었다. 전중 시기에도 저렴한 가격으로 성능 좋고 생활에 밀접한 라디오가 다양한 형태로 소개되었다. 전후에 이르러도 지속적으로 일렉트로닉 시대를 대표하는 물건1960년 1월호으로 언급되는 등, 항상 새로운 형식으로 등장했다.

한편 전중부터 전후 시기에 걸쳐 배, 비행기, 자동차, 철도 등 탈것 모형은 그 비중이 컸다. 탈것 모형은 동력이 있어서 실제로 작동할 수 있었다. "뭐니 뭐니 해도 움직이는 모형이 가장 재미있다"1933년 10월호라고 기술하듯이, 움직이는 것으로 흥미와 관심을 유발했다. 그리고 독자에게 관련 연구나 개량에 뜻을 둔 소년 기술자가 지녀야 할 자세를 키우게 했다. 특히 군함, 전투기, 전차 모형으로 세계를 놀라게 한 제국 일본 기술의 정수1933년 10월호를 배울 수 있다는 기사는 나라를 짊어질 과학 전사로 독자를 기른다는 의미가 담겨 있었다. 이에 더해 철도에까지 군사적 의미를 부여하였다.[6] 그러나 전후 미군 총사령부의 지령에 따라 모형 제작이 자제[7]되었듯이, 공작 기사에서도 군사적 색깔이 일시에 사라졌다.

철도 기사가 많았던 것은 공작에 관한 다양한 요소를 담아내기 쉽기 때문이다. 목재부터 금속 등의 재료 선택, 전기지식부터 기계지식의 활용, 기성품의 이용부터 공작, 엔진의 동적 부분부터 레이아웃의 정적 부분까지, 기술과 방법 등에서 기사로 쓸 수 있는 부분이 많다는 것을 확인할 수 있었다. 또한 전후 일본에서 근대적 철도차량이 활약을 보여준 배경에 힘입어 철도는 공작에 적합한 기삿거리가 되었다.

결국 라디오나 철도는 시대를 대표하는 과학기술로 공작의 대상이 되기 쉬웠고 탈것을 실제로 작동시켜서 연구나 개량이라는 과학적인 자세를 길러주는 소재였던 것이다. 나아가 군함, 전투기, 전차 공작에는 과학 전사로서 나라를 짊어진다는 의식이 투영되어 있었다.

이어질 질적 내용 분석에서는 공작과 모형의 의의, 장래의 이상적 인물상, 공작과 모형 스타일, 재료에 대한 자세라는 논점을 중심으로 정리하고자 한다. 여기서 다시 한번 시대구분을 확인하면서 자료를 종합적으로 살펴보겠다.

3. 공작 기사가 소년에게 전하고자 한 메시지

공작과 모형의 의의

이 절에서는 전전·전중·전후라는 시대구분에 따라 공작 기사 내용이나 메시지 추이를 구체적으로 분석하고자 한다. 필요하다면 공작 이외의 기사도 함께 살펴볼 것이다.

〈그림 5〉 후지 고요사쿠(藤五代策), 「전기를 응용한 완구 만들기」
(출처 : 『어린이 과학』, 誠文堂新光社, 1925.4, 59면, 효고(兵庫)교육대학부속도서관 소장)

공작 기사의 특징으로 먼저 교육적 측면을 들 수 있다. 공작 기사의 바탕에는 직접 손으로 사물을 만듦으로써 과학적 원리를 이해할 수 있다는 사고가 확고하게 자리 잡고 있었다. 좋아하는 완구를 만드는 가운데 관찰과 실험이라는 과학적인 태도가 길러지고 훌륭한 인격이 형성된다1924년 12월호는 주장은 전전, 전중, 전후 시대의 공통적인 생각이다. 이로 인해 전전 시기인 1926년 고등소학교에 수공 과목手工科이 필수교과가 되었고, 교육 완구[8]라는 이름을 통해 공작의 효과를 내세우기도 했다.<그림 5>[9] 공작은 필요에 의해 자발적으로 하는 공부나 취미를 추구하기 위해 노력하는 학문으로 간주했다. 진지하게 이것저것 만들어보는 것이 위대한 발견과 발명으로 이어진다1927년 12월호고 주장한 것이다. 전중 시기에는 이와 같은 주장이 더욱 구체화되었다. 위대한 인내력, 모든 일을 끝까지 마무리하는 습관, 지치지 않는 꾸준한 노력, 끝까지 해내고야 말겠다는 강한 자신감, 꾸준히 목표를 달성시켜 나가는 태도, 순서에 맞춘 정리 정돈, 면밀한 관찰력, 완성의 보람1932년 4월호 등의 공작 효과를 열거했다. 전후 시기에도 이러한 주장에는 큰 변화가 없었다.

또한 교육적 측면 이상으로 주장한 것이 공작의 재미, 유쾌함, 즐거움이다. 기술, 지식, 창의적 사고를 하는 것, 그 자체에 즐거움이 있다는 주장도 시대를 막론한 공통적인 생각이었다. 한편 자주 소개된 재미있는 완구 기사는 공작이 능력 발휘에만 머무는 것이 아니라 오락적인 면도 있다는 것을 말해준다.

나아가 과학에 대한 흥미나 태도는 개인의 성장뿐만 아니라, 국가와 세계를 의식하게 만든다는 점에서 커다란 의미가 있다. 이미 전전 시기 모형 제작품 전람회 안내문에는 과학지식으로 일본의 장래를 짊어지자는 언급이 있었다.^{1927년 5월호} 그리고 전쟁이 임박함에 따라 일본 과학의 현실이 외국보다 뒤처져 있다^{1927년 7월호}는 기사가 눈에 띈다. 전중 시기에는 외국과 경쟁하는 태도가 두드러졌고, 독자의 작품이 외국 소년의 작품보다 우수하다고 평가하거나^{1933년 1월호}, 일본 병기의 위력을 찬양하는 식으로 변했다. 모형 제작의 의미 또한 민족주의적으로 바뀌었고, 국제연맹 탈퇴 시기 해군 정예 순양함 성능이나 구조를 아는 것^{1934년 1월호}, 쓰고 남은 재료로 모형 고사포를 만들어 방공사상을 기르는 것^{1940년 1월호}, 지형 모형을 만들어 국토에 대한 애정을 기르는 것^{1944년 4월호}, 실물 전투기를 조정하는 것과 같은 마음으로 고심하여 창작하는 것^{1944년 4월호}이 공작의 효과라고 말했다. 그러나 전후 시기가 되자 이러한 것들은 한순간에 배제되었다.

공작 중에서 특히 모형에 의미를 부여하는 일은 쉬웠다. 전전 시기부터 "완구는 문명의 축소판이고 여러 유익한 기계의 모형이다"^{1925년 10월호}라고 언급하였다. 즉 모형은 그 시대의 기술을 이해하는 것으로 인식되었던 것이다. 모형 기사에는 최첨단, 최신식, 최대라는 수식어가 자주 사용되었고 시대의 기술을 배우고 이를 뒤따라가는 것이 모형이 가진 중요한 측면이라 여겼다. 전중 시기에는 다양한 분야에서 일본 제일, 동양 제일, 세계 제일, 최첨단, 최신식, 최대라는 수식어가 붙은 모형 공작 기사가 더욱 많이 게재됐다. 그런데 전후가 되자 최첨단과는 거리가 먼 기사가 자주 등장한다. 증기기관으로 움직이는 예전의 예인선^{1955년 7월호}, 클래식한 외륜선^{1958년 7월호} 등 시대를 대표하는 과학기술이라는 점에서 같기는 하지만, 이들 기사에는 '예전', '클래식'이라는 이전과 다른 수식어가 붙기 시작했다.

　모형은 특히 전전의 경우 발명이라는 말과 짝을 이루어서 사용됐다. "지금 책상머리 과학이 실물로 만들어지는 가을이 왔습니다"1927년 5월호, "발명을 실현시키기 위해서 모형을 만들"1927년 10월호라고 하듯이, 과학 공부를 실용으로 연결하는 기사가 많았다. "증기기관이나 전기기관도 처음에는 작은 모형 실험에서 출발하여 점차 거대한 것으로 응용된 것"1927년 10월호이라는 이야기는, 책상머리에서 만든 모형이 연구와 개량을 통해 거대한 실용품으로 이어지고, 마침내 사회에 보급하는 영향력을 갖게 된다는 것을 나타낸다. 동시에 『어린이 과학』에서는 실용적인 발명을 강조했다. 전중 시기에는 "일반적으로 단순한 구조로 최대의 효과를 낼 수 있는 것이 좋은 발명품입니다. 복잡한 구조는 결코 좋은 것이라고 할 수 없습니다. (…중략…) 가장 중요한 점은 저렴한 가격과 우수한 성능입니다. 여기서 실용이라는 의미가 담긴 실용품이 생겨납니다".1931년 10월호 그리고 "어떤 설계가 완성되었을 경우, 이것을 꼼꼼하게 다시 살펴 쓸데없는 부분을 제거하는 것이 가능하다면, 그것만으로도 실용가치를 높인 고안"1938년 7월호이 된다는 주장은 당시의 인식을 상징적으로 보여준다. 이러한 배경에는 전쟁 시기 생산력과 자원이 부족한 시대적 상황1940년 7월호이 있었다. 여기서 모형은 단순히 완구라기보다 실용품을 만들기 위한 공업적이고 합리적인 사고를 키우는 것으로 간주했다. 이러한 실용주의는 다가올 미래의 대량 생산 시대를 예고하고 있었다.

　〈그림 6〉「나의 발명」이라는 투고란에는 실제로 특허 신청을 권장하는 내용이 자주 실렸다. 그런데 전후 시기가 되자 발명품을 만들어낸다는 내용이 사라진다. 투고란은 명칭을 변경하였고, 신변에 있는 다양한 물건을 연구·개량하는 기사가 두드러지게 등장했다.

第四回『私の發明』當選發表

審査並びに批評
第五回の新課題

子供の科學製作部主任　本間清人

第四回の課題は御承知の通り、第一が電氣スタンドで第二がポケットうちはでした。なほ毎月の自由發明を之に加へての應募總數並にその内譯は次の通りです。

應募數合計貳百五拾點
内譯

一、電氣スタンド　　壹百〇四點
二、ポケットうちは　四拾六點
三、自由發明　　　　壹百點

次に入選並にその内容を申上げます。

一、電氣スタンド　參照
二、ポケットうちは　壹點
三、自由發明　　　　四點

以上の通りの入選でありますが、この内自由發明の中に特許希望が二名ありますからこの二つは單に考案者の名と品名を示すにとどめ追つて次回に發表致します。

第一、電氣スタンド　參名

東京市外　　　君

第一圖に示す如く、電球ソケット側の蓋板（5）よりは左右に金屬柄を出す。この詳細はD圖に示す如く、蓋板を分け、ソケット側の蓋板（5）よりは左右に金

（5）より柄（3）が出る。この金屬柄（3）は蓋板の厚みの中に裝置された金屬管又は金屬柄（2）によつて強く押しつけられてゐる。また（2）の上からは（1）と（4）の絕緣體によつてカバーされるため、蓋板（4）のいづれに手を觸れるとも感電する事はない。配線はアタッチングよりコード、それから蓋板の中に入つて二本の電線が

Figure 1.

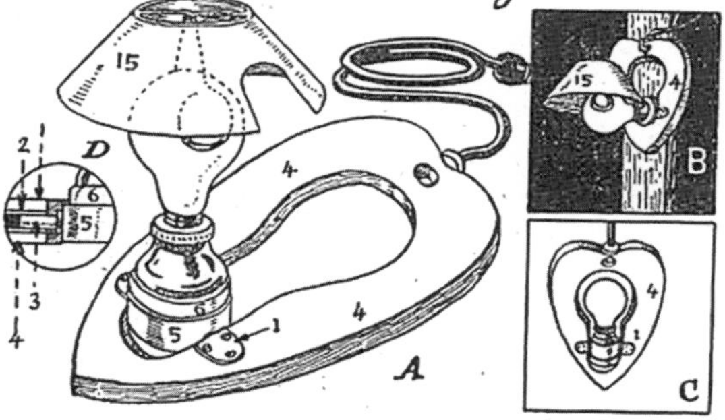

—94—

〈그림 6〉혼마 기요히토(本間清人), 「제4회 '나의 발명' 당선발표」
(출처: 『어린이 과학』, 誠文堂新光社, 1931.12, 94면(쇼와관(昭和館) 소장))

모형에 나타난 또 한 가지 특징은 상상력의 발휘가 강조되었다는 점이며, 이러한 경향은 전후 시기에 현저하게 나타났다. 전중 시기에도 드물지만 뛰어난 기술을 바탕으로 상상력을 실현시킨 신병기 모형1943년 1월호이 실렸다. 그러나 전후 모형에서는 생활이나 과학기술 면에서 상상력을 발휘하는 방식으로 바뀌었다. 이는 남극 바다를 질주하는 포경선1948년 7월호, 짙은 남색 바다를 갈지자로 유영하는 범주선帆走船. 1950년 7월호 등 머나먼 장소를 동경하는 상상력을 말한다.1956년 7월호 한편으로는 하늘을 나는 원반1956년 1월호, 원자력으로 움직이는 작은 배, 달의 대평원을 달리는 스마트한 우주 탐험차1959년 2월호, 원격조정 로봇1960년 12월호 등 아직 발길이 닿지 않은 미지의 기술에 대한 상상을 말하기도 했다. 이처럼 시공간적으로 어딘가 먼 곳을 지향하는 모험심 같은 상상력이 모형을 통해 발휘됐다.

장래의 이상적인 인물상

소년의 이상형 또한 시대에 따라 변화해갔다. 전전에는 전기기사1925년 10월호나 평화를 사랑하는 과학자1927년 11월호, "대학자, 대발명가 또는 자긍심을 가지고 일하는 기술자"1929년 3월호 등 다양한 인물상이 거론되었다. 특히 발명가가 갖추어야 할 태도에 관해 에디슨 일화가 종종 인용됐다. 전중 시기에는 국가를 짊어진 일원이라는 모습까지 더해졌다. "우리 일본의 제2 국민"1933년 4월호, "우리는 총후의 소국민"1943년 1월호, 국민학교 졸업 후 공장에서 일하는 생산 증강의 소년 산업 전사1943년 4월호라는 형태로, 과학이 국력 또는 군사력과 결합하여 소년에게도 장래에 이런 힘을 발휘하는 모습을 기대했다. 소년기사1936년 1월호, 엔지니어1938년 7월호, 청년 무전기사1939년 1월호, 비행사1944년 4월호 등 구체적인 직업상도 제시된다. 그러나 전후가 되자 상황은 급변하였고, 국력이나 군사력과 관련된 인물상은 배제되었다. 한편 "전국 구석구석까지 종전 소식을 알려준 라디오 덕분"1946년 1월호에 멸망을 피할 수 있었다는 논리로 과학이나 기술 그 자체는 정당화되었다. 올바른 학자, 훌륭한 행동을 하는 사람1945년 12월호 또는 기계의 구조를 잘 알고 이를 응용하는 뛰어난 기술자1959년 1월호 등이 전후의 이상적 인물상이 되었다.

또 한 가지 중요한 점은 어른 못지않은 소년이 등장했다는 사실이다. 어른과 견줄 만큼 일하는 어린이라는 인물상은 전중 시기부터 고조되어갔다. 어린이에게도 특허 취득을 권장했다. 이는 "어른도 하지 못한 생각을 어린이가 한다는 것은 과거 사건을 봐도 잘 알 수 있습니다"1937년 7월호 또는 "어린이에게 배워 어른이 발명한 것도 의외로 많습니다"1938년 3월호라는 기사에서도 잘 드러난다. 이러한 경향은 전후에도 이어졌다. 무선 마이크로 하네쓰키3) 대회를 실황 중계하여 할아버지를 즐겁게1953년 1월호 해드리거나, 성냥을 찾는 아버지에게 태양열 점화 라이터를 건넸다1954년 7월호고 하는 등의 기사도 찾아볼 수 있다.

공작과 모형 스타일

1930년대 전반기 공작 기사 말미에는 '연구' 항목이 추가되었다. 이 항목은 기사의 설명대로 독자가 제작하는 데 그치지 않고, 성능을 높이기 위해 바퀴의 위치나 크기를 바꾸어 보는1930년 10월호 실험을 권장하고, 창의적 사고나 연구·개량의 자세를 키우기 위해 마련되었다. 전중 시기에도 이와 같은 기조가 이어졌다. 이는 "스스로 모형 비행기를 설계하고, 실제로 제작해서 하늘에 날려봅니다. 비행기의 어느 부분이 괜찮았고, 어느 부분이 좋지 않은지, 그리고 좋지 않은 부분은 어떻게 개량하면 좋을지를 연구하는 것은 과학 일본의 미

---

3) 일본의 전통 놀이로 탁구채 같은 손잡이 있는 나무판을 들고 새의 깃털을 단 공을 배드민턴처럼 치고 노는 놀이이다.

래를 짊어진 모든 이들에게 중요합니다"1942년 1월호라는 기사에도 드러난다. 전후 시기가 되자 공작은 모형 만들기 대회나 경기 출품을 위한 모형 만들기 등, 경쟁적 성격을 갖게 되었다. 따라서 모형 비행기의 체공 시간1953년 7월호이나 모형 자동차 속도1955년 2월호 등 성능 쪽으로 초점을 맞추었다.

기사는 특히 모형의 기능과 형태[10]에 대해 자주 언급한다. 모형 제작품 전람회의 품평에서는 화려함보다는 모형으로서의 기능적이고 구조적인 개량을 높이 평가했고1927년 6월호, 이러한 자세는 전후로 이어졌다. 한편 전기 장치 기능뿐만 아니라 형태를 미적으로 평가1939년 7월호하는 자세도 나타났다. 이들은 각각 대조되는 것이 아니라 다른 스타일로 함께 받아들여졌다.

모형 제작은 실물과 똑같이 만드는 모방과 실물과 다르게 만드는 창작이라는 두 가지 스타일로 나뉜다. "모방보다는 창작을 장려"1927년 11월호 한다고 했는데, 형태를 중요시하는 것이 모방이라면, 구조적인 개량 또는 기능을 중요시하는 것이 창작이다. 창작 모형은 동력이 가장 중요한 관건이었다. 실물과 모형이 같은 원리라고 해도 동력을 그대로 축소하는 방식으로 실물을 재현하는 것은 불가능했다.1937년 1월호 모형을 움직이기 위해서는 실물과는 다른 모형만의 창의적 사고가 요구됐다. 이 때문에 전전 공작 기사에서는 실물 또는 수치대로 만드는 것을 그다지 추천하지 않았다.1925년 11월호 구조상 중요한 부분에 힘을 쏟고, 그 밖의 자잘한 것은 대충 만들어도 좋다1934년 1월호는 내용이 자주 보인다. 여기서 창작이나 독창이라는 단어는 발명 또는 기능성에 가까운 문맥으로 쓰였다.

다른 하나는 실물과 똑같이 만드는 모방 모형이다. 전전 시기에는 실물과 똑같이 만드는 것을 장려하는 기사가 많지 않았지만, 전중 시기에는 전차 제작1932년 1월호이나 과일 모형1932년 4월호, 산악 모형1934년 7월호 등 실물에 가까운 정교한 만들기를 요구하는 태도가 많이 보였다.

그중에서도 스타일의 차이를 명확히 보여주는 것이 모형 비행기이다. "모형 비행기 연구라고 통틀어 말하지만, 형태와 상관없이 하늘을 나는 기능을 중요시하는 쪽과 2월호에 실린 것처럼 외형만(내부까지 섬세하게 만든 것도 있지만) 모방한 쪽이 있다. 현재는 외형도 실물에 가깝고 잘 나는 스케일 모델scale model[4]이 가장 인기가 있다. 그리고 이것이 실물 비행기 연구에 가장 쉽게 입문할 수 있는 길"1933년 4월호이라고 말한다. 이처럼 기능을 취할지, 형태를 취할지, 아니면 양쪽을 모두 추구할 것인지에 대한 각각의 스타일이 소개되었다. 전후가 되면 모형 동력이 기술적으로 진보한다. 성능 좋은 모형용 소형엔진이 보급되면서 스케일 모델 관련 기사에는 "형태는 실물 도면을 그대로 축소했고, 모형이라고 하지만 날개의 형태를 비롯한 어떤 것도 변형하지 않았습니다"1949년 1월호라고 말하게 되었다. 기술 보급으로 기능과 형태의 양립이 가능해진 것이다. 다른 한편으로 솔리드 모델solid model[5] 즉 "실제의 비행기 형태를 몇 분의 1의 축적률로 축소해 실물과 똑같은 모습으로 만든 모형 비행기"1952년 1월호 관련 공작 기사도 자주 등장했다. "캐노피[6]가 투명해 짐에 따라 좌석도 꼼꼼하게 만들 필요가 있었고, 실물과 똑같아질수록 값어치도 올라갔다"1957년 1월호고 말하듯이 솔리드 모델은 실물에 근접할수록 그 가치가 높아졌다.

---

4) 어떠한 큰 물체나 건물을 작은 규모로 충실히 재현하는 모형을 말한다. 축적 모형, 미니어처로 불린다.
5) 주로 나무를 재료로 하여 3차원으로 만든 입체 형태로 가공된 모형을 말한다.
6) 비행기의 조종석을 덮는 부분을 말한다.

재료에 대한 자세

공작 기사에서 자주 눈에 띄는 부분은 저렴하게 만들 수 있다는 언급이다. 실험관찰에 필요한 재료는 구하기 어려웠고, 완제품은 비싸서 어린이들이 손쉽게 구하기 힘들었다. 완제품이라도 성능이 좋지 않은 것이 있어서 스스로 저렴하게 만드는 것을 추천했다. 그리고 이와 관련된 재료 대부분은 『어린이과학』 잡지 계열사인 과학교재사가 판매했다.[11]

재료는 가능한 한 스스로 만들거나, 완제품을 구매했다. 전전 시기에는 실험관찰에 필요한 것을 스스로 만드는 측면이 두드러졌다. 이 과정에서 즐거움도 발견할 수 있었다. 완제품 이용을 피하고, 손과 머리를 굴려서 15엔짜리 가스스토브를 2~3엔 정도의 비용으로 만드는 것이 재미있다[1932년 1월호]고 말하듯이, 기사는 가능한 한 스스로 만드는 것을 권장했다.[1938년 1월호] 예를 들어 사진기를 고심해서 만드는 것이야말로 우리의 취미이자 목적이며, 그럼으로써 제작 취미가 대발명의 토대가 된다[1940년 7월호]는 식이었다. 이러한 태도는 전시기 물자가 부족한 상황과도 맞아떨어진다. 기사에는 "물론 빈 깡통을 헌납하는 것도 좋지만, 빈 깡통을 이용해서 과학 모형을 만들어서 실험해보는 것도 총후의 소년기사로서 지극히 의미 있는 일이라고 생각"[1940년 1월호]한다고 말했다. 전후 시기가 되면 불탄 자리에서 주운 철선으로 변압기 만들기[1947년 2월호], 가지고 있는 재료로 꼬마전구 모터 만들기[1949년 1월호], 고무줄이 필요 없는 글라이더glider 만들기[1949년 1월호] 등 다양한 기사들이 등장한다. 그러나 점차 물자 부족이 해소되자 캐러멜이나 담배 상자로 건물이나 자동차 등 만들기[1953년 11월호], 폴리에틸렌이 아닌 재료로 훌라후프 만들기[1959년 1월호] 등 공작 그 자체에 쉽게 다가갈 수 있는 것들이 우선시 되어갔다.

한편 완제품 자체를 부정하는 것이 아니기에 전중 시기가 되자 완제품 품질이 높아졌다는 언급이 점차 늘어났다. 공작 능력의 향상은 용도에 따른 재료의 필요성을 요구했다. 물론 과학교재사에서 공작에 필요한 재료를 제공하고 있었다. 그러나 철물점에 가서 황동으로 된 도르래를 산다[1932년 4월호]거나, 모형 비행기 가게에서 재료를 자尺 단위로 산다[1932년 7월호]는 등의 안내도 자주 등장한다. 전중과 전후에 걸쳐 성능 좋은 부품이 보급되자 진동 엔진[oscillating engine, 1949년 7월호]이나 저렴한 가격의 작은 모형 발동기[1952년 1월호], 모형 전문점에서 자갈이 깔린 선로를 구매해서 사용[1953년 7월호]하는 등 기성품을 응용하여 공작의 범주를 확장하는 것을 추천했다. 이때에는 실제로 작품을 움직이게 하는 즐거움이나 연구·개량하는 즐거움이 우선시 되었다.

4. 전전·전중·전후 사고의 변화

공작과 모형에 담긴 의미

지금까지 개괄한 내용을 시대와 논점별로 정리한 것이 〈표 3〉이다. 공작과 모형의 의의 및 스타일에 관해 공작기사가 무엇을 이야기하고 있는지, 시대별 특징에 따라 정리하면 다음과 같다.

〈표 3〉 전전·전중·전후 시기별 공작과 모형의 의의와 스타일

	전전 1924~30년	전중 1931~45년	전후 1946~60년
공작의 의의	과학 원리의 이해 손과 머리를 사용한 공부 일본을 짊어짐	과학 원리의 이해 손과 머리를 사용한 공부 일본을 짊어짐 세계에 대항함	과학 원리의 이해 손과 머리를 사용한 공부
모형의 의의	첨단기술의 이해 책상머리 과학의 실제화 낭비 배제	첨단기술의 이해 책상머리 과학의 실제화 낭비 배제	첨단기술의 이해 클래식한 기술의 재현 상상력의 발휘
이상적인 인물상	과학자·기술자 발명가	과학자·기술자 발명가 군인	과학자·기술자

	전전 1924~30년	전중 1931~45년	전후 1946~60년
공작 스타일	연구·개량 창의적 사고·창작	연구·개량 창의적 사고·창작 정교·모방	연구·개량 창의적 사고·창작 정교·모방
모형 스타일	기능 우선	기능 우선 형태 우선 기능과 형태의 양립	기능 우선 형태 우선 기능과 형태의 양립
재료	가능한 한 스스로 만들기	가능한 한 스스로 만들기 기성 부품 구입	주변 물품 이용 기성 부품 구입

전전 시기 공작은 교육적 측면에서 그 기초를 다진 시기였다. 여기서는 과학 원리를 이해하는 동시에 손과 머리, 즉 놀이와 공부를 함께 함으로써 기술과 지식을 몸에 익히는 것이 소년에게 요구되었다. 모형 또한 첨단기술을 이해하는 것으로 취급되었고, 여기에서 창의적 사고는 장래 책상머리 과학을 실용화한 발명품을 만들어내기 위한 것으로 평가되었다. 그리고 과학자나 기술자로서의 장래의 모습을 상상하고, 그중에서도 특히 미래의 일본을 풍요롭게 하는 발명가의 모습을 기대했다. 공작할 때 단지 설계대로만 조립하는 것이 아니라, 완성단계에서 더 나아가 연구·개량하는 등 구조나 기능 그 자체에 독창성을 가진 창의적 사고를 추구하는 것을 기대하였고, 효과의 극대화를 위해 재료나 도구, 실험에 필요한 기기機器까지 가능한 한 스스로 만들 것을 장려했다.

전중 시기에는 공작에 더욱 많은 의미가 부여되었다. 전전 시기의 기본자세를 유지하면서 세계와 맞서는 자세가 요구되었다. 당시는 과학과 군사의 결합이 강화된 시대였다. 모형은 동력 개량의 영향을 강하게 받았고 이제까지 지배적이었던 기능 우선의 담론과 함께 형태 우선의 담론도 등장했다. 그리고 모형 비행기의 스케일 모델을 비롯한 기능과 형태를 양립시키는 스타일도 등장했다. 이 시기에는 모형 제작으로 적대국을 타도하고자 하는 애국심을 가지기 위해 아이들도 어른처럼 역할과 책임을 다해야 한다고 주장했다. 그에 대한 이상적인 인물상으로 군인을 꼽았다. 또한 발명이라는 말이 독특한 용법 안에서 유행했고, 실용을 중시하고 낭비를 배제하는 합리적인 자세가 길러진 것도 이 시기의 특징이다. 점차 저렴하고 성능 좋은 완제품이 시판되었고, 동력 개량이나 키트 유통으로 형태를 고집하고 정교하게 공작하는 스타일도 등장하기 시작했다. 1940년대에는 전시 물자 부족에 큰 영향을 받게 된다.

전후 시기에는 일본 또는 세계라는 범주에서 국가를 짊어진다는 언급들은 사라지고, 평화를 위한 과학 공부라는 자세로 돌아갔다. 모형에서는 클래식한 기술을 재현하는 기사도 일부 등장한다. 또한 순양함이나 로켓 등 어딘가 모험적인 상상력을 불러일으키는 주제가 늘어났다.

공작은 지금까지의 실용주의에서 오락이나 취미로 바뀌었다. 주지한 바와 같이 이상적인 인물상에서 군인이 사라지고, 동시에 발명으로 보던 실용주의도 모습을 감추어 갔다. 공작 스타일은 이전처럼 다양했지만, 물자가 부족해서 주변 물품을 이용해서 손쉽게 즐길 수 있는 공작에 관한 기사가 늘어났다. 1950년대에 들어서자 물자 부족이 해소되고, 완제품의 품질도 올라갔다. 게다가 실용주의가 약해지면서 구조적으로 창의적 사고를 할 수 있는 여지는 더욱 좁아졌다.

발명으로 상징되는 실용주의

이상에서 살펴보았듯이 발명이 어떻게 다루어졌는지 그 방식을 이해하는 것이 중요하다. 발명과 관련된 현상공모란은 1924년 10월 잡지 창간 당시부터 고정으로 마련되었다. 1927년 2월부터 신 현상공모 「나의 발명」이라는 제목으로 글을 모집했다. 이후 1931년 6월부터 제1회로 변경하면서 격월로 게재했다. 1937년 3월호 35회부터는 매월 게재되었고, 잡지 이름을 바꾸기 전 최종호인 1940년 9월호까지 지속되었다. 또한 『어린이 과학』이 『학생 과학学生の科学』誠文堂新光社, 1940~44, 1961~62으로 명칭을 변경한 이후에도 같은 제목의 코너

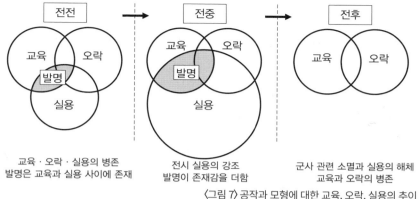

전전

교육　오락
발명
실용

교육·오락·실용의 병존
발명은 교육과 실용 사이에 존재

전중

교육　오락
발명
실용

전시 실용의 강조
발명이 존재감을 더함

전후

교육　오락

군사 관련 소멸과 실용의 해체
교육과 오락의 병존

〈그림 7〉 공작과 모형에 대한 교육, 오락, 실용의 추이

가 지속되었음을 목차를 통해 알 수 있다. 「나의 발명」은 합병 전 제1차 최종호인 1944년 4월호까지 지속되었다. 『어린이 과학』과 합병한 『과학화보科學画報』誠文堂新光社, 1923~50, 1956~61 목차에서 「나의 발명」은 볼 수 없었지만, 1945년 1월호에 발명이나 창의적 사고에 관해 언급하는 기사를 확인할 수 있다.

응모 건수를 살펴보자면, 상설 현상공모 당선 발표 건수는 제1회 54건1925년 3월호, 제2회 100건1925년 6월호, 제3회 88건1925년 7월호이었다. 「나의 발명」 초기에는 기사가 없거나1927년 6월호, 63건1927년 9월호, 46건1927년 12월호이었다. 격월로 변경되면서 제1회 136건1931년 6월호, 제2회 236건1931년 8월호, 제3회 125건1931년 10월호으로 증가했다. 이후 100건 이하로 내려가지 않는 가운데, 최대 응모 건수는 1,297건1935년 5월호이었다. 실로 발명이라는 이념은 전전부터 전중 시기에 걸쳐 끊임없이 거론되었고, 독자 사이에서도 공유되었다.

이 현상공모의 목표는, 작은 모형을 실용품으로 발전시키는 것과 같이 합리적이고 쓸모 있는 공작물을 만들고, 특허 취득이 가능할 만큼 어른과 견줄 만한 발명을 하는 것이었다.

이 시기 소년 시절을 보내고 합리적인 실용주의 정신을 몸에 익힌 기술자들이 수십 년 후 일본의 대량 생산을 담당하고 고도 경제성장기를 지탱했다.

〈그림 7〉은 공작, 특히 모형을 둘러싼 논리를 교육, 오락, 실용의 세 항목으

로 나누어 그 변화를 정리한 것이다. 공작 기사가 소년에게 힘주어 말하고자 하는 바는 과학기술에 대한 책임감, 그리고 사회적 대의였다. 전전 시기의 사회적 대의는 공작에 교육과 실용을 접목하여 발명이라는 상징적인 행위를 심어주는 것이었다. 그러나 이러한 대의명분은 전중 시기 전쟁과 연결되어 실용이라는 역할이 빠르게 강조되었다. 이처럼 전중 시기의 전개에 관해서는 이어지는 7장 「동원되는 어린이 과학—전시하의 공작과 병기」^{마쓰모토 히로시(松本広志)}에 상세히 나와 있다. 전후로 접어들면서 군사적 요소는 일시에 사라지고 소년들은 최첨단 기술을 따라야 한다거나 발명과 같이 실용을 지향하는 것에서 해방되었다. 전쟁에 패했어도 과학이나 기술 자체는 교육의 일환으로 인정받아 살아남았으나, 결과적으로 공작에서 오락이 점유하는 비율이 늘어났다. 이러한 흐름 속에서 모형은 꿈과 같은 상상력을 담게 되었다.

실용주의 위주의 발명이 쇠퇴하고 가장 중요했던 병기를 잃은 모형은 원래의 일상생활 세계나 이상·공상의 세계로 나갔다. 이것은 전중 시기까지 「나의 발명」이었던 제목이 「생활 공작」으로 바꾸어서 게재되었던 점에서도 알 수 있다. 전후에 늘어난 클래식한 배 모형 등도 이전 시대의 기술을 이상·공상의 세계로 끌어들인 것이다. 이와 동시에 공작 기사에서는 유용하고 합리적인 제품에서 일상생활 영역의 일용품으로, 실용의 방향성이 바뀌었다는 것을 알 수 있다.

소녀 문화와의 대비

전체 공작 기사 중 '일용품^{라디오·무선통신기 제외}'은 10.4%를 차지한다.^{<표 2> 참조} 소년에게 일용품은 모든 시대의 공작 대상이었다. 소녀가 인형을 꾸밀 때 주변 공간을 의식하는 것에 비해, 소년은 물건 자체의 정교함이나 기능성을 중시하는 경향을 보였다.

주변 공간에 대한 의식이 없었기 때문인지 아니면 공간에 대한 의식이 너무 추상적이었는지, 공작 기사를 보면 여성이 꾸며온 다양한 공간에 거칠고 배려 없이 공작을 끼워넣었다. 예를 들어 재봉틀을 전동으로 개조^{1933년 7월호}하거나, 프랑스 인형을 자동으로 움직이게 개조^{1935년 6월호}하는 것에 머물렀다. 기사에는 현관이나 부엌 등 가정과 관련한 공작 기사도 많았다. 눈에 띄는 사례로는 전열 선풍기 제작^{1933년 1월호}, 불단佛壇의 전기조명^{1937년 1월호}, 전기냉장고 만드는 법^{1937년 8월호} 등으로 생활공간에서 전기 공작을 중요시하는 태도를 볼 수 있다. 나아가 집 밖 공간을 위한 소박한 공작으로 야외에 작은 새집을 설치하는 기사도 등장한다.

그러나 전후가 되자 〈그림 8〉과 같이 동물 일러스트로 장식한 진열장으로 황량한 실내를 조금이라도 윤택하게 만들기^{1951년 8월호}, 아름다운 타일 벽걸이나 선반 장식 만들기^{1960년 3월호} 등 소년을 위한 공작 기사에도 개인 공간이나 디자인을 의식하는 태도가 조금씩 나타나기 시작했다. 전중 시기까지는 실용주의에 따라 유용성을 강조했지만, 전후가 되면서 실용주의가 약해지자 어린이다운 정서가 생겨났다. 그리고 당연하게 여겼던 젠더의 차이에도 미세한 균열이 생기기 시작했다.

나카하라 준이치中原淳一[7]는 전중 시기 일본 내무성의 언론 통제로 인해 『소녀의 벗少女の友』을 떠났다. 이에 반해 『어린이 과학』은 정부로부터 "결전 시 긴급 보급을 요하는 잡지"^{1942년 1월호}로 인정받아, 그 뜻을 한층 더 강화해갔다.[12] 패전 이후 잡지 『주니어 솔레이유』는 어른과 거리를 두고 주니어라는 독자적

---

7)   화가. 패션디자이너. 잡지의 편집자. 『소녀의 벗』에서 패션 페이지를 담당하며 이 잡지의 중심적인 화가로 활동했다. 그의 작품에서 소녀의 이미지는 큰 눈에 긴 팔다리는 지닌 아름다운 소녀로, 이러한 그림은 전시하의 군국 일본에 어울리지 않았으며 퇴폐적이고 불건전하다는 이유로 1940년 군부의 압력을 받고 잡지 집필을 금지당했다.

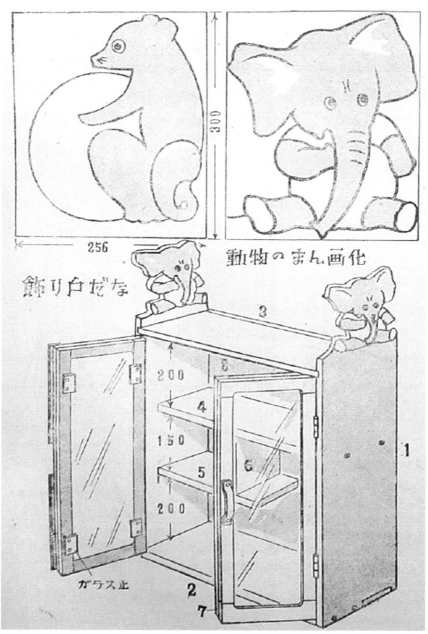

〈그림 8〉손쉽게 가구 만드는 법
(출처 : 『어린이 과학』, 誠文堂新光社, 1951.8, 60면, 도쿄도립다마(多摩)도서관 소장)

입장을 정치적으로 주장했다. 이에 반해『어린이 과학』은 패전 책임을 군인과 지도자에게 떠넘기고[1946년 1월호], 사회의 일원이 되기 위해서 과학기술을 익혀야 한다는 대의명분을 유지했다. 이러한 태도는 '전후' 공작의 젠더 차이를 만들었다.

공작을 하는 이유

『어린이 과학』은 소년에게 전전에는 교육적인 메시지를, 전중에는 군사적인 메시지를 발신하였고 이를 공작이 뒷받침하였다. 움직이는 기계에 대한 관심과 흥미, 손과 머리를 쓰는 즐거움에 대의명분을 부여하며, 소년에게 장차 나라를 짊어질 어른으로서의 모습을 기대했다. 이에 따라 소년은 이상적인 인물상에 가까워지기 위해 공작으로 수련을 쌓았다.

그러나 이러한 대의명분은 전후가 되자 흔들리기 시작했다. 군사적인 요소가 배제되고, 발명이 상징하던 실용주의도 점차 희미해졌다. 올바른 과학 공부라는 교육적 측면은 남았고, 공작의 동기를 지탱한 것은 오락이나 취미, 그리고 그 사이에서 작동하는 상상력으로 점차 대체되었다.[13] 이상이나 공상이란 여지가 생겨난 것이다. 이처럼 공작의 동기를 지탱하는 논리는 시대에 따라 변화했다.

나가며

이 글에서는『어린이 과학』의 공작 기사에 주목하여, 그 내용의 변화 양상을 양적·질적으로 개괄했다. 잡지는 특히 발명이라는 사고에, 유용하고 합리적이고 실용적인 태도를 담았고, 이것이 소년의 공작이나 모형 제작 스타일에 커다란 영향을 주었다.

　기술의 진보에 따라 손으로 재현할 정도의 과학 원리는 소형화, 동력의 개량으로 블랙박스화[8] 되면서 공작은 기성 부품을 사용하는 것으로 변화하였다. 이는 구조적 창의성을 발휘할 여지를 좁히는 결과를 낳았다. 1960년대 이후, 기능보다 형태를 우선하는 스타일이 발전하게 된다. 여기에 관한 구체적인 내용은 이후에 밝히고자 한다.

---

8)　사용법은 알고 있지만 동작 원리가 불명확한 상태를 말한다.

제7장

동원되는 어린이 과학[1)

전시하의 공작과 병기

마쓰이 히로시[松井広志]2)

1. 전시하의 공작

1941년 모형 제작 실습 뉴스 영상과 트위터에서

모형 비행기는 이제 장난감이 아닙니다. 소년들은 대나무와 나무, 종이, 고무, 철사를 사용해 항공과학 이론을 실제에 적용하고 있습니다.[1]

위 글은, 1941년 뉴스 영상에 나오는 내레이션의 일부다. 트위터의 'NHK 아카이브즈' 공식 계정은 이 뉴스 영상을 첨부하면서 "국민학교 학생들이 종이로 모형 비행기를 제작하는 모습. 전쟁 중이라고는 하지만 내레이션이 좀 호들갑스럽네요"라고 썼다. 이 트윗을 본 사람들은 "이렇게 비행기를 동경하다 전쟁에까지 연루됐던 거지요. (…중략…) 교육이 전쟁을 목적으로 한다면 그들을 맞이하는 것은 죽음뿐입니다. 이 아이들은 무사했을까요?"라며 전쟁

---

1) 이 글은 강현정이 번역하였다.

2) 1983년생. 아이치슈토쿠대학(愛知淑德大学) 창조표현학부 교수. 문화사회학, 미디어론 전공.

〈그림 1〉 진지하게 모형 비행기를 제작 중인 소년
(출처 : 트위터 〈NHK아카이브즈〉 계정에 올라온 2018년 12월 17일 자 트윗(https://twitter.com/nhk_archives/status/1074348651726528512(접속일 : 2018.12.18)), 〈빛나는 항공 일본(輝く航空日本)〉(『니혼 뉴스日本ニュース』 NHK 영상)

과 죽음에 대해 언급했다. 다른 한편 "전쟁 중이긴 하지만 모형 만들기 수업은 부럽네요"라며 모형 제작의 매력에 대한 감상응탑도 있었다.

'NHK아카이브즈'의 트윗처럼 모형 비행기를 "장난감"으로 대하지 않고, "항공과학 이론을 실제에 적용하고" 있다는 표현은 분명 오늘날의 관점에서 보면 "호들갑"스럽다. 그러나 전시하에 진행된 교육 실천이나 당시의 모형 공작을 둘러싼 사회적 문맥을 생각하면, 그때 사람들에게 이러한 표현은 자연스러웠을지도 모른다. 실제로 여기서 취재한 국민학교 모형 제작 실습²을 보면, 〈그림 1〉처럼 한쪽 눈을 감고 부품을 세밀하게 조정하면서, 진지한 얼굴로 모형을 제작하는 소년들의 모습이 담겨 있다.

이렇게 전쟁 중 모형 제작을 둘러싼 '진지함'이 '호들갑'인지는 모르겠지만, 앞에 언급된 반응처럼 모형 제작의 매력도 실제로는 관련이 있었던 것 같다. 그렇다면 국민학교에서 실시된 모형 비행기 제작은 어떤 사회적 문맥에서 가능했던 것일까. 전시하 일본은 심각한 물자 부족을 겪고 있었는데, 모형 제작은 어떻게 그 필요성을 인정받았던 것일까.

전시하 미디어 문화와 모형

제2차 세계대전 시기 미디어 연구는 신문, 영화, 라디오, 잡지 등 대중 매체를 중심으로 이루어졌다. 그리고 총력전체제하에 '전쟁 동원'을 위한 프로파간다, 전후 '소비 동원'을 촉구하는 광고 등 전시부터 전후까지 이어지는 연속성을 지적하기도 했다.[3]

이는 최근에 풍부해진, 만화나 애니메이션 등의 미디어를 매개로 한 대중문화 연구에서도 마찬가지다. 전시 상황에서 다양한 미디어들은 국가 정책으로서 경계를 넘나들며 활용되었다.[4] 이러한 '전시하 미디어믹스'의 전형으로, 프로 만화가뿐 아니라 아마추어 작가들도 관여한『요쿠산 일가翼贊一家』[3) 시리즈를 들 수 있다.

선행 연구에서는 소위 4대 대중매체, 혹은 만화나 애니메이션 등의 시각 매체를 분석했지만, 그 외에 다양한 미디어 문화, 특히 이 책이 대상으로 하

---

3) 제2차 세계대전 시기에, 다수의 만화가들이 참여하여 창작된 가족 만화. 만화가들의 국책단체인 신일본만화가협회가 천황이 다스리는 정치를 옹호했던 다이세이요쿠산카이(大政翼贊会)에 협력하기 위해 1940년부터 창작을 시작했다. 만화의 주인공인 '야마토(大和)' 가(家)는 전쟁기의 모범적인 가족상으로 설정되어 있는데, 이 일가를 등장시킨 만화가『사진주보(寫眞週報)』(情報局),『만화(漫画)』(新日本漫畫家協會),『주간아사히(週刊朝日)』(朝日新聞社)등의 잡지에 게재되거나, 단행본으로 발표되었다. 많은 만화가들이 요쿠산(翼贊) 협력금을 지불하여 이 만화의 집필권을 샀다(위키피디아 참고).

는 공작 등에 대해서는 주목하지 않았다. 나는 모형이라는 '것'을 일종의 '미디어'로 간주하고, 전전기부터 오늘날까지 그것의 매개성과 물질성의 변용을 파악하는 연구를 진행해 왔다.[5] 또 1940년대 태평양전쟁 시기에 무기 모형과 공상병기 도해를 중심으로 하는 미디어믹스가 전후 밀리터리 모델의 기원이 되었다는 것을 밝혔다.[6]

이 책은 근대 일본에서 취미화된 만들기手作り 문화를 다루는데, 제2부는 공작이 남성적인 취미로 확대된 배경과 그 과정에 대해 역사사회학적이고 젠더적인 관점에서 고찰한다.

여기에서는 제2부의 공통자료인『어린이 과학子供の科学』誠文堂新光社, 1924~, 특히 1940년대 전반 총력전체제 시기에 나온 공작 기사와 무기 관련 기사를 분석한다. 이를 통해 역사사회학적인 관점에서 전시하의 공작과 무기의 상관관계를 파악하고, 나아가 젠더적 관점에서 같은 시기의 소녀 문화인 수예와 소년 문화인 공작의 존재 방식을 비교해보고자 한다.

제2부의 각 장은 다음과 같다. 제5장「과학 잡지에서 출발한 공작 취미와 철도 취미」辻泉는『철도 소년들의 시대鉄道少年たちの時代』[7]를 바탕으로 전전·전중·전후에 걸친『어린이 과학』의 내용을 분석하여,『어린이 과학』에 실린 기사와 이를 둘러싼 사회적 문맥의 변화 과정을 밝힌다. 제6장「공작 기사는 소년에게 무엇을 이야기했는가」塩谷昌之는 전전·전중·전후 공작 기사의 질적·양적 분석을 진행하는데, 특히『어린이 과학』에 실린 공작 기사의 양적 분석을 통해 1940년대 전반 '군사 관련 요소'<그림 2>나 '모형'<그림 3>의 비율이 높았다는 것을 확인했다.

제8장「'과학'과 '군사'라는 굴레」는 전후 항공 팬들이 밀리터리 문화와 밀접한 관계가 있다는 것을 밝히는데, 항공기나 병기가 모형과 관련되기 시작한 것도 바로 전시기였다. 이러한 역사적 연속성을 염두에 두고 본 장의 논의

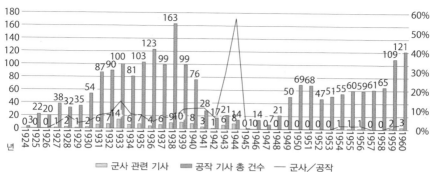

<그림 2> 『어린이 과학』 공작 기사를 통해 본 군사 관련 요소의 통시적 추이

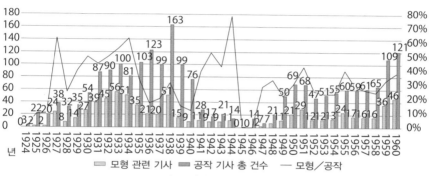

<그림 3> 『어린이 과학』 공작 기사를 통해 본 모형의 통시적 추이

를 진행하고자 한다. 나중에 자세히 서술하겠지만, 1937년 중일전쟁[8]이 발발하고 총력전체제에 돌입한 일본은 '과학하는 마음'이라는 슬로건 아래 국민학생을 대상으로 모형 교육을 진행했다. 전시하에 발행된 '소국민'용 잡지들도 국가 체제에 발맞춰 군사색이 강한 기사들을 많이 실었다. 당시 선두적인 과학 병기였던 비행기를 다룬 기사들은 그 전형이다.

이런 관점에서 전시하 『어린이 과학』을 상세히 분석하고, 이를 관련 자료와 당시의 역사적 배경을 바탕으로 고찰한다. 이를 통해 공작에 관한 새로운 관점을 도출하고자 한다. 이 글의 구성은 다음과 같다. 제2절은 1940년대 전반의 사회와 미디어 상황 속에서 『어린이 과학』의 지위를 확인한다. 제3절은 전시하 『어린이 과학』 기사에서 군사와 공작의 관계를 고찰한다. 마지막 제4절에서는 이상의 결과를 역사사회학적 관점과 젠더적 관점에서 고찰함으로써 전시하 공작의 모습을 분명하게 밝힐 것이다.

2. 1940년대 전반 『어린이 과학』의 지위

국민학교와 『어린이 과학』

여기에서는 1940년대 초 『어린이 과학』을 둘러싼 상황을 살펴본다. 1940년 10월, 『어린이 과학』은 『학생 과학學生の科学』으로 잡지 이름을 바꾼다. 동시에 종래의 『어린이 과학』과 형제 잡지이자, 더 어린 연령층을 대상으로 했던 『소학생 과학小学生の科学』이 『어린이 과학』으로 이름을 바꾸었다. 엄밀히 말하면 구 『어린이 과학』과 새로운 『어린이 과학』은 별개의 것이었다.

이렇게 출발한 새로운 『어린이 과학』은 당시 국책으로 설정된 국민학교 교육에 호응하는 내용들을 담고 있었다. 국민학교는 1941년 국민학교령에 의하여, 그때까지의 심상소학교를 초등과로, 고등소학교를 고등과로 하여 설립되었다. 전시의 『어린이 과학』은 이 국민학교의 '공작' 교육과 의도적으로 혹은 결과적으로 같은 방향을 지향했다.

이것을 『어린이 과학』 기사를 통해 구체적으로 확인해보자. 1941년 『어린이 과학』의 지면에는 종래 소학교의 '수공 과목'과 새로운 초등학교의 '공작'을 비교하는 내용이 실렸다. 소학교의 '수공 과목'에 대해서는 "대개 완구나 필통 등 간단한 실용품을 만들거나, 형태만 실물과 비슷한 것을 만드는 정도"[9]로 저평가한다. 반면 초등학교의 '공작'에 대해서는 "모형 비행기를 비롯한 다양한 모형을 만들고, 비행기는 어떻게 날며 왜 그런 모양을 하고 있는지, 더 잘

날게 하려면 어디를 어떻게 해야 할지 탐구하는 것까지 담고 있다. 즉 관찰력과 창조력을 무한히 신장하는 것이 큰 목적"[10]이라고 썼다. 여기에 더해 "국민학교 공작 방식은 우리『어린이 과학』을 비롯해 형제 잡지인『학생 과학』,『과학화보科學畫報』등이 창간 이래 늘 주장하고 실천했던 것으로서 사람들이 그것을 진지하게 생각하게 된 것은 정말로 기쁜 일입니다"[11]라고 썼다.

여기서는 국민학교의 '공작' 교육을 높게 평가하는 것에 더해,『어린이 과학』과 그 계열 잡지들이 "창간 이래 늘 주장하고 실천했"다며 잡지의 편집 방향과 일치한다고 강조하는 것을 알 수 있다. 비슷한 기사를 다른 데서도 찾을 수 있다.

> 올해 초등학교 '이과와 수학理数理科'은 스스로 탐구하는 능력을 신장하는 공부법에 주력하고 있습니다. 우리도 이것을 매우 지지합니다. (…중략…) 지금까지『어린이 과학』도 질문과 연구, 공작 등을 중시해 왔지만, 올해는 특히 더 힘을 주었습니다. (…중략…) 4~5년 전까지만 해도『어린이 과학』은 고단講談이나 라쿠고落語, 소설, 만화도 실었습니다. 과학 기사에 익숙하지 않은 독자들이 잡지와 친해지길 바라는 마음에서였지요. 그러나 지금은 그런 것을 싣지 않아도 매 호 열심히 애독하는 독자들이 있어 매우 든든합니다.[12]

이 기사에서도 국민학교 교육의 "스스로 탐구하는" 자주성의 측면을 칭찬하는 동시에『어린이 과학』이 그런 능력을 형성하는 "질문과 연구, 공작"을 중시해 왔다는 것, 그리고 이를 한층 더 강화할 것이라는 의도를 알 수 있다. 이는 앞 기사에서 "탐구"를 통해 "관찰력과 창조력"을 신장한다는 부분과 공통하는 내용이다. 관찰력과 창조력의 함양은 국민학교에서 진행되었던 '모형 교육'과 관계가 있다.

모형 교육과 과학적 계몽

제도로서의 모형 교육이란 어떤 것이었을까. 1930년대가 되면 정부는 모형 비행기를 계몽 매체로 활용하는 구상을 한다. 그러나 이러한 움직임이 본격화된 것은 1930년대 말부터다. 1937년 중일전쟁이 발발하고, 1939년에는 심상소학교와 고등소학교의 정규 과목으로 모형 비행기 제작이 채택된다. 나아가 앞에 언급했듯이 1941년에 국민학교가 설치되고, 이전보다 더 많은 시간을 모형 교육에 적극적으로 할애하게 되었다. 1942년에는 국민학교에 『모형 항공기 교육 과정模型航空機教育教程』[13]이 교부되었다.<그림 4>

이러한 모형 교육의 배경에는 당시 국책 과제였던 과학 계몽이 있다. 1940년에 성립된 제2차 고노에 후미마로近衛文麿 내각의 슬로건이 "과학하는 마음"이었다는 것은, 이를 상징적으로 보여준다. 군사軍事로 이어지는 과학 계몽의 일환으로 소년에게 친숙하고 인기가 많은 모형 비행기를 이용한 것이다.[14] 그 결과 모형 항공기 교육이 추진되었다.

실제 가격통제령에 기반한 1942년의 고시를 보면, 앞서 언급한 교과 과정을 따라 초등과 6년, 고등과 2년 학년별로 "국민학교 교재용 모형 항공기 재료"가 설정돼 있다.<그림 5> 물자가 부족한 상황에서도 교재용 모형 항공기 재료는 '일반 모형 항공기 부품'보다 저가로 통제되었다.[15]

<그림 4> 문부성이 만든 『모형 항공기 교육 과정(시안)(模型航空機教育教程(試案))』, 文部省 편, 日光書院, 1942, 표지

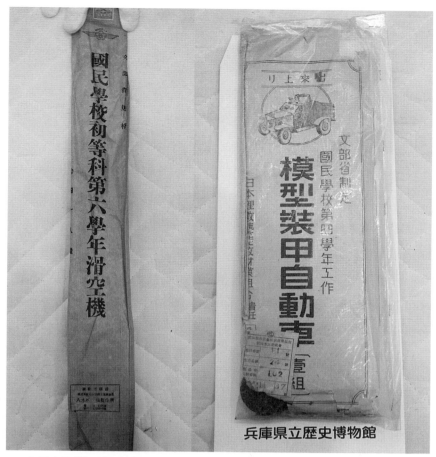

〈그림5〉 국민학교의 모형 항공 교육 교재
(출처 : 효고현립역사박물관(兵庫県立歴史博物館),
이리에(入江)컬렉션 소장)

〈그림 6〉 초등학교 〈모형 장갑자동차〉 교재
(출처 : 효고현립역사박물관, 이리에 컬렉션 소장)

　　모형 항공 교육과 과학 계몽사상의 밀접한 관계는 관련된 인물을 통해서도
알 수 있다. 가령 유명한 항공학 연구자이자 항공기 설계자였던 기무라 히데마
사木村秀政[4]는 전시하에 창간된『모형항공模型航空』東京日日新聞社 · 大阪毎日新聞社, 1941~1944
이나, 문부성 내 모형 교육연구회가 주도한『모형模型』日光書院, 1942~불명 등의 잡지
에 모형 비행기의 메커니즘과 역학 등을 해설하는 기사를 다수 기고했다.

---

4)　　1904~1986년. 도쿄제국대학 항공연구소 연구원, 교수 등을 역임.

또 이 시기에 문부성 주최로 교원용 모형 항공기 교육강습회도 종종 개최되었는데, 기무라 히데마사는 여러 번 강사를 맡았다.[16]

실제 모형 교육은 항공기 모형 제작에만 국한된 것은 아니었다. 오늘날까지 남아있는 모형 교육 제작 세트를 보면, 항공기뿐 아니라 전차 모형도 포함된다. 일례로 효고현립역사박물관이 소장한 '이리에 컬렉션入江コレクション'[17] 중에는 "모형 장갑자동차模型装甲自動車"라고 쓰인 교재용 세트가 있다.<그림 6> 이러한 점을 고려하면 전시하에 제도화된 모형 교육은 '모형 항공기 교육'이라기보다 전차와 군함까지 포함한 '모형 교육'이었다고 할 수 있다.

성문당신광사의 『어린이 과학』

위에서 살펴본 모형 교육의 맥락을 고려할 때, 『어린이 과학』은 발행처인 성문당신광사에게 어떤 의미였을까. 참고로 아래의 기사를 보자.

> 『어린이 과학』은 일본에 단 하나뿐인 소국민少國民 잡지입니다. 지난 10월부터 모든 잡지들은 지금껏 사용했던 종이의 3할씩 절감해야 했지만, 본사는 전시 상황에서 더 중요해진 『어린이 과학』의 사명을 생각했습니다. 그래서 다른 출판물의 종이를 절감하더라도 우리 『어린이 과학』이 지면을 줄이거나, 부수를 줄이는 일은 없도록 노력하고 있습니다.[18]

기사에도 나와 있듯이, 총력전체제에 돌입한 일본은 국가 차원에서 다양한 물자를 통제하였다. 이런 시국에서도 성문당신광사는 다른 출판물의 종이를 아껴 『어린이 과학』의 지면과 부수를 유지했다. 여기서 성문당신광사에게 『어린이 과학』이 매우 중요한 의미였다는 것을 알 수 있다.

모형 제작품 전람회 기사를 통해서도 전시 『어린이 과학』의 위치를 엿볼 수

〈그림 7〉 제7회 모형 제작품 전람회 개최를 알리는 기사(출처: 『어린이 과학』, 성문당신광사, 1941.7, 111면)

있다. 가령 1941년 7월호 『어린이 과학』은 1941년 9월 니혼바시日本橋의 미쓰코시三越 백화점에서 '제7회 모형 제작품 전람회'가 개최된다는 사실을 대대적으로 알렸다.〈그림 7〉 '문부성이 후원하여 문부대신 상을 수여'하는 국가사업임을 선전하면서 『어린이 과학』, 『학생 과학』, 『과학화보』 세 잡지 공동으로 '본사 주최'라는 점을 강조했다.〈그림 8〉

당시 국민학교 교육을 고려하면, 성문당신광사가 주최한 모형 제작품 전람회 사업은 국책이었던 모형 교육에 호응하는 이벤트였다. 앞에 썼듯 대형신문사인

〈그림 8〉 모형 제작품 전람회 개최 직전, 문부대신상을 수여한다는 결정을 알리는 기사
(출처: 『어린이 과학』, 성문당신광사, 1941.10, 117면)

도쿄니치니치신문사東京日日新聞社와 오사카마이니치신문사大阪毎日新聞社가 『모형항공』을 발간하고 모형 비행기 이벤트를 개최한 것도 모형 교육을 의식한 대중 매체의 반응이었다. 따라서 성문당신광사의 모형 제작품 전람회도 모형 교육과 연동한 여러 회사의 이벤트 중 하나였으며 『어린이 과학』의 기사는 그 일부였다고 볼 수 있다.

지금까지 전시 『어린이 과학』이 놓여 있던 사회적 맥락을 살펴보았다. 이제 『어린이 과학』의 지면 기사를 통해 군사와 공작의 연결고리를 찾아보고자 한다.

3. 전시 『어린이 과학』에 나타난 군사와 모형

여기서는 1940년대 『어린이 과학』의 기사 내용에 대해, 특히 공작 기사와 모형 관련 기사, 군사 관련 기사들을 검토하고자 한다. 이를 통해 전시 소년 문화에서 공작과 군사가 어떤 관계에 있었는지 그 실마리를 찾을 수 있다.

모형 비행기와 모형 자동차, 모형 선박

먼저 짚고 넘어가야 할 것은 모형 비행기의 중요성이다. 앞서 제6장에서 상세한 양적 분석을 했지만, 1940년대 전반에는 '군사 관련 요소', '모형' 기사뿐 아니라 '전투기·비행기' 기사 비율도 매우 높았다.<그림 9> 구체적인 모형 비행기 관련 내용으로는 「모형 비행기 만드는 법」 특집1941년 6월호, 「성황인 체공경기滯空競技 대회」<그림 10>, 모형 제작품 전람회에서 우수한 기록을 낸 비행기를 발표한 기사[19] 등이 있다.

이들은 앞에서 살펴본 '항공 모형 교육'을 전제로 하고 있다. 더불어 당시

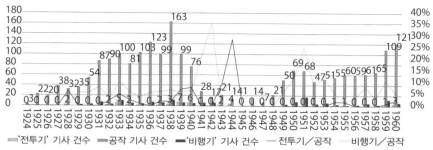

〈그림 9〉『어린이 과학』 공작 기사 중 전투기와 비행기의 통시적 추이

항공기가 놓여 있던 맥락을 보충하자면, 신문사들은 항공사업을 대대적으로 홍보하고 있었다.[20] 또 비행기는 군사적으로도 중요해서 전쟁의 승부를 좌우하는 시대의 병기로서 '총력전의 상징'이기도 했다.[21] 『어린이 과학』이 전투기와 비행기를 다루었던 배경에는 이러한 사회적 맥락이 있었다.

다만 덧붙일 것은 모형 비행기가 가장 눈에 띄긴 하지만, 모형 자동차나 모형 선박도 중요했다는 점이다. 가령 「자! 모형 자동차를 만들자」^{〈그림 11〉}나 「모형 자동차 설계와 만드는 방법」^{1941년 7월호} 등의 기사가 있었고, 「모형 선박 만드는 방법」^{1941년 9}월호에는 다음과 같은 내용이 나온다.

바다에서는 배, 땅에서는 자동차, 하늘에서는 비행기. 국가의 흥망이 이 세 가지에 달려 있다는 것은 모두 알고 계실 테죠. 전쟁이 나면 비행기는 군용기가 되어 하늘에서 싸우고, 자동차는 장갑차·전차가 되어 땅에서

〈그림 10〉 모형 비행기 대회 모습을 전하는 기사
(출처: 『어린이 과학』, 1941.10, 116면)

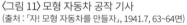

〈그림 11〉 모형 자동차 공작 기사
(출처: 「자! 모형 자동차를 만들자」, 1941.7, 63~64면)

싸우고, 배는 함선이 되어 바다에서 전투를 벌입니다. (…중략…) 그러니 모형 비행기뿐 아니라 선박에 대한 연구도 확실하게 해야 하지 않겠습니까.[22]

위의 글에서는 "국가의 흥망"을 담당하는 것으로 비행기^{군용기}와 자동차^{전차}, 선박^{함선} 세 가지를 나란히 명시하고 있다. 물론 "모형 비행기뿐 아니라"라는 표현에서 비행기가 한발 앞선 지위였다는 것을 엿볼 수 있다. 그럼에도 불구하고 "선박에 대한 연구도 확실하게 해야 하지 않겠습니까"라는 마지막 문장에서 비행기 인기에 가려진 선박 모형 제작에 대한 동기를 높이려는 의도를 읽을 수 있다. 위 인용 기사의 제목이 「모형 선박 만드는 방법」이었기 때문에, "선박에 대한 연구"라고 했지만, 「모형 자동차 설계와 만드는 방법」에는 '선박'이 '자동차'로 바뀌어 있을 뿐, "근대전近代戰에서 이기려면 훌륭한 기계화機械化 부대가 필요"[23]하다는 논지는 동일하다.

육·해·공 병기를 나란히 하는 것은 앞 장에서 확인했던 국민학교의 모형 교육 실태와도 호응한다. 모형 교육에서도 항공 교육으로 비행기 모형이 도드라졌지만, 실제로는 전차나 함선 모형도 제작되었다. 이와 마찬가지로 『어린이 과학』에서도 비행기가 약간 우위이긴 했으나, 자동차와 함선까지 셋 다 중요하며, 육·해·공 병기 모두 전쟁 승리에 필요하다는 군사지식 혹은 제국 일본의 이데올로기를 전달했다.

물자 부족을 이유로 강조된 과학 공부

자원이 부족했기 때문에 육·해·공군의 병기 모형과 관련해서 과학을 강조하는 독특한 분위기가 있었다. 아래 「전쟁과 자원」 기사는 이를 잘 보여준다.

독일은 (…중략…) 지난 대전에서 식료품을 비롯한 무기와 탄약 부족으로 항복할 수밖에 없었습니다. 생산력은 부족하지 않았지만, 연합국의 방해로 물건을 만드는 원료가 독일에 공급되지 않았기 때문입니다. (…중략…) 위 일화가 증명하듯이 생산력과 자원 둘 다 갖추어야 하고 군대가 물자 부족에 시달리면 안 됩니다. 일본은 이 두 가지 중 무엇 하나 충분하다고 할 수 없으니 매우 유감입니다. 부족한 것을 채우기 위해서는 어떻게든 과학을 장려해야만 합니다.[24]

총력전체제에서 모든 국력은 전쟁을 위해 동원된다. 그 결과 과학 역시 군사와 강력히 결부되었다. 게다가 이 시기 총력전을 끝까지 밀고 나갈 수 있는 제국 일본의 자원 공급력은 (가상의 적이었던) 미국에 비해 큰 차이가 있었다.

위 기사는 제1차 세계대전기의 독일이 "생산력"(문맥상 공업생산력을 뜻하는 것이라고 생각된다)은 있지만, "자원원료"이 부족했기 때문에 패배했다고 전한다. 덧붙여 당시 일본은 "자원원료"뿐 아니라 "생산력"도 부족하다고 서술하고 있다.

여기서 바로 잡지의 이름이기도 한 '어린이 과학'이 요청된다. 공업생산력과 물자 부족을 인식하면서 비로소 과학을 중시하게 된 것이다. 이러한 논리는 다음 기사에 잘 나타나 있다.

> 완벽한 국방국가로 거듭나기 위해서는, 모든 국민의 과학 지식을 우선 높여야 합니다. (…중략…) 실험관찰을 열심히 하는 것은 과학 공부뿐 아니라 생각하는 힘도 길러주기 때문에, 훌륭한 일본인이 되기 위해, 일본의 과학을 발전시키기 위해, 달리 말하면 일본을 완전한 국방국가로 만들기 위해 반드시 필요합니다.[25]

『어린이 과학』의 이 기사는 실험관찰이 과학 공부로 이어지고 나아가 "국방국가" 건설에 도움이 된다는 것을 강조한다. 또 그것이 "필요"하다고도 말한다. 1절에서 확인했듯이 국민학교 교육은 고노에 내각의 "과학하는 마음"이라는 슬로건 아래 이루어졌다. 어린이들은 어른에 준하는 전쟁 주체이자 '소국민'으로서 군사와 결부된 과학을 배우도록 장려되었다.

나아가 자원 부족을 이유로 과학의 필요성을 강조할 때는 '공부'의 중요성을 누차 이야기했다. 이는 전쟁이 격화될수록 도드라졌다. 전쟁 말기에는 "최근 여러 가지 약품이 부족합니다"[26]라고 하며 "물자 부족"을 언급하는데, 이런 상황에서 공부가 요청된 것이다.

일례로 1944년 2월호에는 "매일의 생활 속에서 공부하는 힘을 발휘해, 전쟁에 도움이 되도록 조금이라도 우리의 힘을 키울 방법을 생각합시다"[27]라는 서술이 있다. 같은 호의 목차 면에 있는 권두언에서도 「승리를 위한 공부의

힘勝抜くための工夫考案の力」이라는 표제가
달렸으며, 기사들은 물자 부족 상황에
서 공부의 중요성을 언급한다.<그림 12>
이외에도 다음과 같은 기사가 있다.

　　적 미국에 이길 때까지, 우리는 가리
　　지 말고 공부해서, 부족한 자원으로도
　　버텨야 합니다. 모형 비행기는 얇은 오
　　동나무로도 만들 수 있습니다. 수레바
　　퀴나 톱니바퀴는 나무로, 구리철사는
　　폐품에서 구하는 식으로 얼마든지 모형
　　공작은 가능할 겁니다.[28]

〈그림 12〉 전쟁 승리를 위해 '공부'를 강조하는 권두언의 제목
(출처 : 『어린이 과학』, 성문당신광사, 1944.2, 목차)

위 글은 종이나 나무, 나아가 "폐품"
까지 사용하여 모형 비행기 등의 공작을 할 수 있다고 설명한다.

소년과 소녀, '소국민'의 과학

　마지막으로 전시 『어린이 과학』에 등장하는 소녀의 모습을 검토하고자 한다.
『어린이 과학』은 우선 소녀들이 과학에 흥미를 갖는 것이 중요하다고 말한
다. 우선, 소녀 독자 투고에 대한 편집부의 반응을 살펴보자. 애초 『어린이 과
학』에는 「실험관찰의 글쓰기」라는 독자의 과학적인 실험·관찰결과를 게재
하는 코너가 있었다. 이 코너는 상당 기간 소년 독자들의 투고로 채워졌지만
1940년대 전반에는 드물게나마 소녀 독자의 투고도 게재되었다.
　일례로 1941년 시마네현島根県 고등여학교의 오타 요시코太田良子가 쓴 「신발

구멍을 막는 방법」을 들 수 있다. 이에 대해 편집자는 "여성이 과학에 흥미를 갖고 연구를 하는 것은 정말 소중하며, 특히 과학을 생활에 접목하는 것은 필요한 일입니다"[29]라고 강평한다. 여기서 소녀가 과학을 공부하는 것을 칭찬하는 가치관을 읽을 수 있다.

또 소녀와 소년을 나란히 기술한 기사도 볼 수 있다.

> 길을 걸을 때도, 집에서 밥을 먹을 때도, 자연스럽게 사물을 과학적으로 보는 소년 소녀들이 늘어난다면 미래 일본의 과학계는 한 단계 진보하겠지요.[30]

여기에서도 "사물을 과학적으로 보는" 것을 강조하는 문맥에서, 과학과 소년·소녀가 연결된다. 다음 기사에서는 소년과 소녀를 모두 '소국민'으로 일원화하여 언급한다.

> "하루라도 빨리 비행기를"이라는 목소리는, 여러분도 잘 아시겠지만, 직접 공장에서 일하는 산업 전사뿐 아니라, 모든 일본인, 어른뿐 아니라 소국민도, 남녀 모두 힘을 합쳐야 합니다.[31]

"어른뿐 아니라 소국민도"라고 한 후, "남녀 모두"라고 하는 점에서 어른 남성과 여성, 소년과 소녀소국민를 모두 '비행기'의 생산 주체로 끌어들이고 있다. 이와 같은 '평등'에 대한 인식은 문자 그대로 '총동원' 체제의 산물이었다. 여기에서 '소국민'이 지향해야 할 것은 전쟁의 승리였다. 또 〈그림 10〉처럼 이 시기의 『어린이 과학』에는 소년과 소녀가 함께 모형 비행기를 날리는 사진도 종종 게재되었다.

나아가 소국민에 대한 다음의 기사도 시사적이다. 이런 기사들은, 소년과 소녀 모두를 포함한 소국민을 '미영*英 격멸'을 위해 동원하고자 했다.

> 이번 전쟁은 소국민도 직접 참가하여 미국과 영국을 격멸할 수 있습니다. 지금
> 이야말로 소국민 여러분이 총궐기하여 천황을 위해 봉사할 때입니다.[32]

위 기사를 앞의 맥락에서 생각해보면 전시 『어린이 과학』에서 소녀가 놓인
위치를 알 수 있다. 『어린이 과학』에서 소녀는 과학을 배우는 주체, 혹은 공작
의 주체이기는 하지만 그들의 고유성은 보이지 않는다. 소녀는 소년과 함께
'소국민'으로 일원화된 것이다.

4. '동원되는 어린이 과학'과 공작 / 수예

동원되는 어린이 과학

총력전체제의 제국 일본은 대동아공영권 확립을 위해 군사력을 보강할 필
요가 있었다. 그러나 그것을 실현하기는 어려웠으며, 특히 물자 부족은 큰 걸
림돌이었다. 따라서 자원과 생산력을 보충하기 위해, 장차 군인이 될 소국민
은 과학 지식을 가지고, 주체적으로 생각하도록 요구받았다. 이러한 논리 속
에서 전시 『어린이 과학』은 과학과 공작을 중요시했다. 이러한 구조를, 이 글
에서 주요한 분석 대상으로 삼았던 『어린이 과학』의 잡지명을 빌려 '동원되는
어린이 과학'이라고 부르고자 한다.

'동원되는 어린이 과학'의 논리는 다음과 같다. 일본은 공업생산력과 자원
이 부족했기 때문에, 이를 보충하기 위해 군사 병기로 연결되는 '과학'이 중시
되었다. 나아가 고노에 내각의 '과학하는 마음'이라는 슬로건 아래, '소국민'

소년들은 어른에 준하는 전쟁 주체로서 군사로 연결되는 과학을 배우도록 장려되었다. 당시 과학과 군사는 소년들에게 오락적인 의미를 가진 '모형' 미디어로 결실을 맺었다. 그리고 전시 『어린이 과학』은 그러한 모형 제작 기사나 공작 기사, 공상 병기를 포함한 군사 관련 기사를 써 내려갔다. 따라서 『어린이 과학』이나 『기계화機械化』기계화국방협회, 1940~1945 등의 잡지가 포착한 전시 소년 문화인 공작은, 바로 '어린이 과학'을 동원하는 장치, 혹은 그러한 동원을 가능하게 하는 미디어 문화였다.

전시 공작과 수예의 매개성

앞서 말했듯이, 『어린이 과학』의 분석을 통해 소년과 소녀는 소국민으로 일원화되면서, 과학지식을 배우는 주체로서 소녀에게도 공작이 장려되었다. 다만 이것은 소년 대상 과학 잡지인 『어린이 과학』에만 해당된다. 이 책 제1부에서 서술했듯, 소녀 문화의 역사적인 계보에서 중요한 것은 오히려 '수예'이다.

야마자키 아키코山崎明子는 전시 여성 대상 잡지 분석을 통해 수예에 관해 다음과 같이 지적했다. 섬유품 통제로 인해 수예 재료는 부족했지만, 그 상황에서 여성들은 가족의 모습을 인형으로 만들어 전장에 보냈다. 그러한 수예는 출정 병사가 잃어버린 '일상'을 메우는 의미가 있었다.[33] 즉 수예를 어떤 종류의 미디어로 파악한다면, 그것을 매개한 것은 '가정에서 전장으로'라는 방향이었다.

수예와 비교했을 때, 소년의 모형 공작은 전장의 병기가 총후의 땅으로 도달한 것이라는 점에서 역방향의 매개성을 보여준다. 즉, 바로 지금 전장에서 활약하고 있(다고 상상되)는 비행기·전차·함선 같은 병기의 모형 공작을 매개한 것은 '전장에서 교실이나 놀이의 장으로'라는 방향이었다. 이것은 소녀·여성적인 수예와는 반대의 벡터였다.

앞에서 보았듯이, 전시 『어린이 과학』은 "어른뿐 아니라 소국민도", "남자도 여자도"라고 병렬화·일원화하여 언급할 뿐, 소녀를 독자적인 주체로 여기지 않았다. 그러나 실제 여성 대상 잡지에는 '가정에서 전장으로'의 매개성이 있는 수예의 모습이 드러난다.

'동원되는 어린이 과학'에서는 어른과 마찬가지로 '싸우는 주체'로 기대되는 '소국민'인 소년들에게, 전장의 이미지를 가진 병기를 모방하는 남성적인 만들기가 전달됐다. 이러한 이미지가 전면화되면서 가정에서 보낸 여성의 만들기는 적어도 전시 소년 문화 속에서는 뒤로 밀려났다.

전시하에서의 '공상'과 전후의 연속성

마지막으로 전시 소년 문화의 상상력에 주목하면서 전후 공작 취미로 이어지는 연속성을 살펴보고자 한다.

현재의 관점에서 보자면 1940년대 『어린이 과학』에는 '과학 잡지'라는 장르에 어울리지 않는 기사가 더러 있다. 예를 들면 「무적 이동 토치카」 1940년 1월호, <그림 13>나 「수중 이동 포탑」 1940년 8월호, <그림 14> 같이 공상 병기 도해를 곁들여 해설한 기사이다. 『어린이 과학』에 많이 등장하는 '과학'적인 기사나 자연과학·공학 지식에 기초한 내용으로 오늘날의 관점으로는 조금 부자연스러울 수 있다.

그러나 다음과 같은 이유를 생각해본다면 이것이 그렇게 부자연스럽지만은 않다. 먼저 동시대 다른 매체와의 미디어믹스를 들 수 있다. 제1절에서 언급했듯이, 1940년부터 기계화국방협회機械化国防協会에서 발행한 잡지 『기계화』는 고마쓰자키 시게루小松崎茂의 그림과 글을 통해 공상 과학 도해를 다수 실었다.[34] 또 『어린이 과학』에 실린 '미래'를 무대로 한 SF 이야기와도 호응했다. 가령 「기원 2700년 견학」 1941년 2월호이라는 기사는 미래로 타임슬립한 소년의 체험을 그린다. 그러나 '기원 2700년'2040의 미래는 '전쟁'이 일상화된 사회라

〈그림 13〉〈무적 이동 토치카〉 공상 병기 도해(출처 : 『어린이 과학』, 성문당신광사, 1940.1, 삽화)

〈그림 14〉〈수중 이동 포탑〉 공상 병기 도해(출처 : 『어린이 과학』, 성문당신광사, 1940.8, 삽화)

怪・百年後の敵

「さん、かくされてゐるのですよ。」
「へえ、さうですかねえ。」
ぼくは、いよ〳〵おどろいてしまひ
ました。

「地底戦車といふものは、そんなに、
おそろしいものですか。」
「それは、おそろしいですよ。なぜと
いつて、地底戦車は、あたまのところ
に、三本の圓錐形の廻轉鑿がついて
ゐるのです。これを大地につきたて、
ごろ〳〵といふ音をたて〳〵、地中へも
ぐつてきます。そして、われ〳〵のた
めに大切な器械をこはしたり、食料庫
をめちや〳〵にしたり、瓦斯斯をふき
こんだり、地雷弾を爆發させたり、な
か〳〵ひどいことをやります。」
「おや〳〵、それは、たいへんですね。」
ぼくは、そのときふと氣がついた
とがありました。
「もし〳〵、さつきのお話では、日本
は、世界の銀長さんになつてゐるとい
ふことでしたが、それは本當でせう
ね。」
「うそはいひません。」
「しかし、今のお話では、この日本を、
空中から飛行戦車のやうなもので攻め
てくる國があるさうですね。すると、
話があはないではありませんか。もは

〈그림 15〉 전쟁이 지속되는 '미래'의 병기가 묘사된 「기원 2700년 견학」(출처 : 『어린이 과학』, 1941.2, 67면)

는 것을 주목해야 한다. 물론 거기에서의 '적'은 미국이나 영국, 중국이 아니라 우주인이다. 그런 점에서 현실이 아닌 허구라고 할 수 있지만, 이러한 SF 소설에서조차 상상력은 전쟁의 영향을 받았다. 더불어 주목할 점은 앞의 도해 기사와 통하기라도 하듯 이야기에 등장하는 '적'이 기계화된 공상 병기라는 것이다.〈그림 15〉

이외에도 『어린이 과학』에는 「로봇 기관총」1940년 7월호이나 「지하격납고」1941년 9월호와 같이 현실에 있을 법한 공상 병기 기사들도 게재되었다. 공상 과학 도해와 이러한 기사들은 '현재 = 전쟁이 지속되는 미래'라는 점에서 통한다. 현재와 미래, 현실과 허구가 기묘하게 혼재된 듯한 전시의 상상력은 전후 밀리터리 취미로 계승되었다.

'과학'과 '군사軍事'라는 굴레[1]

1950년대 항공 잡지로 본 모형 공작

사토 아키노부佐藤彰宜[2]

1. 항공 잡지와 모형 공작의 관계

2010년대 이후 여성 비행기 애호가 '소라미짱空美ちゃん'이나 여성 모형 마니아 '모케조Mokejo'[3]라는 단어가 미디어에 종종 등장했다.[1] 잡지 『비행기 모형 가이드飛行型模型ガイド』[2]는 「모케조의 마음가짐」에 '여성과 비행기 프라모델의 관계'에 대해 모형 마니아 여성 4명의 인터뷰를 게재했다. 여기에는 '프라모델을 만드는 여성을 위한 그룹'인 '모케조'를 결성한 오기노 유카荻野ゆか의 인터뷰도 있다. 그녀는 "모형 업계에서 여성의 지위를 향상시키고자 했습니다"[3]라고 말한다. 프라모델 여성 마니아에 대한 관심은 항공 취미나 모형 공작이 남성 영역의 취미라는 인식이 견고하게 자리 잡고 있음을 반증한다. 서장 「만

---

1) 이 글은 이현희가 번역하였다.

2) 1989년생. 리쓰메이칸대학 대학원 사회학연구과 응용사회학 박사 수료. 문화사회학, 미디어 사 전공으로 저서로는 『'취미'로서의 전쟁─전쟁기록 잡지 『마루』의 문화사(〈趣味〉としての戦争─戦記雑誌『丸』の文化史)』(創元社, 2021) 등이 있다.

3) 프라모델을 좋아하는 5명의 여성이 2009년에 결성한 단체로, 모케조는 일본어 모형(모케(もけい))과 여성(조세(じょせい))을 합성한 단어이다.

들기와 젠더」에서도 언급했듯이 1958년 본격화된 프라모델 유통은 모형 공작의 대중화를 촉진시켰고, 공작은 남성의 전유물이라는 인식을 공고히 했다.

한편 전쟁 시기 『어린이 과학』誠文堂新光社, 1924~의 모형 공작 기사는 교육이나 군사와 연결되어 더욱 두드러졌다. 1950년 한국전쟁 시기 일시적으로 증가한 것을 제외하면, 전후 모형 공작 관련 기사 수는 급격히 감소하였고, 국가나 군사와의 관련성도 퇴색했다.

그렇다고 항공 모형이 사라진 것은 아니었다. 항공 잡지가 그 역할을 대신하면서 모형 공작 기사를 적극적으로 싣기 시작했다.

이 글은 제2차 세계대전 종결부터 '프라모델'이 등장할 때까지 과도기에 해당하는 1950년대 항공 잡지에 주목한다. 이를 통해 사회 구조와 기존 가치관이 흔들렸던 1950년대 어떠한 모형 공작이 모색되었는지, 모형 공작에 어떠한 의미를 부여했는지 알아볼 것이다. 특히 항공 잡지와 모형 공작과 관련 깊은 인물과 항공 잡지에 전개된 모형 공작을 둘러싼 담론, 그중에서도 투고란 등의 독자 커뮤니케이션을 통해 구체적으로 살펴보고자 한다.

선행연구에서 지적했듯이 모형 전문잡지는 1950년대에도 존재했지만,[4] 여기서는 당시 모형 공작의 의미가 잘 담겨 있는 항공 잡지를 중심으로 살펴보고자 한다. 모형 공작을 중심으로 하는 모형 전문잡지와 달리, 항공 관련 전반을 다루는 항공 잡지에서 모형 공작 기사는 반드시 필요한 것이 아니었다. 때문에 항공 잡지 모형 기사에 비판적인 독자도 있었고, 모형을 다루는 것을 비판하는 독자도 있었다. 이러한 비판 때문에 모형 애호가들은 모형 공작의 의미를 적극적으로 내세울 필요가 있었다. 결과적으로 항공 잡지에는 당시 모형 공작의 의미가 잘 담겨질 수 있었다.

특히 1952년 창간된 잡지 『항공팬航空ファン』航空ファン社 → 文林堂과 이 잡지의 초대 편집장인 노자와 다다시野沢正에 주목하고자 한다.<그림 1>

『항공팬』과 『항공정보航空情報』せきれい社, 1951년 창간는 현재에도 간행되고 있는 대표적인 항공 잡지이다. 『항공팬』의 초대 편집장이었던 노자와 다다시는 항공업계에서 저명한 인물로, 전전부터 전후에 걸쳐 여러 항공 잡지의 편집자와 항공 저널리스트로 활약하였다. 이후 오랜 세월 항공 관련 잡지와 서적을 간행한 업적을 인정받아 일본항공협회 '항공 공로상'을 수상하였다.[5] 한편 노자와 다다시는 일본 최초 프라모델 전문지인 『모델아트モデルアート』모델

〈그림 1〉 노자와 다다시
(출처 : 『풍천뉴스(風°天ニュース)』,
航空ジャーナリズム協会, 2001.11.20, 1면)

アート社, 1966년 창간의 초대 편집장도 역임하는 등 모형 문화와도 관련이 깊다.

이상과 같이 전시기부터 전후에 걸쳐 여러 잡지의 편집을 담당하였고, 모형 공작부터 항공 취미까지 널리 영향을 미친 노자와 다다시와 그가 관여한 잡지에 주목함으로써 1950년대의 모형 공작과 그 의미를 밝히고자 한다.

2. 항공 잡지 편집자 노자와 다다시
전시체제 전후 모형 비행기와 잡지

동경의 대상이 된 『어린이 과학』과 성문당신광사

1916년생인 노자와 다다시는 유년 시절부터 비행기에 매료되어 모형 공작을 만들거나 설계도를 그리는 것에 열중했다. '소년기사'임을 자청했던 노자와 다다시가 비행기 설계도를 그리거나 모형을 공작하는 데 중요한 길잡이로 삼은 것이 『어린이 과학』이다.[6]

당시 『어린이 과학』 권두 사진에는 이고伊号 잠수함, 1만 톤 순양함, 특급 C51형 증기 기관차, EF형 전기기관차 등이 실렸다. 나는 이 사진을 오려서 소중히 간직했다. 모형 제작용 청사진 설계도에도 소년기사技師인 내가 만족할 만한 정보가 가득했다. (…중략…) 『어린이 과학』과 『과학화보』로 접한 하라다 미쓰오原田三夫, 미야자토 요시야스宮里良保, 야마키타 도이치로山北藤一郎, 혼마 기요토本間清人, 사사키 민부佐々木民部 등의 선생님은 나의 모형 공작기술 스승이었고, 성문당신광사 편집부는 동경의 대상이었다.[7]

노자와 다다시는 "교통수단의 메커니즘을 보여주는 그림에 흥미를 느끼고 이를 모방해서 많은 그림을 그렸다"고 말한다.

〈그림 2〉『일본이과소년』
(출처 : 『일본이과소년』, 誠文堂新光社, 1941.9)

그는 항공 잡지 『하늘空』工人社, 1934~1942의 독자투고란 「설계가의 꿈」 등에 설계도를 투고하였고, 1935년부터 이 잡지의 편집을 돕게 된다.[8]

이후 노자와 다다시는 '동경의 대상'이던 성문당신광사에 입사하여 1941년 『어린이 과학』의 자매지인 '과학 모형 공작 잡지' 『일본이과소년日本理科少年』誠文堂新光社, 1941~1942의 편집 담당이 된다.<그림 2> 노자와 다다시는 '모형 비행기 업계의 발전을 이끈 전문가 좌담회'1941년 9월호의 사회를 맡는 등, 모형 항공기 관련 기사를 담당했다.

제7장에서도 언급했듯이 당시 모형 공작은 문부성의 '모형 항공 교육'의 하나로, '항공지식의 보급, 국방훈련의 일환'으로 자리매김하였다. 일반적으로 제2차 세계대전을 '거함거포주의大艦巨砲主義'[4]가 주를 이룬 전쟁으로 회상하지만, 이치노세 도시야一ノ瀬俊也는 총력전 체제의 일본은 오히려 '비행기 전쟁'이라는 항공 사상이 국민 사이에 퍼져 있었다고 말한다.[9] 이런 상황 속에서 학교는 "종합적인 과학교육에 적합한 교재"[10]로 모형 비행기 공작을 채택했다. 패전 후 『항공팬』은 당시 상황을 다음과 같이 회상한다.

> 태평양전쟁 중 당시 국책이었던 '과학하는 마음'에서 '항공 일본'이라는 기치를 내걸었고, 그로부터 모형 비행기가 대유행했고, 소학교 3, 4학년부터는 모형 비행기를 제작하게 되었습니다. 또 매년 9월 20일 항공의 날에는 전국 모형 비행기 대회를 개최했습니다.[11]

---

4) 거함거포주의(巨艦巨砲主義) 혹은 대함거포주의(大艦巨砲主義)는 1906년, 영국 해군의 전함 드레드노트(dreadnought : 거포만 싣는 노급 전함)가 등장하면서부터 세계 모든 나라 해군의 군함 건조 지침이 된 내용으로, 해전에서는 거포와 중장갑을 갖춘 거대한 전함이 해군력의 중심이라고 여기는 사고방식을 말한다.

전시체제와 항공 모형이 서로 맞물리는 시대적 상황 속에서 노자와 다다시는 잡지 편집자로 일했다.

모형 공작에서 전쟁터로

노자와 다다시는 태평양전쟁 발발 직후인 1942년 1월 성문당신광사에서 새롭게 창간한『항공소년航空少年』1942~1945, <그림 3>의 편집 주임을 맡는다. 이 잡지는『어린이 과학』,『과학화보』,『무선과 실험無線と實驗』과 함께 성문당신광사의 '4대 과학 잡지' 중 하나이다.[12] 성문당

<그림 3>『항공소년』
(출처 :『항공소년』, 誠文堂新光社, 1943.11)

신광사 사장 오가와 기쿠마쓰小川菊松는, 이들 잡지를 "시대의 요구에 부응"해 육군 항공본부의 지도를 받는 국책잡지였다고 말한다.[13] 노자와 다다시 자신도 당시 상황에 대해서 "드디어 내가 나설 때가 되었다는 느낌이 들었다"[14]고 회상했다.

잡지『항공소년』지면의 전반부는 군 관계자가 전투기 등의 메커니즘을 해설한 코너, 화보, 연재소설 등이 차지하고, 후반부는 "모형 제작"으로 구성되었다.『어린이 과학』과『항공팬』의 지면 구성도 마찬가지였다.

『항공소년』은『어린이 과학』등의 성문당신광사가 간행한 잡지들과의 공동주최, 문부성이나 육·해군의 후원으로 모형 공작 전람회를 개최한다.『항공소년』은 모형과 전시체제에 동원된 '모형 항공 교육'을 연동하면서 지면의 한계를 넘어서는 모형 이벤트를 진행했다.

『항공소년』은 모형에 대한 관심과 소년 지원병이 연결된 것처럼 제시했다.

〈그림 4〉 모형 공작에서 소년 비행병으로 연결
(출처 : 왼쪽은 「자, 우리도 드넓은 결전의 창공으로 나아가자!!」, 『항공소년』, 誠文堂新光社, 1943.9, 5면, 오른쪽은 「항공소년 주최 제1
회 창공 결전 소년대회」, 『항공소년』, 誠文堂新光社, 1944.10, 6~7면)

「자, 우리도 드넓은 결전의 창공으로 나아가자!!」[1943년 9월호]에서는 모형을 좋
아했던 한 소년이 국민학교, 육군 소년 비행학교 졸업 후, 부대에 배속되었고,
이윽고 전장을 향해 날아가는 모습을 다음과 같은 캡쳐에 사진을 넣어 소개
한다.〈그림 4〉

우리는 열심히 공부했다. 착실하게 몸을 단련했다. 항상 모형 비행기를 열심히
탐구했다. (…중략…) 그리고 푸르고 드넓은 하늘을 끊임없이 동경했다. 아버지와
형이 싸우는 대륙의, 남태평양의 결전지 하늘을 꿈꾸었다![15]

『항공소년』 주최 〈창공 결전 소년대회〉는 모형 공작에서 소년 비행병 지
원으로 이어지는 이벤트였다. 잡지에 상세히 보도된 제2회 대회는 1944년 9
월 도쿄 구단시타九段下의 군인회관에서 개최되었고 육·해군 소년 비행병 지
원자를 모집했다. 대회에서는 오가와 기쿠마쓰 등의 '격려사', 지원자 대표의
'결의표명', 육군 항공본부 모리 마사미쓰森正光 중좌의 '말씀' 이후 "지원자 일
동은 기필코 소년 비행병이 되어 영·미를 격퇴시키자!"고 굳은 결의의 선서[16]

를 했다.

전시체제에서 모형 공작은 『어린이 과학』의 자매지인 『항공소년』을 매개로 소년 비행병 지원의 첫걸음으로 자리매김했다. 국가의 지원을 받은 『항공소년』은 1945년 전쟁 말기까지 간행되었다.

모형 공작과 '과학'의 접근

패전 후, 노자와 다다시는 성문당신광사를 떠나 요코타橫田 기지 앞에서 미군을 상대로 '페인터'를 개업한다. 그는 페인터에 대해 "비행기 동체나 항공병 가방, 후지산이나 부대 마크, 또는 비행기나 나체의 미인을 그려 넣은 상품을 판매"[17]하는 곳이라고 설명한다.

점령기에는 GHQ연합국최고사령부의 '항공금지령'으로 모든 항공 관련 사업이 금지되었다. 아사미 가즈오浅海一男에 따르면, 실제 '항공금지령' 대상에는 모형 비행기가 포함되지 않았지만, 당시 신문에서 '모형 비행기도 금지'라고 보도하는 바람에 많은 모형 관련 가게가 문을 닫고 전업했다고 한다.[18]

모형 비행기 금지 보도가 오보라는 사실이 알려지자, 노자와는 성문당신광사 시절 선배였던 시노하라 마사유키篠原雅之의 권유로 '도해 공작 잡지'로 불리는 『라디오와 모형ラジオと模型』少年文化社, 1946~1949, <그림 5>의 편집장으로 잡지 관련 일을 다

〈그림 5〉 『라디오와 모형』
(출처 : 『라디오와 모형』, 少年文化社, 1949.2)

시 시작한다.[19]

『라디오와 모형』은 '매호 라디오·전기 공작 기사를 주로 게재하였으며, 기관차·자동차·비행기 외 다양한 모형 공작에 관한 기사·도해·사진 등을 가득'[20] 실었다. 이 잡지는 '과학 공작'을 주제로 라디오 만들기부터 모형 자동차, 모형 전차까지 다양한 대상을 취급했다. 미조지리 신야溝尻真也가 지적하듯이 패전 직후 이 시기까지 '과학'이라는 틀 아래 모형 공작과 라디오 만들기가 같은 레벨로 취급되었던 것이다.[21]

노자와 다다시가 『라디오와 모형』의 편집에 관여하게 되자, '의욕적으로 비행기를 많이 다루'[22]었다. 실제로 『로켓ロケット』으로 잡지명도 변경했고, 증간하여 『모형 항공기호模型航空機号』도 간행하는 등 항공기와 모형은 잡지의 중심이 되었다. 그렇다고 '과학'의 색채가 사라진 것은 아니었다. 소년 문화사는 이와 동시에 『소년소녀 과학 잡지-움직이는 실험실少年少女の科学雑誌-動く実験室』1946~1950을 창간했다.

그러나 "군용비행기에 지면을 할애한 이후, 판매량이 늘자마자 군용기를 다루지 말라는 민간정보교육국CIE의 지상명령이 떨어진다. 결국, 자매지인 『움직이는 실험실』도 매출이 떨어지면서 폐간"[23]된다.

군용기를 둘러싼 갈등

전시기 항공 잡지 『하늘』을 운영하던 하기와라 시로萩原四郎는 1951년 『세계의 항공기世界の航空機』風文書林, 1951~1957를 창간한다. 노자와 다다시는 이 잡지의 편집장을 맡는다. 『세계의 항공기』는 자칭 '전후 최초의 항공 잡지'였지만 이 잡지의 창간호1951는 '항공금지령'이 해제되고 '일본 민간항공 재개 기념'으로 출판되어, '통신과학진흥협회가 감수'한 『라디오와 실험』 임시증간호'로 여겨졌다. 이런 점에서 '전후 최초의 항공 잡지'인 『세계의 항공기』는 항공이나 모형 공작을 라디오나 통신과 같은 수준으로 취급하는 '과학'이라는 맥락 아래 창간됐다.

창간호 편집후기에는 잡지 발행이 "전후 수년간 우량한 항공 관련 도서를 갈망하던 전국 수만의 팬에게 큰 즐거움과 기쁨을 주었고, 모형 팬에게는 둘도 없는 벗이 될 것이라고 확신했다"[24]고 쓰였다. 많은 사진과 호리코시 지로 堀越二郎 등 항공기술자의 해설 기사가 연재되었고, 독자란에는 모형 공작에 관한 질의응답, '일본 공군의 재건' 문제에 관해 논했다. 특히 흥미로운 것은 군용기에 대한 항공 팬의 복잡한 심정이다.

과거 군용기가 군사 목적으로 사용된 것에 대해서는 지탄받아 마땅합니다. 그런데도 우수한 군용기의 기체를 보고 여전히 멋있다고 생각하는 것은, 비행기에 부여된 전쟁이라는 목적 때문이 아닙니다. 인간이 기량을 발휘하여 기술적인 문제를 해결해 낸 위대한 표현물이기 때문입니다. 저는 군용기의 기능보다는 형태에 더욱 흥미를 느낍니다. 군용기가 대단하다고 느낄 때는 예를 들어 군용기의 목적에 걸맞은 위협적인 형태가 아니라, 어디까지나 과학기술 원리가 만들어 낸 아름다움이나 외견상 진귀함을 볼 때입니다.[25]

이처럼 군용기를 차가운 눈초리로 바라볼 수밖에 없는 시대적 상황 속에서 『세계의 항공기』 독자들은 군용기가 본래 전쟁 목적이라는 사실을 인정하면서도 군용기에 대한 관심을 '과학기술의 성과'로 표현할 수밖에 없었다.

『세계의 항공기』는 1957년 12월호까지 간행이 확인되지만, 노자와 다다시의 이름은 1952년 10월호를 끝으로 등장하지 않는다. 1952년 11월 『항공팬』 창간 시기, 노자와 다다시는 『세계의 항공기』를 떠났을 것으로 추측된다.

지금까지 전전부터 패전 직후에 걸쳐 노자와 다다시가 관여했던 잡지를 살펴보았다. 그러나 『어린이 과학』을 제외하면 대부분의 잡지는 수명이 짧았고, 출판 역사에서도 언급되지 않는다. 그러나 이 시기 『어린이 과학』을 비롯한 성문당신광사에서 파생된 과학 잡지 문화가 확산되었고, 전시기의 『어린이 과학』을 중심으로 한 과학 잡지 문화는 전후 항공 잡지와 모형 공작이 이어나갔다.

3. 항공 잡지가 권하는 모형 제작

비행기 모형을 주로 다룬 항공 잡지

노자와 다다시가 초대 편집장을 지낸 『항공팬』은 1952년 11월 창간되었다.^{<그림 6>} 바로 전해인 1951년에 창간된 『항공정보』, 『세계의 항공기』 등 같은 부류의 잡지들 가운데 『항공팬』은 "일본에서 유일하게 비행기 모형을 본격적으로 다룬 잡지"[26]였다고 그는 말한다. 그리고 실제로 "당시 젊은 항공 마니아들은 『세계의 항공기』가 사진 중심이라면, 『항공정보』는 기사, 『항공팬』은 실제 비행기와 그 모형이 중심이었다"[27]고 회상한다.

『항공팬』의 전신은 '모형 비행기 전문잡지'였던 『모델에어플레인』^{モデル·エアプレーン社, 1950년 창간}[28]과 이를 개명한 『모델팬』^{モデル·エアプレーン社, 1952년 통호 제2호까지 간행}으로 이 잡지는 처음부터 모형 비행기와 관련이 깊었다.[29]

『항공팬』 뒷부분에는 「모형」 코너가 상설되어 '○○○ 만드는 법'이나 '○○○ 설계도'라는 공작 기사가 실렸다.^{<그림 7>}[30]

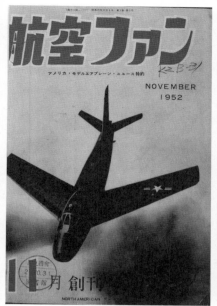

〈그림 6〉『항공팬』
(출처 :『항공팬』, 航空ファン社, 1952.11)

航空ファン３月號（第2巻・第3号）目 次

[表 紙] ベル 47D-1 ヘリコプター（アメリカ）
[裏表紙] ヴォート F7U-1 "カトラス" 艦上攻撃機（アメリカ）
[折込表] ダグラス D-558-2 "スカイロケット" 解剖図……小川利彦・画…
[折込裏] "女王蜂"（クイーン・ビー）フリー・エンジン機設計図…飯岡建太郎…
[アート頁] 世界新鋭機グラフ・第二次大戰の未発表寫眞（3）

★ライトニング物語……深井義夫……(22)
★超音速特攻機……安田英夫……(26)
★ジエツト輸送機（上）……岸本哲……(28)
★戰略爆撃機比較図表……深井義夫……(30)
★航空ファンのアチーヴメントテスト……T. S N.……(32)
★オースター・デー……碧麗生……(34)
★超音速と三日月翼……本村清……(35)
★航空ニュース（海外・國内）……編集部……(36)
★思い出のアルバム・初期の單葉機……大塚実……(45)
★飛行機識別テスト（73~105）……編集部……(48)
★世界飛行機寫眞三面図集（26~36）……野澤正・編……(50)

模型の頁

★模型グラフ（第3回）……(61)
★リピッシュのデルタ翼機……渡邊敏久・譯……(40)
◆第一回099Uコントロール・コンテスト報告……島谷治郎……(65)
◆ゴム動力デルタ翼機の作り方……渡邊敏久……(66)
◆エンテ型ライトプレーンの作り方……富士宮和夫……(68)
◆"女王蜂"（クイーン・ビー）フリー・エンジン機……飯岡建太郎……(70)
◆ソ連の模型グライダー三面図集……編集部……(72)
◆超音クラブ（読者の談話室）……(74)
[特別附錄] アルテア号Uコントロール原寸大設計図…島谷治郎

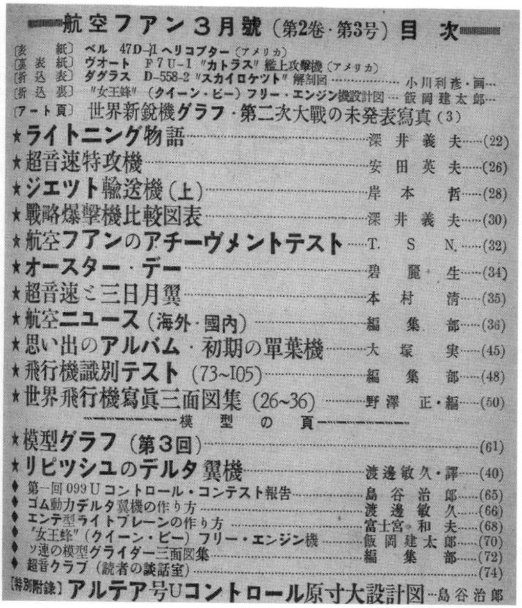

〈그림 7〉『항공팬』 차례
(출처 :『항공팬』, 航空ファン社, 1953.3)

'날지 않는 모형'

1953년 노자와 다다시는 『솔리드 모델 만드는 법ソリッド・モデルの作り方』[31]을 간행한다. 노자와는 점령기 미군이 들여온 'U 컨트롤 모형기'5)에 대비해 '솔리드 모델' 만들기를 주장했다. 이전부터 일본 모형 비행기는 '하늘을 나는' 것이 전제였고, U 컨트롤 모형기 또한 '하늘을 나는' 모형 비행기의 새로운 형태였다. 그는 '하늘을 나는' 전제에서 벗어난 솔리드 모델로 '날지 않는 비행기 모형'이라는 가능성을 모색했다.[32]

그러나 하늘을 날기 위해 중량, 착륙장치 위치, 재료의 강도, 공작의 정밀도 등 실물과 같은 축적으로 모형 비행기를 만들어 내는 것은 매우 어려운 기술이며, 비행 중 사고로 파손될 가능성도 큽니다. 따라서 정밀한 축적과 완벽한 비행을 양립

---

5) 미국에서 고안된 유선 조종 모형기, 즉 줄을 사용하여 조종하는 모형 비행기를 말하며, 와이어 컨트롤(wire control) 기, 또는 라인 컨트롤(line control) 기로 부른다.

시키기는 어려웠기 때문에 과감히 비행을 단념하고 외관은 실물과 똑같이 만들어 완성도를 높이고자 했습니다. 그래서 파손의 위험을 줄이고 오랜 기간 보관을 위해 중량에 구애받지 않는 솔리드 모델이 등장하게 된 것입니다.[33]

노자와는 '하늘을 나는' 기능을 중시한 U 컨트롤 모형기에서 '비행'을 단념하는 대신 외견에 집중한 솔리드 모델로의 전환을 권장한 것이다. 앞서 전후 모형 취미가 실용적인 기능에서 디자인적인 형태로 전환되었다는 점은 선행 연구에서도 지적한 바 있다.[34] 이 점에서 노자와 다다시는 실로 선구자라 할 수 있다. 디자인을 더 중시했던 솔리드 모델은 이후 플라스틱 모델 즉 '프라모델'이 널리 보급되는 토대가 되었다.

〈그림 8〉 노자와 다다시, 『솔리드 모델 만드는 법』(『모델 라이브러리(モデルファンラウブラリ)』 제1권, 판란우브 라리刊行会, 1953, 광고
(출처: 『항공팬』, 航空ファン社, 1953.5, 64면)

그러나 솔리드 모델에서 프라모델로의 전개는 간단하지 않았다. 외관을 중요시하는 솔리드 모델은 '날기' 위해 필요한 "중량, 착륙장치 위치, 재료의 강도, 공작의 정밀도" 등 지식이나 기능으로 연상되는 과학적 측면을 완전히 제거한 듯이 보였지만 꼭 그런 것만은 아니었다.

노자와 다다시는 솔리드 모델을 만드는 것이야말로 "비행기 형태나 특징을 더욱 잘 이해"[35]하는 것이라고 말한다. 나아가 특히 미국에서는 솔리드 모델로 '청소년'뿐만 아니라 '성인 팬'이 증가했고, "공예품으로서 가치도 높아졌습니다"라고 소개했다. 이와 함께 "우리도 솔리드 모델을 많이 만들어서 비행기 형태를 연구하고, 공작을 익히고, 일반에 항공지식을 보급하기 위해 힘씁시다"[36]라고 말했다.

미국 상황을 참조하면서 항공 모형 공작에 '하늘 날기'만이 아니라, 감상을 강조하는 미적 가치관을 도입하여, '비행기 형태'를 통해 '항공지식'을 습득하는 '과학성'을 주장한 것이다.<그림 8>

이와 동시에 노자와 다다시는 '비행기 형태'를 고집하는 솔리드 모델을 만드는 과정에서 '자료 수집'을 중시했다. "예전부터 비행기 마니아와 항공 잡지는 깊은 인연이 있다. 항공 잡지에는 신형 비행기 사진이나 도면이 실려 있었고",[37] 이는 모형 공작 측면에서 "솔리드 모델 제작 의욕을 불러일으켰다".[38]

실제로 당시 항공 잡지를 계기로 모형 만들기에 뛰어든 『항공팬』 독자도 있었다.

나는 모형 마니아이지만, 잡지 『항공팬』이 나오기 전까지 참고할 책이 없었다. 전에는 『로켓』, 대중 과학으로 『모형 비행기 만드는 법』, 『소년공작』, 『어린이 과학』 등이 있었고, 항공과 관련해서는 『항공정보』, 『세계의 항공기』 등이 있었다. 『항공팬』은 항공 관련 기사와 모형을 다루어서 정말 좋았다. 스케일 모델을 만들 때, 다양한 사진이 실린 덕분에 제대로 만들 수 있었다.

항공 모형 공작은, 만드는 법을 알려주는 공작 기사뿐만 아니라 비행기 사진이나 도면을 상세히 수록한 항공 잡지 덕분에 발전했다. 이런 점에서 솔리드 모델이 제안된 1950년대 이후 특히 항공 잡지라는 미디어를 통해 항공 모형 마니아의 모형 공작이 촉진되었다고 볼 수 있다.

'라디오 공작'과 '모형 공작'의 전문적 분화

『항공팬』은 '날지 않는' 모형인 솔리드 모델만 다룬 것은 아니었다. U 컨트롤 모형기에 관한 내용도 상세하게 전달하는 등 기존의 '하늘을 나는 모형'에 관해서도 다루었다.

라디오 컨트롤 비행기[6]는 '하늘을 나는 모형'의 최신판으로 등장하였다. 1955년 4월호 「모형 라디오·컨트롤·노트」에서 시험작품을 소개한 이후, 라디오 컨트롤 비행기를 다루는 기사를 게재했다.

라디오 컨트롤 비행기의 등장을 통해 전후 '라디오와 모형'의 새로운 관계성을 살펴볼 수 있다. 1947년 '전파법' 개정으로, 모형용 라디오 컨트롤 전파를 인허가 없이 자유롭게 취급할 수 있게 되었다.[39] 전쟁 이전부터 라디오 '공작'과 모형 '공작'의 관계는 밀접했다. 그러나 일반 모형 마니아의 투고 기사 「라디오 컨트롤 비행기 테스트 기록」[1955년 11월호]을 보면 이전과는 다른 상황이 전개된다. "최근 일본에서 우수한 발신기, 수신기, 이스케이프먼트escapement[7]가 저렴하게 생산되어 팔리면서, 손쉽게 라디오 컨트롤을 즐길 수 있는 시대"[40]가 되었음을 기뻐하는 한편 다음과 같이 조언한다.

단파 발신기를 만드는 기술은 베테랑이 아니면 어렵다고 합니다. 배선도가 단순해서 쉽게 생각하고 도전하면 바로 실패할 겁니다. 여러분은 단순하고 부품 수도 적은 배선도를 보고 라디오 컨트롤이 비싸니 싸고 손쉽게 만들어보겠다고 간다神田의 라디오 거리에서 부품들을 사 모아서 만들겠다는 야심은 부리지 않는 것이 좋습니다. 떡은 떡집에서라는 말처럼 전문가에게 맡겨야 합니다. 단파 기기는 설

---

6) 모터와 배터리 힘으로 움직이고 전파를 이용하여 조정할 수 있는 무선 모형 비행기를 말하며, RC 비행기로도 불린다.
7) 비행기의 동력을 전달하는 장치이다.

비가 없으면 만들 수 없으니 완제품을 사는 것을 추천합니다.[41]

라디오 컨트롤 비행기를 만들기 위해 이전의 라디오 공작을 배우자는 방향 대신 부품의 상품화가 진행되면서부터 '완성된 부품을 사자'는 선택지가 부상한 것이다. 이 기사만으로 일반화할 수는 없지만, '떡은 떡집에서'라고 라디오 공작과 모형 공작이 전문적으로 분화하여 '과학'의 측면에서 동급으로 취급되던 시대는 지나버렸다. 그 후, 1957년부터는 잡지 대리점에서도 '라디오 컨트롤 비행기'가 취급되었다. 1959년 8월호부터는 「초보를 위한 라디오 컨트롤 모형기」 연재가 시작된다. 미조지리 신야가 지적하듯이 라디오 공작에서는 진공관 라디오에서 고성능 소형 트랜지스터 라디오가 보급되고 "굳이 직접 만들 정도의 부품은 아니"[42]라는 인식이 커지는 가운데, 라디오 공작과 모형 공작의 연결은 희미해졌다.

실물과 모형의 관계

잡지 『항공팬』의 특징은 모형을 주로 다루는 것이었는데, 정작 독자란에서는 '모형' 기사 비중을 둘러싼 논쟁이 일어났다. 그 발단은 1953년 3월호 독자란 「초음클럽超音クラブ」에서 '모형 관련 페이지가 너무 많다'[43]는 투고가 게재되면서부터이다. 또 같은 독자로부터 같은 해 5월호 "잡지 제목을 '모형팬'이라고 바꿔야 할 정도다"[44]라는 비판이 실린다. 이후 다른 독자들도 비슷한 목소리를 내기 시작했다. 그러나 이에 대해 반론한 독자도 있었다.

모형도 훌륭한 항공기가 아닌가. 모형이라고 해서 급이 떨어지는 것은 아니다. 오늘날 모형이 내일의 실물이 되지 않으리라는 법은 없다. 항공지식을 넓히기 위해서는 모형의 힘을 빌려야 더욱 이해하기 쉽고 외우기 쉽다.[45]

이처럼 모형을 긍정하는 목소리도 다수 게재되었다.[46] 그러나 항공 잡지의 모형을 둘러싼 논쟁은 차차 실물과 모형 간의 관계를 둘러싼 논쟁으로 전개되었다.

> 오늘의 모형은 내일의 실물이며, 오늘의 실물은 내일의 모형이 될 수 있다는 점을 잊어서는 안 됩니다. (…중략…) 실물 기사와 모형 기사의 비중을 맞춰야 합니다. 실물과 모형의 밀접한 관계는 과학 전반을 향상시키는 토대라고 생각합니다.[47]

모형을 긍정적으로 보는 독자는 항공 잡지에서 실물과 모형의 관련성을 강조했다.[48] 여기서 흥미로운 점은, 이를 찬성하는 사람들이 항공 잡지에서 모형 관련 기사를 정당화하기 위해 전쟁 이전부터 있었던 모형의 '과학'적 측면을 강조한 것이다. 이는 모형 공작이 '취미'로 자리잡지 못했다는 사실을 드러낸다.

모형 공작에 '과학'적 측면을 강조한 항공 잡지는 '군사'와도 결합했다. 당시 미군 점령기에 나타나는 재군비라는 역코스[8]의 흐름은 미군 점령 종결 이후에도 계속되어, 일본은 경찰예비대에서 보안대로 그리고 자위대로 조직이 재편되었다. 이러한 상황 속에서 『항공팬』은 자위관 모집 광고를 게재한다. 방위청의 「항공 자위관간부·하사관 모집」1955년 9월호 공고에서 '간부', '조종 간부 요원 하사관', '기술 하사관' 등의 채용 예정 인원이나 구체적인 응모 방법에 대한 안내<그림 9>가 독자란 한편에 실렸다.[49]

물론 이들 광고를 본 독자들이 전부 지원한 것은 아니다. 항공 잡지 독자 모두가 '재군비'를 찬성하는 것 또한 아니다. 독자나 편집자 역시 조종사가 되는 방법 정도로 인식했다. 그렇지만 적어도 지면상 모형 공작과 항공 지식은 군

---

8) 제2차 세계대전 이후 점령하 일본에서 이루어진 민주화 정책에 역행하는 GHQ(총사령부) 및 일본 정부의 개혁 시정 정책, 복고풍의 사회 풍속을 가리키는 말이다.

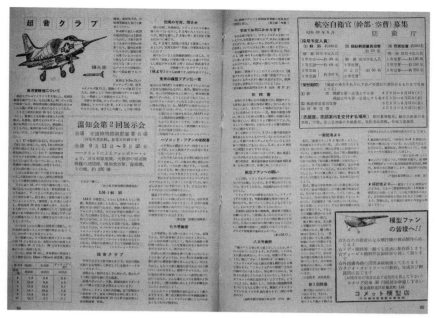

〈그림 9〉독자란에 게재된 항공 자위관 모집공고
(출처 : 「초음클럽」, 『항공팬』, 文林堂, 1955.9, 94~95면)

대의 지원과 관련지어졌다. 결국 전시체제 아래 '항공 모형 교육'은 '과학'과
'군사'의 결합으로, 전후에도 형태를 달리하여 지속된 것이다.

4. 전쟁 수기 열풍

구 일본 군용기와 공중전 기록

항공 잡지에서 과학과 군사가 결합한 배경에는 1950년대 전쟁기록, 수기
열풍도 있었다. GHQ 점령이 끝나자 그동안의 검열에 대한 반동으로 전쟁 체
험을 다룬 서적이나 잡지가 다수 간행되면서 크게 주목받았다.[50]

『항공팬』은 한국전쟁과 냉전을 다룬 기사 「특집화보 한국 전선의 미군기」
1953년 8월호 등에서 미국과 소련의 최신 비행기를 소개했다. 또한 「제2차 세계

대전 미발표 사진」^{1952년 11월호~}, 「제2차 세계대전 일본 군용기집」^{1953년 5월호~} 등
의 기사는 많은 구 일본 군용기 사진이나 도면도를 게재한다. 그러자 독자란
에서 다음과 같은 목소리가 등장했다.

솔리드 모델 마니아들은 제2차 세계대전 시기의 항공기가 가장 매력적으로 다
가옵니다. 최신 음속기는 너무 유선형이라 그런지 그다지 흥미가 생기지 않아요.[51]

'군에 복무하셨던 분들의 항공 관련 좌담회가 열리길 바랍니다'[52]라는 독자
의 목소리에 답하듯이, 『항공팬』은 1956년부터 전쟁에 참여한 조종사가 쓴
「공중전 수기空戰手記」를 게재한다. 최초의 공중전 수기는 미나미야마 히엔南山
飛燕(필명)의 「공중전 수기, 아침 해는 지지 않는다」로 1956년 2월호부터 1957

년 2월호까지 13회에 걸쳐 연재되었
다. 이 '전쟁 수기'는 육군 조종사가
육군 비행학교를 졸업하고 육군항공
대에서 전투기 '히엔' 등에 탑승하여
활약하는 내용을 담고 있다.

나아가 이 연재는 특별 임시증간호
『히엔飛燕』^{1957, 〈그림 10〉}의 간행으로 이어
졌다. 미나미야마는 "이번 『항공팬』
에서 『히엔』이라는 증간호가 발간됩
니다. 증간호에서는 히엔을 기술적으
로 세세히 분석한다고 합니다. 이를
열심히 읽어보시고 제가 쓴 「아침 해
는 지지 않는다」의 재수록 편인 「히

〈그림 10〉 특별임시증간호 「히엔」 광고
(출처 : 『항공팬』, 文林堂, 1957.3, 63면)

엔 공중전 기록飛燕空戰錄」을 보신다면 한층 더 재미를 느끼실 겁니다"[53] 라고
기술하는 등 공중전 수기와 '기술적' 기사를 함께 읽기를 추천했다.

전쟁 수기의 전면화

GHQ 점령 종결 이후 전쟁 수기 열풍 속에서 특히 주목을 받은 것은 제로
센零戰[9]이었다. 『항공팬』 광고란에 구 일본군 관련 서적이 많이 소개되었는데
그중에서 호리코시 지로堀越二郎, 오쿠미야 마사타케奧宮正式의 『제로센零戰』[54]은
상징적인 작품이었다.

> 경이롭다고 전 세계가 주목하였고 일본 최고의 과학 기술력을 집약한 최우수
> 전투기 제로센은 일본 항공 역사상 가장 큰 자부심인 동시에 전쟁 말기 비극의 상
> 징이기도 했다. 비행기 전력이 승패를 결정했다고 역사가 말하는 오늘날, 당시 일
> 본에서 제로센의 출현은 기적과 같은 성과인가, 아니면 과학 일본의 냉엄한 소산
> 물인가. 일본 항공계 최고의 보물로 불리는 호리코시 지로와 오쿠미야 마사타케가
> 기술과 실전 양면에 걸쳐 그려낸 최고 권위를 자랑하는 도서.[55]

저자 중 한 명인 호리코시 지로는 제로센의 설계자로 애니메이션 영화 〈바
람이 분다風立ちぬ〉감독 : 미야자키 하야오(宮崎駿), 2013에도 등장하는 유명한 인물이다.
'일본 과학기술의 상징'이자 '전쟁에 농락당한 비극의 비행기'라는 제로센 이
야기는 위의 소개글에서도 엿볼 수 있다.[56]

여기서 이 책을 간행한 일본출판협동日本出版協同에 주목하고자 한다. 일본출
판협동은 『일본출판연감日本出版年鑑』 등의 출판자료를 간행하는 한편, 위의 책

---

9)   일본 제국 해군 항공대의 경량급 전투기를 말하며, 0식 함상전투기(零式艦上戰鬪機 /Mitsub-
      ishi A6M Zero) 또는 이를 줄여서 영전(零戰 레이센/제로센), 제로전투기나 제로기로 불린다.

과 같은 구 일본군 관련서나『구름이 흘러가는 끝에서雲ながるる果てに』[57] 등의 유고집도 간행한다. 노자와 다다시도 이 출판사를 통해 간행된『사진으로 본 항공 50년사写真で見る航空50年史』[58]에 참여했다. 그 후 1950년대 후반 노자와는 일본출판협동의 후속사인 출판협동사出版協同社로 옮겨서『일본항공기 전집日本航空機総集』[59] 등의 편집을 담당한다. 이처럼 출판협동사는 노자와 다다시나『항공팬』과 깊은 관련이 있었다.[60]

노자와 다다시는 1959년 10월호를 마지막으로『항공팬』편집을 그만둔 후『일본항공기 전집日本航空機総集』의 편찬을 필생의 업으로 삼았다. 1960년대부터는 전쟁 수기 잡지인『마루丸』潮書房, 현 潮書房光人新社의 단골 논객이 되었고, 일정 기간 동안 편집에도 참여했다. 덧붙여 당시 독자란에서 '과학과 취미를 일치시키기 위해' 제로센이나 다이와大和 전함의 모형을 만든다는 독자의 목소리[61]도 찾아볼 수 있다. 이후 노자와 다다시는 1966년 일본출판협동의 일본 최초 프라모델 전문지인『모델아트モデルアート』의 초대 편집장으로 취임한다.[62]

1960년대가 되자『항공팬』은 구 일본군 전투기 관련 특집 기사를 더욱 많이 실었다. 구체적으로 1960년 1월호 특집「추억의 제로센」이나, 1962년 4월호부터 게재된「연재 전쟁 수기 − 내 사랑 제로센은 지금 공중전 중」같이 구 일본군 군용기를 다룬 기획을 계속해서 게재했다.

이처럼 1960년대 전후 모형 공작은 전쟁 수기와 연동하면서 '군사'적인 요소를 수반했다. 한편 노자와 다다시가 편집을 그만둔 후『항공팬』은 1963년 3월호부터 모형 기사 특집란을 없애고 일반항공 기사를 다루었고, 초기 특색이었던 모형은 점차 뒤로 물러나게 되었다.

나가며

이글에서는 1950년대를 중심으로 항공 잡지 편집자 노자와 다다시의 이력과 그가 관여했던 잡지들을 추적하면서 각 잡지에서 드러나는 모형 공작의 의미와 그 변화를 검토했다.

분명한 것은 전쟁 시기 과학에서 군사로의 이행 논리가 1950년대 항공 잡지에서도 잔상처럼 남아있다는 사실이다. 이는 전시체제 '항공 모형 교육'의 흐름 속에서 '과학'과 '군사'를 결합했던 과학 잡지의 문맥을 따라가며 항공 모형의 의미를 전후 사회에서 모색하는 시도였다. 항공 잡지에서 모형 공작을 정당화하기 위해 강조한 것은 '과학'이었고, 더불어 항공 모형에는 '군사'적인 요소를 수반했다. 모형 공작이나 항공 지식에 '과학'과 '군사'를 관련짓는 방법은 이후 1960년대 '소년만화 잡지나 밀리터리 잡지'에 등장한 '전쟁물'에도 사용되었다.[63]

공식적으로는 무력 유지를 금지하고, 군사적인 것을 꺼렸던 1950년대 사회 배경에서, 항공기에 관심을 가진 모형 마니아들은 항공 모형의 의미를 둘러싸고 커다란 갈등에 직면했다. 모형 공작의 의미가 흔들리는 가운데 1950년대 항공 잡지에는 새로운 형태의 모형이 등장했지만, 이 또한 '과학'과 '군사'라는 근대적 이념으로 다시 이야기되었다. 이는 1960년대 이후에도 유령처럼 주변에 머무르면서 모형 공작 = '남성적인 공작' 취미라는 인식을 굳혔다. 이 때문에 항공 잡지에서 여성 모형 마니아는 '한 명도 찾아볼 수 없는' 보이지 않는 존재 취급을 받았다.[64] 전쟁 수기 잡지에서도 "여자인 주제에 라고 하니", "드러내놓고 읽지 못하는 것이 유감"이라는 독자의 목소리가 흘러나왔다.[65]

이에 반해 1절에서 소개한 '소라미 짱'이나 '모케조'에 대한 관심은, 얼핏 보

면 모형 공작에서 젠더 차이가 없는 것처럼 보일 수도 있다. 그러나 젠더 규범을 바탕으로 한 '남성적인 공작'과 '여성적인 수공예手作り'라는 취미의 단층이 엄연하게 존재하고 있기에, 모형 공작 문화 속에서 여성 마니아의 존재가 더욱 주목받게 된 것일 뿐이다.[66]

제3부

'만들기'와 '공작'의 경계를
넘나드는 취미의 실천

제9장

일요목공의 사회사[1)]

남성의 만들기 취미와 가정주의

미조지리 신야溝尻真也[2)]

들어가며

'일요목공'은 만들기 취미에서 비교적 큰 비중을 차지하는 취미이다. 일례로 2018년『레저 백서2018レジャー白書2018』을 보면, '일요목공'을 취미로 삼은 인구는 1,020만 명, 10.2%이다. '모형 만들기' 취미 인구 270만 명, 2.7%와 비교해보면 확연히 크다.[1]

그동안 일요목공은 지극히 남성적인 취미로 인식되어왔다. 실제로 앞서 언급한『레저 백서2018』에 따르면, 남성의 참가율이 15.9%인 데 비해 여성의 참가율은 4.6%에 지나지 않는다. 그런 의미에서 일요목공은 수예나 모형제

---

1)   이 글은 김연숙이 번역하였다.

2)   1979년생, 메지로대학 미디어학과 교수, 미디어연구와 대중음악연구 전공으로, 특히 음악을 매개로하는 미디어기술의 역사, DIY를 중심으로 한 만들기 취미의 역사 등을 연구해 왔다. 주요 저서로는『음악화 사회의 현재-데이터로 보는 대중음악(音楽化社会の現在-統計データで見るポピュラー音楽)』(2019),『스크린 스터디즈-디지털 시대의 영상/미디어 경험(スクリーン・スタディーズ-デジタル時代の映像/メディア経験)』(2019),『미디어 사회론(メディア社会論)』(2018) 등이 있다.

작과 마찬가지로 젠더화되어 있는 취미라 할 수 있다.[2]

그렇다하더라도, 그 역사를 더듬어 보자면 앞장에서 살펴봤던 모형제작과 달리 처음부터 일요목공이 젠더화되어 있었다고 할 수는 없다. 예를 들어 일요목공에서 큰 비중을 차지하는 목공 공작의 경우, 원래 남성의 취미로만 간주된 것이 아니라『주니어 솔레이유』등 소녀 취향 잡지에도 자주 등장하는 제재였다.

일요목공의 역사를 풀어나가는 작업은, 이와 같이 현재 '남성적'이라고 간주되는 일요목공이 어떠한 배경에서 젠더화된 것인지를 살펴보는 일이다. 그리고 그 과정을 통해서 취미의 주체인 남성들과 가정의 관계 변화를 알 수 있을 것이다. 이 글에서는, 남성이 직장 업무 이외의 시간, 즉 여가 시간을 어떻게 보낼지를 고민했던 1960년대 즈음에 남성의 만들기 취미가 사회적으로 어떻게 자리매김되었는지 살펴보고자 한다.

1. 일요목공에 나타난 이중적 젠더성

『주니어 솔레이유』의 목공 공작

일요목공은 DIY^{Do It Yourself}라는 말로 표현되는 만들기 영역 중 하나이다. 그러나 영어권에서 DIY는 일본의 일요목공보다 넓은 의미로, 일요목공은 DIY 안에서도 가정 내 설비 제작·설치를 나타내는 HI^{Home Improvement}에 가까운 의미로 사용되어왔다.

일요목공이라는 말이 언제부터 사용되었는지는 분명하지 않지만, 국립국회도서관의 잡지 기사 검색에서 일요목공이 처음으로 등장한 것은 1956년이

〈그림 1〉 가타야마 류지(片山龍二), 「두 사람의 즐거운 일요목공」
(출처 : 『솔레이유』 임시증간, 『생활 그림책(生活の絵本)』 제2호, 히마와리사, 1952, 23면)

며, 『요미우리신문読売新聞』에 처음 등장한 것은 1958년인 것으로 보아, 1950년대 후반 이후에 일반적으로 사용되었다고 생각된다. 평일에는 생업에 종사하고 휴일에 그림을 그리는 아마추어 화가를 '일요화가Sunday Painter'라고 부르는 것처럼[3] 휴일에 아마추어가 하는 HI를 일요목공이라고 부르게 된 듯하다.

『솔레이유』나 『주니어 솔레이유』를 발행한 히마와리사의 편집장이었던 가타야마 류지片山龍二는 자신의 책에서 스스로를 "일요목공의 아버지"라고 부

른다. 가타야먀는『솔레이유』에서 여성독자를 대상으로 공작 기사를 게재했는데, 1952년에 발행된『솔레이유』임시증간『생활 그림책生活の絵本』제2호에「두 사람의 즐거운 일요목공」이라는 제목으로 사진 화보가 포함된 읽을거리를 싣고 있다. 이는 마당 한쪽에 작은 오두막을 만든 부부의 체험담을 엮은 것으로<그림 1>, 일요목공이라는 말을 사용한 초창기 사례였다.

그 후 가타야마는『솔레이유』뿐만 아니라, 1954년 7월에 창간한 소녀 대상 잡지『주니어 솔레이유』에도 공작 기사를 싣는다. 그 대부분은 종이나 천을 사용한 간단한 공작 방법을 소개하는 것이었지만, 그중에는 송곳이나 톱을 사용한 본격적인 목공공작을 소개하는 기사도 종종 눈에 띈다. 그리고 이 기사들에서는 당시 가타야마가 생각했던 목공공작과 젠더의 관계를 살펴볼 수 있다. 예를 들면, 가타야마는 1960년 4월『주니어 솔레이유』제32호에서 '꽃 북엔드'를 만드는 방법을 설명하는 기사를 싣는데, 글 첫머리에서 "친구나 남동생, 여동생에게 진급이나 입학 축하로, 당신이 직접 만든 북엔드를 선물하면 어떨까요"라고 제안한다.[4]『주니어 솔레이유』에 실린 대부분의 수예 관련 기사는 선물을 전제로 한 만들기를 권하는데, 가타야마의 목공공작도 마찬가지다. 여기에는 제1장「『주니어 솔레이유』에 나타난 소녀의 수예」에서 논했던『주니어 솔레이유』의 독자인 소녀 취향의 젠더 규범이 드러나고 있다.

한편, 이 기사에서 가타야마는 왼쪽 다리로 나무판을 고정시킨 채 오른쪽 다리로만 버티고 서서, 양손으로 톱질하는 모습을 두고 "이건 아무래도 소녀답지는 않아. 그리고 즐거워 보이지도 않아"라고 했다. 그리고 그는 "그건 여성의 공작 스타일이 아니기 때문에 그렇다고 생각합니다"라고 설명하면서, 청바지에 테니스 모자 등 목공공작을 하기에 적당한 "보기에도 깔끔하고 멋진"[5] 소녀용 패션을 제안한다. 가타야마는, 목공공작이 자신이나 가족을 위해 방을 좀 더 아름답게 꾸미려는 만들기 행위로서『주니어 솔레이유』의 사상

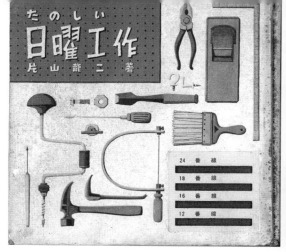

에 들어맞지만, 그 스타일은 "여자답지 않은" 측면도 있다고 인식했다. 그 간극을 해소하기 위해서 그는 "여자다운" 목공 패션을 제안한 것이다. 여기에서 우리는 소녀의 젠더 규범에는 부합하지만 그 방법이 "여자답지 않은", 당시의 목공공작이 가진 이중적 젠더성을 읽어낼 수 있다.

일요목공과 젠더 규범

『솔레이유』의 공작 기사가 『아사히신문朝日新聞』 기자 눈에 띄어, 가타야마는 『아사히신문』의 '가정란'에도 '일요목공'이라는 제목의 공작 기사를 연재하게 되었다고 한다.[6] 그리고 1958년 그 연재 기사를 바탕으로 한 단행본 『즐거운 일요공작たのしい日曜工作』히마와리사을 출판한다. 『즐거운 일요공작』의 속표지에는 "DO IT YOURSELF 직접 만들어봅시다"라는 문구가 있었다.〈그림 2〉 이처럼 가타야마는 이 책의 제3장 「인테리어 수예와 공작의 시대」에서 논한 대로, 일본과 거의 동시기에 영국이나 미국에서 널리 사용되고 있던 DIY라는 말을 이미 알고 있었던 것이다.

『즐거운 일요공작』에서 가타야마는 남성이 가정에서 HI를 하는 즐거움과 어려움을 다음과 같이 말하고 있다.

언젠가 제가 친구를 찾아갔더니 그 부인이 그러더군요.

"우리집 양반은 선반 하나 못 하나 안 박아 줍니다. (…중략…) 가타야마씨 집은 필시 이상적일 듯하니, 그 댁의 부인이 정말 부럽군요."

친구의 얼굴을 보노라니, 나는 대답하기가 곤란했습니다. 친구가 말했습니다.

"사내자식이 부엌에 들어가 선반을 달거나 못을 박는다면 출세할 수가 없어. 위인 중에 그렇게 부지런한 놈은 없어."

부인의 얼굴을 보면서, 나는 또 대답하기가 곤란했습니다. 그리고 마음속으로 생각했습니다. "이건 정말 그럴지도 몰라."

하지만 어쨌든 내가 위인이 될 리는 없으니까, 역시 가정을 즐겁고 명랑하게 만들어야겠다고 생각했습니다.[7]

"가정을 즐겁고 명랑하게"라는 가타야마의 논리는 『주니어 솔레이유』에서 소녀 독자들에게 자신과 타인을 위해서 수예를 하라고 주장했던 논리제1장 『『주니어 솔레이유』에 나타난 소녀의 수예』와 유사하다. 못질이나 선반 만들기로 대표되는 HI는 적어도 그 초기 단계에서는 "가정을 즐겁고 명랑하게" 하기 위해서 남성이 부지런히 일해야 한다는 개념으로, 당시의 남성 젠더 규범과는 다른 측면이 있었다.

그러나 가타야마도 말했듯이 당시 HI는 '여자답지 않은', '남편이 해줘야 하는' 행위라는 인식도 있었다. 이 상반된 두 측면을 행위자인 남성들은 어떤 논리로 정당화했던 것일까.

1958년 여성 잡지 『여성클럽婦人俱樂部』에는 일요목공을 하는 남성이 쓴 에세이가 실렸다.

그러다가 자연스럽게 실력이 늘면 어느 사이 욕심도 생기고 흥미도 솟아나고,

아내도 이때다 싶어 "잘하네, 잘하네"라고 치켜세웁니다. 덩달아 이쪽에서도 "좋아, 그렇다면"이라며, 아내가 떠받드는 칭찬에 발맞춰 점점 열을 올려 소품만들기로는 성에 차지 않게 됩니다. (…중략…)

하루 종일 목공으로 땀 흘린 후 한바탕 목욕물을 뒤집어쓰고 나서, 아내가 감사의 뜻으로 만든 요리에 시원한 맥주를 들이켜는 것은 일요목공에서만 맛볼 수 있는 묘미겠지요.[8]

위 인용문에는 일요목공을 남성적 행위로 간주하고, 그 행위를 지지하고 결과에 감사하는 존재로서 자신의 아내를 위치시키는, 전형적인 성별 역할 분담의 사고가 나타나 있다. 이런 구분을 전제함으로써, 행위자인 남성은 젠더 규범에 저촉되지 않고 일요목공을 수행할 수 있었던 것이다.

그렇다면 이런 특징을 가진 일요목공은 어떤 과정을 거쳐 일본에 정착하게 된 것일까. 또 그것은 어떻게 남성의 취미라는 지위를 확립하게 되었을까.

2. 여가활동으로서의 일요목공

초창기 일요목공의 이미지

일본에서도 HI 행위 자체는 전전戰前부터 있었다. 그러나 당시 신문을 살펴보면, HI에 대한 기사 내용을 반드시 남성적인 이미지라고 여길 수는 없다. 예를 들면 〈그림 3〉은 맥주 상자로 의자를 만드는 방법을 소개하는 기사이다. 그런데 이 기사는 여성란에 실렸으며, 그 표현도 여성 독자를 배제하는 방식이 아니다.

앞서 말했듯이 1950년대 후반에서야 일요목공이라는 말이 일반적으로 쓰

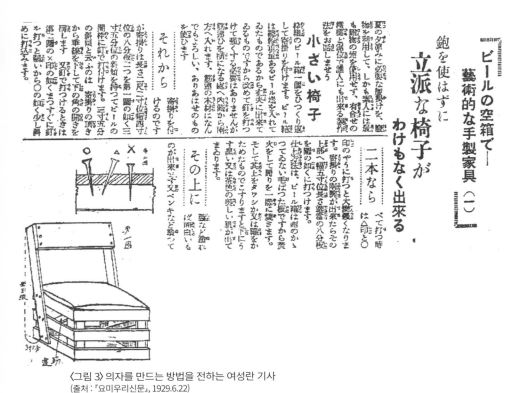

〈그림 3〉 의자를 만드는 방법을 전하는 여성란 기사
(출처: 『요미우리신문』, 1929.6.22)

였고, 그 시기에 이르러서야 일요목공이 남성적인 행위로 자리잡게 된 것이다.

이와 같이 1950년대에 진행된 HI의 젠더화에 대한 중요한 논고는 3장에서도 언급했던, 사회학자 가토 히데토시加藤秀俊가 1960년에 발표한 「가정용 드라이버와 일요목공ホーム·ドライバーと日曜大工」이다. 여기에서 가토는 미국 사회학자 류엘 덴니Reuel Denney의 개념을 사용해, 여가를 두 유형으로 나누고 있다. 그에 따르면, 독서나 영화 등 매스미디어를 매개로 해서 인간의 '간접 경험'을 가능하게 하는 대리적 여가와 여행·반려동물·원예·자동차·스포츠·일요목공 등 매스미디어를 거치지 않은 직접 경험에 비중을 두는 비대리적 여가의 두 종류가 있다. 가토는, 현대 일본에서는 대리적 여가에 덧붙여 비대리적 여가가 급속하게 대중화되고 있다고 지적한다.

나아가 그는 비대리적 여가의 대중화에 따라, 그것이 가정을 중심으로 이루어진다고 주장한다. 영화감상이나 TV 시청을 제외하면, 전형적으로 독서가 그러하듯 비대리적 여가의 소비단위는 기본적으로 개인이다. 그러나 비대리적 여가의 소비단위는 집단, 특히 가족인 경우가 많다. 가토는 이런 가정 중심적인 비대리적 여가의 전형적인 예로, 자신들이 거주하는 집을 좀 더 아름답게 꾸미기 위해서 가족이 사이좋게 협력하며 HI에 몰두하는 모습을 그린 미국 홈드라마 〈아빠는 뭐든 알고 있다ハハは何でも知っている〉(니혼TV, 1958~1964[3])를 거론한다. 그리고 "앞에서 말한 모든 비대리적 여가의 형식은 가족, 혹은 친밀한 집단을 전제할 때 의미있다. (…중략…) 그것이 비대리적 여가의 본질이다"[9]라고 설명한다.

그러나 당시 일본이 이런 비대리적 여가를 실행할 사회적 조건을 갖추고 있었다고 말하기는 어렵다.

열심히 대패질을 해서 의자를 만들어 본다. 그러나 겨우 두 칸짜리 공단주택에 도대체 이런 의자를 둘 공간이 있겠는가. 없다. 사람과 마찬가지로 가재도구도 억지로 방에 겨우 욱여넣었을 뿐이다. 그러니까 일요목공은 기껏해야 높은 곳에 선반을 매달고 가재도구를 정리하는 정도로, 원래 목표로 삼았던 즐거운 집안 꾸미기 등은 꿈도 꾸지 못하는 상황이다.[10]

가토는 이와 같이 서술하면서, 비대리적 여가가 개인적인 것이 아니라 본질적으로는 사회적 성격을 띠고 있다고 설명한다. 그것은 대리적 여가와는 달리 물리적 세계를 대상으로 하고 있기 때문에 주택환경 개선을 비롯해서

---

3) 원제는 〈Father Knows Best〉로 1949.4.25~1954.3.25까지 미국 NBC라디오, 1954.10.3~1960.9.17까지 NBC 텔레비전과 CBS에서 전체 203회가 방송된 TV 시리즈물이다.

여러 사회적 조건을 해결하지 않는다면 즐거움을 누리기 어려우며, 필연적으로 정치적인 문제와 결부되어 있다는 것이다.

이런 주장을 고려한다면, 당시 일요목공에 대한 인식도 쉽게 이해된다. 일요목공은 전형적인 비대리적 여가이자 가정주의적인 성격이 있었다. 가타야마 류지片山龍二가 묘사한 "두 사람의 즐거운 일요목공" 혹은 미국 홈드라마의 이상적인 이미지를 바라는 한편으로, 실제 당시의 일본의 주택 상황에서 그러한 대규모 HI를 실행하기란 매우 힘들었다. 대부분의 일요목공은 "부엌에 선반을 매달거나, 못을 박는" 등 지극히 소규모의 실용성을 중시했던 HI일 따름이었고, 집을 꾸미기 위해 가족이 함께 생각을 공유하고, 서로 협력하면서 그것을 실현시킨다는 '원래의 기대 목표'를 달성하기란 불가능했던 것이다.

한편 일요목공이라는 말이 퍼져나가면서 그것이 전문가가 아닌 일반인이 여가＝일요일를 이용해 실행하는 만들기를 가리키는 동시에, 목수라는 남성 기술자의 의미도 포함했다는 점은 중요하다. 일요목공은 전문기술을 가진 남성 장인이 수행하는 수작업이라는 이미지를 유지하면서, '가족을 위한다'는 명분으로 남성이 여가 시간에 단독으로 행하는 만들기라는 의미로 점차 바뀌어 나갔던 것이다.[11]

3. 일요목공의 전개

주택에 대한 욕구의 변용

일요목공의 전성기는 단카이세대團塊世代[4]가 가정을 꾸리기 시작한 1960년 대 후반부터 1970년대에 걸쳐있다고 추측된다.

야마모토 리나山本理奈에 따르면, 특히 대도시권에서 자가自家를 소유하려는 수요는 패전 후 주택난과 고도경제성장기의 도시 인구 유입을 배경으로 일어 난 대규모의 주택 공급이 일단락되었던 1960년대 말 이후까지 계속되었다.[12] 이런 상황에서 당시 일요목공에 관한 책이나 기사에는 '목수 부족'이라는 말 이 자주 등장한다. "목수 등 기술자가 부족하기도 해서, 실익을 겸한 동호인이 점점 더 많아질 것 같다",[13] "일요목공이 유행한 배경으로는 '목수에게 일을 부탁해도 받아주지 않는다'는 심각한 불만이 결정적"[14]이라는 등의 기사를 통해, 자가自家에 대한 수요가 컸던 당시 남성들이 필요에 쫓겨 일요목공을 하 지 않을 수 없었던 상황을 엿볼 수 있다.

이 시기 일요목공이 유지되었던 또 다른 이유는 그것이 자신이 거주하는 공간을 자기나름대로 꾸미는 행위였기 때문이다. 고도경제성장 시대에는 주 택 수요에 대응하기 위해서 동일한 규격의 획일화된 주택이 대량 공급되었 다. 그러나 1968년에 총 주택 수가 총 세대수를 넘어선 것을 계기로, 양적 충 족에서 질적 향상으로 주택 공급이 전환되기 시작했다. 그것은 단순히 거주 장소를 구하려는 욕구에서 "남들과는 다른 자기만의 주거생활을" 지향하는

---

4) 단카이(団塊)는 '덩어리'를 뜻한다. 단카이세대는 경제기획청 장관을 지냈던 사카이야 다이 치(堺屋太一)의 소설 『단카이의 세대』(1976)에서 비롯된 말로, 전후 1947년에서 1949년 사 이에 태어난 일본의 베이비 붐 세대를 가리킨다. 그들은 1970년대와 1980년대 일본의 고도 성장을 이끌어낸 주역으로 평가받는다.

욕구로, 주택을 둘러싼 사회적 현실이 변화하기 시작했다는 것을 의미한다.[15]
인테리어에 대한 관심이 높아졌다는 제3장의 내용도 이러한 흐름 위에 있다.

남성의 만들기로 젠더화된 일요목공은, 이와 같은 과정을 거치며 시대가
요구한 필요에 의해 추동되는 행위이자 소비사회에서 자기표현을 위한 취미
로 자리 잡으며 그 참여 인구를 늘려갔다.

'여가를 바람직하게 보내는 방법' 일요목공

이 시기 일요목공의 열기를 단적으로 보여주는 것은 일본 일요목공 클럽의
전개이다. 일본 일요목공 클럽은 1960년 만화가 마쓰시타 키쿠오松下紀久雄[16]와
모리시게 히사야森繁久彌 등 유명인 30명이 만든 취미 모임으로, 오랫동안 활동
휴지 상태였다가 1969년에 일반회원 모집을 개시하면서 급속하게 회원이 늘
어났다. 1972년에는 기관지 『월간 일요목공 Do it yourself月刊日曜木工Do it yourself』
1972~1981[5] 발행을 시작, 1973년에는 공식적인 회원수가 4만 5천 명을 넘어섰다.

이 기관지에서 마쓰시타는 여가를 바람직하게 보내는 방법으로 일요목공
을 계속 주장한다.

한 달에 하루밖에 쉴 수 없었던 옛날과 달리 새로운 시대에는 여가가 늘었습니
다. 이 늘어난 여가를 **어떻게 이용하느냐**에 따라 문화적 수준이 좌우됩니다.

여가는 개인적으로 사용하는 것과 가족이 함께하는 것으로 나눌 수 있습니다.

그러나 Do it yourself스스로 하자 시대에는 돈이 드는 것, 돈이 들지 않는 것, 돈이
들더라도 가정경제에 도움이 되는 것 등으로 구별됩니다.

정부는 여가 사용법을 좀 더 적극적으로 알려서 국민이 '여가 미아迷兒'가 되지

---

5) 1973년 5월부터는 『월간 만들기(月刊手づくり)』로, 1976년 12월부터는 『월간 만들기 생활
    (月刊手づくりライフ)』로 이름을 바꾸어 발행했다.

"문화적 수준"을 좌우하는 여가 활용을 "개인적인 것"과 "가족이 함께하는 것"으로 나눈 다음, 마쓰시타는 일요목공을 후자로 내세운다. 여기에 필요성·경제성이라는 관점을 더해서, 일요목공을 가정적인 비대리적 여가 활동으로 간주한다.

그러나 여기에서 말하는 "가족이 함께"란, 실제로는 어디까지나 가족의 이해를 얻은 남성의 만들기를 가리키는 것으로, 그 과정에서 여성은 행위 주체로 고려되지 않는다. 마쓰시타는 1973년 여성 잡지 『여성클럽婦人俱樂部』에 「이달의 일요목공今月の日曜木工」이라는 제작 기사를 일 년간 연재하는데, 일본 일요목공 클럽의 기관지인 『월간 일요목공 Do it yourself』이나 『월간 만들기』만 보더라도, 여성이 주체이거나 혹은 남녀가 협력해서 만드는 것을 염두에 둔 기사는 한정적이다.[18] 또 1975년 일본 일요목공 클럽에서 회원 4천 명을 무작위로 뽑아 시행한 설문조사 결과를 보면, 응답자의 96%가 남성이고 여성은 4%에 지나지 않는다.[19] 결국 일요목공이 "가족과 함께하는" 여가활동으로 말해지기는 했지만, 가족이 협력하는 가정주의적인 행위라는 원래의 이미지가 구현되지는 않았다. 이처럼 1970년대 일요목공은 남성의 취미로 점차 확대되어 나갔다.

만드는 즐거움의 강조와 상업주의에 대한 비판

일요목공이 본래 지향한 가정주의와 어긋나면서 남성의 취미로 위치지워진 이후 얼마 지나지 않아 또다른 관점이 나타났다. 예를 들면, 마쓰시타 기쿠오는 물질문명을 비판하면서 일요목공의 의의는 "자기 손을 사용하는 것"이나 "만들기의 즐거움"에 있다고 했다.

공해와 만들기 문제는 표리관계에 놓여 있습니다. 기업의 "빨리, 값싸게, 많이 만든다"라는 생산 사고방식은 쓰레기 공해를 야기하고, 배기오염은 스모그를 일으키는 등 각종 공해는 인간생활을 위협했습니다. 부지런했던 인간은, 물건을 한 번 쓰고 버리는 시대의 영향으로 손을 사용하는 법을 잊어버렸습니다. 연필도 깎지 못하는 아이들나, 퓨즈도 갈아 끼우지 못하는 어른이 늘어난 것입니다.

이 와중에 자기 손을 사용하는 것을 느껴보고, 만들기의 의의와 즐거움을 추구하려는 사람들이 역설적으로 늘어나는 결과를 맞이했습니다. 그것을 인간성 회복으로 다시 보았기 때문입니다.

"비와 이슬을 피하면 족하다"고 하는, 지극히 일본적인 사고방식이 이윽고 자취를 감추고, 생활 문화를 향상시키기 위해 일요목공을 하는 인구가 증가하기 시작했습니다.[20]

이처럼 "자기 손을 사용하는 것"이나 "만들기의 즐거움"을 인식한 사람들이 일요목공을 인간성 회복을 위한 자발적 행위로 여길 때, 상업주의의 개입은 그런 정신과는 어긋나는 것으로 비판받는다.

바야흐로 파도처럼 밀려든 일본의 D.I.Y 붐은 영국과는 조금 다르다. 만들기를 자연스럽게 생각하는 국민들의 인식과 이익 추구를 위한 만들기 붐이 교차하고 있는 것이다.

(…중략…) 슬프게도 진정한 의미의 D.I.Y가 짓밟혀버렸으니 돈벌이에 몰두하는 사람들은 다시 생각해보기를 바란다.

모처럼 전개된 만들기의 열풍, 우리들이 생각하는 이상이 일그러져가는 모습을 보면 안타깝기 그지없다.[21]

여기에서 "우리들이 생각하는 이상"이란, 산업사회로 나아가는 가운데 인간성 회복을 지향하는 공작의 개념이 자연스럽게 퍼져나갔던 분위기를 가리킨다. 하지만 실제로 1970년대 일요목공의 열기가 끓어올랐던 것은 홈 센터[6] 시장의 확대와 함께 일어난 현상이었다. 미국의 교외형 대규모 홈 센터를 모델로 한 DIY용품점이 1972년 도이트 요노점[ドイト与野店][7] 개업을 필두로 차례차례 문을 열었다. 이 흐름을 타고 개인이 운영하는 철물점이나 잡화점도 '일요목공 센터'라는 명칭으로 업태 전환을 꾀했던 것도 바로 이 시기였다. 당시의 업계 자료를 보면, 1974년 약 869억엔 규모였던 DIY 기본상품 소매시장은 1979년에는 1,784억엔으로 두 배 이상 성장할 것이라 예측했다.[22] 실제 홈센터업계 단체인 일본 두 잇 유어셀프 협회[日本ドゥ・イット・ユアセルフ協会]의 조사에 따르면, 홈 센터의 총 매출액은 1974년 300억엔에서 1979년에는 3,850억엔까지 증가했다.[23] 이런 상황에서 마쓰시타가 '만들기를 자연스럽게 생각하는 인식'에 근거한 행위가 바로 "진정한 의미의 D.I.Y"라고 강조한 것은, 일요목공이 업계 주도의 "이익을 위해 만들어진 붐"으로서 소비되는 것에 경종을 울리는 것이었다.

---

6) (일요 목수·원예·자동차 수리 등의) 생활용품을 광범하게 갖춘 종합 점포. DIY상점과 뚜렷하게 구별되지는 않지만 홈 센터는 비교적 넓은 주차장을 갖추고 교외에 위치해 있는 경우가 많다.

7) ドイト(DOIT)는 'Do it yourself(DIY)'에서 만들어진 명칭이다. 1972년 도이트주식회사(ドイト株式会社)가 사이타마현(埼玉県現) 요노시(与野市)(현 사이타마시 주오구(さいたま市中央区))에서 일본 최초의 본격적인 홈 센터를 열었고, 현재는 코난상사(コーナン商事) 아래에서 코난 도이트점(コーナンドイト店)으로 운영되고 있다.

공구工具에서 발견되는 '남자다움'

그러나 현실에서는 만들기의 즐거움 추구와 상업주의가 모순되기는커녕 일요목공을 밀고 나가는 두 바퀴의 역할을 담당했다. 그것을 단적으로 보여주는 것이 일요목공 행위자에게 공구가 가지는 의미이다.

해외 연구도 남성 DIY행위자에게 공구, 특히 전동 공구는 매우 중요한 의미가 있다고 지적한다. 예를 들어 미국의 역사학자 스티븐 M. 게르바Steven M. Gelber는 DIY를 가정 내 남성성Domestic Masculinity이 두드러지는 지점이라고 설명했다. 그는 특히 HI를 취미로 간주하기 시작했던 1930년대 미국에서 공구를 사용하는 것과 남성인 것 / 남성이 되는 것은 순환 관계에 있다고 지적한다.[24] 또한 미국 DIY의 역사를 논한 캐롤린 M. 골드스타인Carolyn M. Goldstein도 강한 남성성을 유지하면서 가정생활에 참여하려는 남성들의 욕망을 전동 공구의 광고 분석을 통해 설명해낸다.[25]

마쓰시타 기쿠오 또한 전동 공구를 향해 끌리는 마음을 감추지 않았다.

일본은 이제야 겨우 1가정 1드릴 시대를 맞이했고, 이는 미국이나 유럽보다 28년이나 뒤떨어진 것입니다. 우리는 이러한 드릴 시대의 깃발을 높이 들면서 적절하게 지도할 필요성을 통감하고 있습니다.

한때 나이 지긋한 남자가 모형 권총model gun에 매료되어 총알이 발사되지 않는 장난감 권총을 수집하는 유행이 있었습니다. 그중에는 총을 쏘면 화약 연기가 나오는 것도 있었고, 총알이 10미터까지 날아가는 것도 있었습니다. 이후 개조 권총이 나와 세상을 떠들썩하게 만들었고, 그 때문에 얼마 지나지 않아 금속 재질이 플라스틱으로 바뀌고 색깔도 흰색으로 규정되면서, 근사한 모형 권총의 시대는 시들해졌습니다.

여기에 비하면 드릴은 중량감을 갖춘 실물로서의 박력이 있습니다. 모조품인

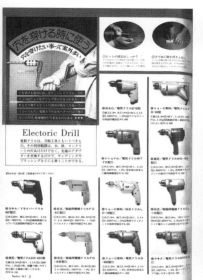

〈그림 4〉『월간 만들기』의 전동공구 카탈로그
(출처: 『월간 만들기』, 일본 일요목공클럽, 1976.5, 2면)

〈그림 5〉마쓰시타 쿠니오가 개업한 홈 센타 옐로우파이프점
(출처: 『월간 만들기』, 일요목공클럽, 1976.5, 22면.)

권총을 벽에 걸어놓는 것에 비하면 드릴에는 남자다움이라는 매력이 있습니다. '물건을 만드는' 믿음직한 녀석입니다.[26]

공구를 갖추어 나갈수록 일요목공에서 만들 수 있는 물건의 종류는 늘어난다. 또 전동공구는 사람의 힘으로는 불가능한 작업을 가능하게 만드는 힘이 있다. 일요목공의 행위자에게 공구는 자신의 힘을 드러내는 상징적인 존재이며, 그것은 공구에 대한 페티시즘으로 쉽게 바뀔 가능성을 내포하고 있다. 앤드류 잭슨Andrew Jackson은 공구광인 영국 남성과의 인터뷰를 통해, 그들의 DIY 추구가 공구를 수집하고 아끼는 즐거움과 연결된 모습을 그려냈다.[27] 많은 경우, 일요목공 행위자의 '만드는 즐거움'도 공구에 대한 페티시즘과 결합되어 있다. 그 때문에 이 시기 일요목공의 유행과 홈 센터를 주축으로 한 공구류 유통망의 발전이 함께 일어났던 것이다. 실제 『월간 만들기月刊手づくり』 편집부는 상업주의를 비판하면서도 "만들기의 본래 의미는 상품을 구입하지 않는 것이다,

하지만 그와 동시에 상품 구입을 완전히 부정하는 것도 아니다. 다양한 도구나 재료 중에서 적당한 것을 선별·선택해 자신의 창조과정에 활용하는 것은 '만들기'와 어긋나지 않는다"[28]라는 논리를 바탕으로 잡지에 공구 등의 상품 카탈로그를 게재했다.<그림 4> 그리고 마쓰시타는 1975년 도쿄 메구로구目黑區에 전동공구를 충실히 갖춘 홈 센타를 개업했다.<그림 5>

전동공구가 가진 박력과 묵직함에서 "남자다운 매력"을 찾아내는 그들의 이야기는, 군사기술에서 남성성을 발견하는 제8장「'과학'과 '군사軍事'라는 굴레−1950년대 항공 잡지로 본 모형공작」의 내용과 유사하다. 그런 의미에서 마쓰시타가 전동드릴을 모형 권총과 비교한 것은 의미심장하다. 전동공구가 상징하는 것은, 비대리적 여가이면서도 가정주의적이지 않은 취미인 일요목공이 가지는 "남자다운 매력"과 "믿음직함"이다. 그것은 일요목공과 관련된 상품의 유통망이 전국적으로 확대되어가는 흐름 위에 성립되었다.

나가며

가족사회학자인 구보타 히로유키久保田裕之는 신문 연재만화를 대상으로, 일요목공에 적극적인 아버지나 남편이 정작 가정과는 겉도는 이야기를 분석한 바 있다.[29] 이와 같은 일요목공에 '아버지의 취미'라는 명분이 정착한 것이 바로 1960년대 후반부터 1970년대였다.

일요목공은 전동공구로 상징되는 '남자다움'을 유지하면서도, 어디까지나 가족을 위한 행위라는 명분을 내세웠기 때문에, 가정 내에서 계속 실행하는 것이 허용되는 취미였다. 이 명분은 원래 1950년대에 형성된 '가족주의' 즉 가족 모두가 함께하는 여가라는 이상으로부터 파생되었다. 그러나 실제로는

〈그림 6〉 여성 대상(오른쪽)과 남성 대상(왼쪽)의 DIY가이드 책
(출처 : 오른쪽은 成美堂出版編集部 편, 『초보도 쉽게 할 수 있는 DIY 내추럴 인테리어(はじめてでもかんたんDIYナチュラルインテリア)』,
成美堂出版, 2013, 왼쪽은 『DIY 기본 테크닉 백과 결정판(DIY基本テクニック百科決定版)』, 일상생활의 실용시리즈(暮らしの実用シリーズ),
学研プラス, 2018)

이러한 이상적 모습이 구현되는 경우가 극히 드물었고, 아버지나 남편이 가
족을 위한다는 명분으로, 혼자 하는 만들기 취미로서의 일요목공 이미지가
오랫동안 이어졌다.

　앞에서 말했듯 여성의 일요목공 참가율은 지금까지도 낮은데, 가장 큰 이
유는 일요목공에 부여된 이런 이미지 때문일 것이다. 적어도 일요목공이란
말이 일반적으로 쓰이기 시작했던 1950년대까지는 목공공작을 포함한 실용
품 만들기에 젠더적 성격이 강하지 않았고, 1970년대 이후에도 여성 주체의
DIY가 행해졌다는 사실은 이미 제3장에서 확인한 바 있다.

　2010년대 이후 여성에 의한 DIY는 TV프로그램 등에서 다시 활발하게 다
루어지기 시작했다. 백엔 샵의 값싼 소재를 사용한 실용품 만들기에서부터
집 전체를 리모델링하는 대규모 프로젝트까지 그 대상이나 방법은 다양하지
만, 대부분의 경우 그 안에 남성 가족의 모습은 찾아보기 어렵다.[30] 또 여성 독

자를 위한 DIY관련 서적도 다수 출판되고 있는데, 그 대부분이 '내추럴', '레트로', '컨트리'라고 하는 소위 '여성적인' 이미지의 만들기를 강조하고 있다는 점은 변함이 없다. 이는 남성 대상의 일요목공 관련 서적과는 분명히 구별되는 지점이다.<그림 6> 가정 내 실용품 제작에 대한 젠더의 벽이 낮아졌음에도 불구하고(원래 높지 않았을지도 모르겠지만) 젠더에 따른 만들기 취미의 벽 자체는 지금도 여전하다.

제10장

내가 만드는 DIY 자주방송[1]

이다 유타카飯田豊[2]

1. 취미 문화로서의 CATV[3]

우측 여성	안녕하세요! 오늘의 오프닝 곡은 〈십 년 로맨스〉, 쥬리의 노래였습니다.
좌측 여성	네, 오늘도 열심히 달려보죠!
우측 여성	뒷면의 곡은 〈산다는 건 멋진 일〉이네요.
좌측 여성	그럼 들어볼까요!¹

---

1) 이 장은 남효진이 번역하였다.

2) 1979년생. 리쓰메이칸대학 산업사회학부 부교수. 주요 저작으로 『TV가 구경거리였던 시절 ─초기 텔레비전의 고고학』(2016), 『미디어론』(공저, 2018), 『미디어기술사─디지털 사회의 계보와 방향』(편저, 2017), 『현대 미디어 이벤트론─퍼블릭 뷰잉에서 게임 실황까지』(공편저, 2017), 『현대문화 사회학─90년대와 '지금'을 비교하다』(공편저, 2018) 등이 있다.

3) TV 방송의 난시청 대책으로, 1949년에 미국에서 개발되었다. CATV란 동축 케이블이나 광섬유 케이블 같은 광대역 전송 매체를 이용하여 영상, 음성 등의 정보를 가입자에게 전송하는 시스템을 말한다. CATV는 공동수신 안테나에 의해 수신된 TV 방송을 재송신하는 의미의 Community Antenna Television의 약어로 사용되었는데, 최근에는 공중파에 의한 TV 방송에 대응하여 케이블을 이용한 TV 방송이라는 의미의 Cable TV로 사용되고 있다.

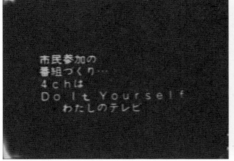

〈그림 1〉〈푸른 하늘의 자키〉의 오프닝 텔롭
(출처 : Aske dam)

오카야마현岡山縣 쓰야마시津山市의 CATV 방송국 쓰야마방송이 1977년부터 방송한 간판 프로그램 〈푸른 하늘의 자키靑空ジョッキー〉. 1982년 어느 날, 여성 DJ 두 사람은 이런 말들을 나누면서 방송을 시작했다. 두 사람 뒤로 브라운관과 비디오 데크가 보이고 있어 스튜디오가 조정실도 겸하고 있음을 알 수 있다. 스튜디오는 매우 비좁아 보인다.

〈푸른 하늘의 자키〉는 이름 그대로 라디오 프로그램의 형식을 따르고 있다. 현재 남아있는 얼마 안 되는 영상²을 보면 프로그램 타이틀과 제공 크레딧이 나온 후, "제작★세계에서 제일 작은 TV 방송국 쓰야마방송", "시민이 참가하는 프로그램 만들기 (…중략…) 4ch은 Do It Yourself 나의 TV", "즐거운 〈푸른 하늘의 자키〉 DJ 모집 중 초보 아마추어 대환영" 등이 이어진다.〈그림 1〉 '초보'나 '아마추어'의 출연을 환영하는 CATV 방송국은 적지 않으나, DIY를 부르짖으면서 이런 자주방송[4]을 연일 내보내는 경우는 드물다.

1950년대 중반 이후 일본 전국에서 잇달아 등장한 CATV는 원래 산간지역 같은 곳의 난시청을 해소하기 위한 공동시청 설비로, 주로 임의단체에 의해 자주적으로 운영되었다= 제1세대. 당시 기술지도를 담당했던 사람들은 그 지역의 아마추어 무선가 혹은 전파상 주인들로 모두 남성이었다. 1960년대 중반에는 마을 사람들의 무료봉사에 힘입어 자체 제작 프로그램을 방송하는 단체가 나타났는데, 여기에는 여성들도 적극적으로 참여했다. CATV의 자주방송은 처음부터 취미 문화의 성격을 다분히 띠고 있었다.

1968년 도쿄 신주쿠 가부키초歌舞伎町에서 처음으로 영리법인이 CATV 방송국을 개국하면서 운영 주체를 둘러싼 논쟁이 벌어졌고 뒤늦게 우정성郵政省이 법 정비에 나섰다. 그 결과 1972년 〈유선텔레비전방송법〉이 성립되었고, 다음 해부터 우정대신郵政大臣의 시설 인가가 시작되었다. 그리고 1970년대를 거치며 전국 각지에서 자주방송을 하는 CATV 방송국이 나타났다= 제2세대. 쓰야마방송은 여기에 해당된다.

그 후 CATV는 사업자가 정리·통합되면서 이윤 추구를 위한 산업의 색채가 강해진다. 1980년대에는 전철, 건설, 유통 같은 타 업종 기업이 도시형 CATV에 점차 진입하여 위성방송을 포함한 다채널체제를 정비하였다= 제3세대. 1990년대에는 인터넷 접속 서비스에 힘입어 사업이 광역으로 전개되었고, 대자본을 바탕으로 한 경영 통합도 일어났다. 일본 정부는 장치산업[5]인 CATV에 대해 적극적으로 정책금융, 세제 혜택 같은 재정적인 지원을 하며 지역의 정보기반 산업으로 키웠다= 제4세대.

---

4)   CATV 방송 시스템 중 하나. CATV 방송국이 기존의 프로그램을 재송신하는 서비스 외에 자체 스튜디오에서 제작한 영화나 지역 정보를 추가로 방송하는 시스템을 말한다.
5)   생산 수단으로 대규모의 설비·장치와 거액의 자본 투자가 필요한 산업을 말한다.

CATV가 산업적 양태를 갖추어가는 가운데 예전의 자주방송은 '주민참가 프로그램'으로 일부분 이어졌다. 특히 1992년 11월 돗토리현鳥取縣 요나고시米子市 나카우미中海 텔레비전방송국이 시작한 〈퍼블릭 액세스 채널〉이 성공하면서, 전국 각지의 CATV 방송국에서 주민이 제작한 프로그램을 방송하는 움직임이 나타났다. 1992년은 커뮤니티 FM이 제도화된 해이다.

도시형 CATV가 '뉴미디어'의 중심으로 부각된 1980년대에는, 1960~70년대 전국 각지에서 시작된 자주방송에 대해 '미숙하거나 유치한 프로그램'에 지나지 않는다거나 CATV의 사업 경영에 큰 공헌을 했다고 할 수 없다는 부정적인 평가가 많았다.

정말 그럴까. 지금까지 CATV의 자주방송에 대해서는 '커뮤니티 미디어', '지역 미디어', '퍼블릭 액세스' 같은 이념을 바탕으로 사회적 의의를 논하는 경향이 강했다. 이 장에서는 그동안 등한시되었던 취미 문화 측면을 다룬다. 또 젠더의 관점을 추가하여 지금까지 사회적으로 잊혀졌던 CATV의 가능성에 대해 고찰하고자 한다.

2. 공작 취미×부녀회 활동 구조하치만郡上八幡 TV

자주방송의 기원

일본에서 CATV는 1955년 6월 10일 군마현郡馬縣 이카호伊香保 온천에 설치된 TV 공동시청 시설에서 비롯되었다는 것이 정설이다. 산간지역의 난시청 대책으로 NHK와 이카호 온천관광협회가 공동수신을 시범 운영하였고, 이후 '이카호 TV 공동시청 조합'이 시설을 불하받았다. 이외 이즈伊豆 나가오카長岡, 시라하마白浜, 아리마有馬 등의 온천지에서도 료칸을 대상으로 한 공동시청 시설이 만들어졌다.

1960~1963년 NHK는 3,074개 시설을 조성하였으며 수신 세대수는 256,471세대였다. 나아가 NHK는 도쿄올림픽이 개최된 1964년에는 한 해 동안 979개소에 달하는 시설을 조성했다.[3]

1963년 9월 기후현岐阜縣 구조하치만초[6]의 임의조합인 'TV 공동청취 시설 조합'이 일본에서 처음으로 지역 주민이 만든 자체 제작 프로그램을 방송하기 시작했다. 매일 방송하는 뉴스는 『주부니혼신문中部日本新聞』현재 『주니치신문(中日新聞』 구조하치만 통신국 주재 기자가 담당하였는데, 마을의원 선거나 중의원 선거 개표 속보도 다루었다. 프로그램은 모두 생방송으로 진행되었으며 전화를 활용한 쌍방향 프로그램도 만들어졌다.

스태프는 마을 유지 20여 명이었다. (…중략…) 현지 극단 〈등불ともしび〉의 단원 15명과 교사 4명이 중심이 되어, (…중략…) 월요일부터 금요일까지 5개 반으로 나뉘어 각 반이 경쟁하듯이 마을의 유명인 인터뷰, 중학교 동아리 활동 소개, 전화 퀴즈 등을 기획하고 촬영과 사회를 나눠 맡았다.[4]

당시 마을 전체 인구가 약 2만 명을내 1만 명이었는데, 초기 조합원은 약 2,000세대였다. 전성기인 1964년에는 약 2,600세대까지 늘어났다. 그러나 1965년 가을 이후 자체 제작 프로그램은 거의 방송되지 않았고 다음 해에는 조합 자체가 없어졌다. 도쿄올림픽을 앞두고 중계국 설치가 늘어나면서 난시청이 해소되자 조합이 존재 의의를 잃은 것이다. 자주방송은, 개인적인 자금 제공이나 자원활동가에 의한 상호부조 성격의 무료봉사 측면에서 문제가 발생했다.

---

6) 일본 기후현 구조군에 있었던 마을로, 2004년 구조시로 합병되었다.

호사가의 공작 취미

구조하치만 TV^{GHK-TV}의 3년간 활동에 대해서는 야마다 하루미치山田晴通나 히라쓰카 지히로平塚千尋가 공들여 조사한 바 있다. 조합장인 간노 이치로管野 一郎는 이와테현 출신으로 어렸을 때부터 발명을 좋아했다. 전후 혼란기에 도쿄에서 등사인쇄업을 시작한 그는 새로운 인쇄방식을 발명했다. 이를 주목한 인쇄업자의 권유로 그는 1952년 하치만초로 이주하였다. 학생 시절부터 16mm영화 촬영이 취미였던 그는 CATV 방송국 개국 이전부터 하치만초의 학교 행사나 제례·식전式典 행사 등의 기록영화를 제작했으며, 극단 〈등불〉에서 조명을 도왔다. 구조하치만 TV는 간노가 촬영한 태풍 피해 영상을 뉴스에 활용하기도 했다.[5] 원래 간노는 1939년 무렵 아타고야마愛宕山의 일본방송협회에서 근무한 경험[6]도 있었다.

개국 당시 간노 이치로는 하치만소학교 PTA 회장, 중앙공민관 관장, 상공회 부회장, 사회교육위원 등을 맡고 있었다. 그런 간노와 함께 교사인 요시다 료민吉田良民, 공민관 간사로 극단 〈등불〉 대표인 지바 미노루千葉稔 등이 거의 무보수로 자주방송에 참여했다. 간노의 직함이나 참여자들의 직업에서 짐작할 수 있듯이 자주방송의 운영에는 사회교육에 대한 의욕이 강하게 반영되었다. 야마다 하루미치는 "당시 구조하치만에서 간노는 타지인이었지만 지역의 유지로 사업가이자 발명가이면서 사회활동에 적극적인 호사가"였으며, "구조하치만 TV는 한마디로 말해 간노 이치로 개인의 재능과 열의로 유지되는 원맨 비즈니스였다"[7]고 말한다.

영상이나 음성의 송신기, 카메라 등 방송기기는 전기제품업체에 의뢰하지 않고 아마추어 무선가의 협력을 얻어 간노가 직접 만들었다. 그는 마구간을 개조한 50m^2 정도의 스튜디오, 윗부분에 3인치 모니터를 붙인 공업용 감시카메라, 커다란 양철 깡통에 구멍을 뚫어 전구를 끼운 조명기구 등을 만들었다. 프로그램에는 텔롭.telop[7]이 표시되고 스폰서가 붙은 광고가 들어가기도 했다. 당시에는 매우 고가였던 비디오 기자재가 없었기 때문에 기본적으로 생방송을 할 수밖에 없었다. 하지만 주부니혼신문사가 개국 축하 선물로 준 16mm영사기로 필름 영상은 사용할 수 있었다. 스튜디오 스크린에 촬영된 필름 영상을 투사한 다음 그것을 텔레비전 카메라로 다시 촬영해서 생방송으로 내보내는 방식이었다.

공작 취미 문화로 시작된 구조하치만 TV에 대해 야마다 하루미치는 다음과 같이 말한다.

자주방송은 경영전략 따위와는 무관한, 호사가의 취미가 사회활동과 겹쳐진 지점에서 시작되었다. 일일 방송을 유지하기 위한 부담이 개인의 취미 수준을 넘어서자 정규방송은 막다른 골목에 몰릴 수밖에 없었으나 간노의 절망은 그다지 크지 않았다. (…중략…) 만일 간노 이치로가 시기를 놓치고 취미로 하던 자주방송을 제도적사업적인 자주방송으로 전환했다면 그는 실패하고 진짜 큰 좌절을 맛보았을 것이다.[8]

개인의 공작 취미로 자주방송이 운영되다가 결국 막다른 골목에 다다른 양상은 다른 곳에서도 찾아볼 수 있다. 1966년에 자주방송을 시작한 교토부 다카노군竹野郡 아미노초網野町, 현재 교탄고시(京丹後市)의 '아미노 TV 공동시청 시설조합'이 이에 해당한다. 이 조합을 1970년대에 조사한 야나이 미치오柳井道夫는 다음과 같이 말한다.

---

7)   TV 방송에서 텔레비전 카메라를 통하지 않고 영상 속에 직접 글자나 그림을 넣어 보내는 장치.

스튜디오도 매우 소박하였는데, 공동시청 시설조합 사무소로 사용하고 있는 목조가옥의 3평 정도 되는 방에 암막을 둘러쳐서 사용했다. 그 방에 필요한 최소한의 기계를 가져다 놓고 아나운스, 텔롭의 영사, 테이프 조작까지 그 스튜디오 내 방송 작업 전부를 조합장 혼자서 했다. 이러한 형태가 가능했던 것은 조합장이 기계 만지는 것을 좋아해서, 취미와 실리를 겸한 형태로 자주방송의 운영을 떠맡았기 때문이다.[9]

〈TV여성교실〉

여기서 주목해야 할 것은 구조하치만 TV에서 월 1, 2회 방송한 정규 프로그램 〈TV여성교실〉에 많은 여성이 참가했다는 사실이다. 히라쓰카 지히로에 따르면 이 프로그램은 밤 8시부터 9시 30분까지 90분 동안 방송되었다. 극단 〈등불〉의 지바 미노루가 프로그램을 담당하였는데, 거의 쉰 적이 없었으며 정규 프로그램 중 가장 오래 지속되었다고 한다. 시사, 요리 강습, 향토사, 친근한 지역 생활 문제 등 다양한 주제가 다루어졌는데, 프로그램 제작 방식이 흥미롭다.

당시 여성교실은 하치만 마을 부녀회를 기반으로 조직되었다. (…중략…) 우선 각 여성교실의 수강생 대표들을 스튜디오에 모은 다음, 강의 혹은 실습을 진행하였다. 같은 시간 부녀회원들은 각 마을의 전화가 있는 집에 모여 TV를 보면서 학습 혹은 실습에 참가했다. 스튜디오와 각 마을은 전화로 연결되어 이해되지 않는 부분이나 질문, 의견이 있으면 회원들이 직접 전화로 강사에게 묻고, 강사는 TV를 통해 답하는 방식이었다. 요즘 말하는 소위 쌍방향 TV다.[10]

텔레비전을 통한 이러한 학습 방식은 호평을 받았고, 〈TV여성교실〉은 구조하치만 TV의 간판 프로그램이 되었다. 여성교실의 수는 17개에서 40개로 급증하였으며 이는 부녀회 활동의 활성화로 이어졌다.

당시 전기 기술은 남성의 영역으로 인식되어, 아마추어 무선의 경우 여성이 소외되는 경향까지 있었다.[11] 그러나 CATV의 자주방송에서는 처음부터 여성이 중요한 역할을 담당했다. 그 이유로 다음 두 가지를 들고자 한다.

부녀회 활동의 하나인 자주방송

첫째, 여성 전화교환수, 가두 방송 혹은 농촌 유선방송전화[8]에서 여성 화자의 존재이다. 둘 다 성별 직무분리[12]의 일환이었는데, 초기 자주방송은 직무라기보다는 취미나 실용의 색채가 강했다.

라디오의 공동청취 시설에 전화의 기능이 더해진 것이 유선방송전화인데, 농촌 지역에서는 주로 농협이 운영하였다. 1970년대에는 일본전신전화공사의 전화 보급 정책으로 인해 위기감을 느낀 농협이 CATV 사업에 새롭게 참여하기도 하는 등,[13] 유선방송전화와 CATV는 긴밀하게 연결되어 있었다. 간노 이치로는 당초 구조하치만 TV 방송을 "고지告知방송"이라고 불렀다. 그것은 유선방송전화에서 사용되던 용어였고, 실제로 유선방송의 여성 직원이 CATV의 아나운서 역할을 하기도 했다.[14]

둘째, 사회교육에 대한 여성의 높은 관심을 들 수 있다. 농촌의 유선방송전화에 관해 사카타 겐지坂田謙司는 다음과 같이 지적하였는데, 이는 구조하치만 TV의 특징과도 겹친다.

---

8)　농촌, 산촌, 어촌에서 지역의 홍보 활동을 위해 사용하는 유선방송 설비에 통화 기능이 부가된 시스템.

시설 직원이 아닌 외부인이 제작하는 초기 자주방송으로 청년단이나 부녀회 같은 사회교육단체의 프로그램이 있었다. 그 배경은 1950~1960년대의 사회교육 운동이다. 1949년에 사회교육법이 제정되고 농촌을 중심으로 많은 공민관[9]이 건립되었다. 공민관 활동은 지역사회와의 연대가 강했는데, 그런 의미에서 유선방송전화는 '소리'의 공민관 활동이라고 할 수 있다.[15]

야마다 하루미치는 "간노 이치로가 구조하치만 공민관 관장, 지바 미노루가 공민관 주사, 그리고 간노의 아내인 나에코奈惠子가 부녀회 임원이었던 점을 고려한다면, 공민관 활동의 연장선에서 CATV 자주방송을 이용하려는 발상은 지극히 당연했다"고 말한다.[16]

지역의 '반班'을 단위로 프로그램이 제작되고 부녀회 활동을 기반으로 〈TV여성교실〉이 끈질기게 방송을 이어간 것은, 고도경제 성장기에 두드러졌던 협동조합의 지역만들기 운동 방식과 유사하다. 당시, 마을 자치회 차원에서는 대처하기 힘든 지역문제 해결을 위해 새로운 여성운동 방식이 모색되고 있었다. 수도권에서는 1968년에 설립된 '생활클럽生活クラブ' 생협이 '반' 단위의 공동 구입이라는 획기적 사업을 벌였는데, 이것이 조합원 협동운동의 기초가 되었다. 그 전신인 세타가야생활클럽은 여성이 주체가 되어 1965년에 설립한 지역 주민 조직이다. 미치바 지카노부道場親信는 "반을 기초단위로 하는 조합원의 참가가 조합원들의 커뮤니케이션을 일상적인 것으로 만들었으며, (…중략…) 나아가 조합원에게 지역이나 생활 문제를 다루는 활동에 적극적으로 참가하도록 촉구하였다. 그런 활동에 관여하는 가운데 새로운 리더, 활동가를 기르는 운동론적 기능인 교육과 주체화가 암암리에 작동했다"고 말한다.[17]

---

9) 패전 후 일본에서 교양·문화·스포츠 등의 활동을 통해 지역 주민의 자치능력 향상과 지역 만들기를 꾀한 종합적인 사회교육 시설이다.

하지만 〈TV여성교실〉 참가자들의 경우에는 그런 주체성이 길러지지 않았다.

날이 갈수록 각 마을 참가자와 스튜디오 출석자가 고정되고 내용이 평이해지면서 타성에 젖어갔다고 한다. 전화에 의한 피드백이라는 묘수를 채택했지만 하라는 대로만 하면 돈도 내주고 강사도 구해주는 분위기였고, 주제도 참가 여성들의 요구와는 멀어지게 된 것이다. 독자적인 흥미와 관심을 갖고 여성들이 진행하는 공동학습이 아니라 어디까지나 위로부터 주어진 것에 지나지 않았다.[18]

〈TV여성교실〉이 없어진 후 하치만초에서는 부녀회 활동이 현저하게 저하되었다. 대신 자치회 같은 지연地緣 중심에서 벗어난, 수예·상업부기·서예·요리연구 등 취미 중심의 여성동호회가 연이어 탄생했다. 히라쓰카 지히로는 다음과 같이 지적했다.

도쿄올림픽을 앞둔 당시, 일본은 고도성장의 정점에 있었다. 지방 도시나 구조하치만 같은 시골 마을까지도 수도, 도로, 쓰레기, 오물 등 도시 환경이 정비되었으며, 주민의 생활환경이 근대화되는 과정에 있었다. 구조하치만 TV 사례에서 보았듯이 자치회 단위로 구성된 부녀회가 임의의 목적을 가진 동호회로 바뀌어 간 그 시기는, 오래전부터 이어져 온 공동체 사회가 급속하게 해체되고, 살고 있는 지역의 문제를 둘러싼 이해 대립이 겉으로 드러난 시대였다.[19]

1970년대로 접어들면서 다양한 사회문제가 떠오르는 가운데 CATV의 자주방송도 사회교육에 기초한 상호부조의 문제 해결 외에 지역행정과의 연대, 지방의회에 대한 비판적 시각 등 1960년대와는 다른 성격을 띠게 되었다.

성별 직무분리 – 임의조합에서 주식회사로

시즈오카현靜岡縣 시모다시下田市 유선텔레비전방송은 1970년대 '커뮤니티 미디어'라는 이념을 실현하는 존재로 일약 각광을 받았다. 지금까지 자주방송을 계속하고 있는 CATV방송국 가운데 가장 오래된 곳이기도 하다.

시모다시에서는 1958년 6월 '시모다 전기라디오상점 조합'이 산꼭대기에 공동안테나를 세우고 도쿄의 방송국 3사의 방송을 64세대에 재송신하기 시작했다. 1969년 2월 시설 노후화와 경영난으로 시설을 가입자 소유로 이관하고 '시모다TV협회'로 조직을 변경했다. 법인격을 갖지 않은 임의단체는 설비 갱신을 위한 융자를 받을 수 없으므로, 자금을 전액 가입자의 출자에 기대지 않으면 고성능 설비를 도입해서 사업을 발전시키기 힘들었기 때문이다.[20] 그 후 1971년 11월 주식회사가 되었고 지금에 이르렀다.

〈그림 2〉 시모다유선TV방송의 여성 직원
(출처 : 『선데이 마이니치』, 每日新聞社, 1971.2.7)

『선데이 마이니치サンデー毎日』는 같은 해 「온천지의 미니 TV방송국」이라는 제목으로 시모다유선TV방송을 컬러 화보로 실었는데, 특히 여성 직원의 활약에 주목했다.〈그림 2〉

시모다TV협회의 스태프는 모두 14명, "한 사람이 한 가지 일만 하는 시대는 이미 지났다. 현대는 혼자서도 무엇이든 할 수 있어야 한다"라는 다케가와竹河 전무의 방침대로, 이곳의 여성 직원은 카메라맨도 하고 텔롭도 만든다.[21]

당시의 텔롭은 모두 수작업이었다. 하지만 구조하치만 TV에서 부녀회가 보여준 활약과 비교하면 시모다의 여성 직원은 보조 역할에 머문 것으로 보인다.

다음 해인 1972년에는『여기는 시모다CATV
－정보 코뮌의 탄생こちら下田CATV－情報コミューンの
誕生』<그림 3>가 간행되어 자주방송에 관한 교과
서가 되었다. 여기서 '코뮌'은 1968년에 창간된
잡지『홀 어스 카탈로그Whole Earth Catalog』[10]로 상
징되는 미국의 히피 운동이나 베트남 반전운동
분위기와도 결부된, 새로운 가치관이나 라이프
스타일을 실천하는 소규모 공동체를 의미하는
말이다. 앞에서 언급한 협동조합 운동의 유래와

〈그림 3〉 방송저널사 편,
『여기는 시모다CATV－정보 코뮌의 탄생』,
放送ジャーナル社, 1972.

도 실제 관계가 깊은 개념이다.[22]『여기는 시모다CATV』의 머릿글에서 창업
자 다케가와 노부요시竹河信義는 다음과 같이 말한다.

소박하게 나누는 이야기나 대화를 민주주의 사회의 출발점이라고 본다면, 바야
흐로 1970년대는 우리가 잃어가고 있는 민주주의 사회의 회복을 위한 정보화 사
회가 되어야 한다고 생각합니다.[23]

다케가와 노부요시는 기존 CATV 방송국과 마찬가지로 자주방송을 학교
교육이나 사회교육을 보완하는 수단으로 여기고 TV 방송국 행정에 대해 다
음과 같이 비판했다.

---

10) 1968년부터 1998년까지 스튜어트 브랜드가 비정기적으로 간행한 미국의 반문화잡지. 반문
화 가치를 테크놀로지에 접목시켰다는 평가를 받았다. 자세한 내용에 관해서는 미주 28을 참
조하기 바란다.

하나의 현에 방송국을 두세 개로 한정하는 것은 구역별 독점경영을 용납하는 것이다. 기존 방송국들은 채산만 따지고 지역 시청자의 욕구는 무시하며 자주방송의 채널을 늘리는 것을 반대하고 있다. 사실상 현행 면허제도가 가장 큰 문제이다. 이렇게 제한하면 계속해서 권력자의 횡포가 버젓이 통용되고 시청자들은 부당한 대우를 받을 수밖에 없다.[24]

텔롭을 만드는 여성의 사진이 게재되기는 하였으나, 『여기는 시모다CATV』는 집필자 전원이 남성인 탓인지 전체적으로 여성의 존재감이 희박했다. 두 여성 직원의 활약이 소개될 때도 강조된 것은 항상 텔롭을 만들고 있는 모습이었다.[25] 자주방송이 개인의 취미에서 집단의 업무로 바뀌어 가면서 이렇게 성별 직무분리가 진행된 것이다.

3. 'Do It Yourself 나의 TV' 쓰야마방송

〈푸른 하늘의 자키〉

글머리에서 소개한 쓰야마방송은 1976년 9월에 설립되었다. 오카야마현의 남쪽에서 오는 전파는 쓰야마 분지의 바닥까지 도달하기 힘들었는데, 가가와현香川縣에 본사를 둔 서일본방송의 경우에는 특히 심했다. 1965년 12월 '서일본TV공동시청西日本テレビ共聽'이 설립되었고 이 회사가 가설한 케이블을 임차하는 형태로 쓰야마방송이 자주방송을 시작했다. 서비스가 가능한 지역은 구시가지 일부였으며 약 4,000세대를 대상으로 자주방송이 이루어졌다.

그 중심인물이었던 이노키 순이치猪木俊一가 1981년에 집필한 『다다미 4장 반 TV 전파 대작전−4ch 쓰야마방송 분투기四畳半テレビ電波大作戦−4ch津山放送奮戦記』新評

社. <그림 4>에 따르면, 쓰야마방송은 CATV 자주
방송의 선례를 따르는 한편, 개국 당시부터 〈
영 스폿^{young spot}〉이라는 음악 프로그램을 부정
기적으로 방송했다. 음악에 관한 이야깃거리
를 나누면서 시작하는, 아마추어가 출연하는
프로그램이었다. "거리에서 만난 젊은이들을
스튜디오로 불러들여, 좁은 스튜디오를 소개
하면서 이런저런 이야기를 하는 가운데 프로
그램이 녹화된다. 어디서 흘러왔는지 알 수 없
는 히피풍의 자칭 포크싱어부터 관광여행 중
쓰야마에 도중 하차한 직장여성까지 있었다.
여자친구와 커피숍에서 데이트하던 중, 옆 테

〈그림 4〉 이노키 슌이치, 『다다미 4장반 TV 전
파 대작전—4ch 쓰야마방송 분투기』, 新評社,
1981

이블의 여성을 설득해서 〈영 스폿〉 게스트로 출연시킨 적도 있었다."[26] 이렇게
게스트로 참가한 여성들 가운데 자주방송의 프로그램 제작에 지속적으로 관
여하는 '리포터'가 탄생했다.

그리고 1977년 5월 〈푸른 하늘의 자키〉라는 버라이어티 프로그램이 탄생
했다. 원래는 1시간으로 편집된 녹화프로그램으로 매주 토요일에 방송되었
는데, 1979년 봄부터 장시간 생방송으로 바뀌었다. 주 1~2회 방송하다가 나
중에는 3회로 늘어났고 1980년에는 매일 2시간에서 6시간 동안 생방송으로
진행되었다. 개국 초기 쓰야마방송은 매스미디어인 기존의 TV방송국을 따라
하기에 급급했다. 이후 알맹이 없는 형식 중심의 제작 방식에서 탈피하기 위
해 〈푸른 하늘의 자키〉에서는 스튜디오에 편집실을 설치하고, 방송국에서 일
어나는 모든 것을 보여주는 연출을 시도했다.

마을 화제를 전하는 중간에 시청자의 신청곡을 끼워 넣고, 거실과 방송국

을 직접 연결하여 편안한 분위기를 만든 가운데, 평소 놓치기 쉬운 생활 정보를 전해준다는 연출 의도는 적중했다. 그때까지는 카메라 뒤에 숨어 있던 쓰야마방송의 스태프가 전면에 등장하면서 베일에 가려져 있던 초라한 스튜디오가 적나라하게 드러났고, 시청자들은 깜짝 놀랐다.[27]

구조하치만 TV의 〈TV여성교실〉과 마찬가지로 〈푸른 하늘의 자키〉의 성공 요인 역시 전화를 활용한 것이다. 스튜디오에서 경찰서 교통과나 기상관측소에 전화를 걸어 최신 교통 정보나 날씨 정보를 얻어 낼 뿐만 아니라 거꾸로 스튜디오에서 시청자의 전화를 받기도 했다. 직통 전화번호를 적은 판넬이 언제나 캐스터 앞에 놓여 있었다. 이노키 슌이치는 프로그램에서 'Do It Yourself'라는 말을 사용한 이유에 대해 말하면서 1970년대 히피문화에서 영향을 받았다는 것을 인정했다.[28]

'지역의 문화인이 만드는 방송'

1980년 『주간 플레이보이週刊プレイボーイ』集英社, 1966~에 「일본에서 가장 작은 TV방송국 쓰야마방송을 방문하는 취업지원자 제로」[29]라는 기사가 난 이후, 〈11PM〉日本テレビ系, 1965~1990[11]이나 〈모닝 쇼モーニングショー〉テレビ朝日系, 1964~1993에서도 연이어 〈푸른 하늘의 자키〉를 다루었다.

1981년 4월 이후에는 〈푸른 하늘의 자키〉의 방송시간이 줄어들고 일요일과 월요일 정규방송이 없어졌다. 한편으로는 쓰야마방송의 여성 스태프와 쓰야마시의 여성 인사가 기획·취재·사회 전부를 맡은 〈여성 TV女テレビ〉가 제작되었다. 그 당시 현장 스태프는 남녀 두 명씩 네 명이 전부였는데 여성은 22세와 19세의 젊은이들이었다. 『요미우리신문』에 따르면,

---

11) 정식 명칭은 〈WIDE SHOW 11PM〉. 일본TV와 요미우리TV가 함께 제작한 심야 프로그램으로, 1965년부터 1990년까지 방송되었다.

〈여성 TV〉는 합성세제 사용을 반대하는 주부에게 프로그램 제작을 맡겨, 스튜디오에서 합성세제와 비누의 세정력을 비교하거나 합성세제와 비누를 푼 물에 각각 금붕어를 넣어 독성을 조사하는, 생생한 실험을 하기도 했다. TV 프로그램을 계기로 '합성세제 추방 쓰야마모임'이라는 주민단체까지 생겨났다.[30]

이런 경험을 바탕으로 이노키 순이치는 당시 자신들의 시도를 '지역의 문화인이 만드는 방송'이라고 말한다.

정보로 질식할 것 같은 도시인보다 유선 TV 방송을 가진 시골 사람들이 TV에 더 익숙할 수도 있다. 도쿄의 중앙방송국에서 내려오는 프로그램만 보는 것에 그치지 않고, 현지 정보를 자신들의 TV에 내보내면서 즐거움을 찾고 있으니까. TV를 자신들의 것으로 활용하는 문화를 가지고 있는 이곳과 도시, 어느 쪽이 더 문화적인가.[31]

우리는 '거리의 TV'를 스스로 만들어 냈다. 형해화形骸化한 매스컴, 그 아래에서 본연의 모습을 잃은 TV 방송국, 그것들과 결별한 우리는 새로운 소통을 찾기 위해 움직이기 시작했다.[32]

이는 '정보 코뮌'을 주장한 시모다유선TV방송의 지역 저널리즘과도 통한다. 나아가 쓰야마방송의 방향성은 유럽에 퍼지고 있던 '자유라디오' 운동[12]의 이념, 혹은 일본 젊은이 사이에서 취미로 퍼지고 있던 '미니 FM'의 유행과도 겹친다.

---

12) 1970년대 서유럽에서 일어난, 국가의 방송 독점 시스템에서 벗어나기 위해 소출력 라디오를 이용한 미디어 운동이다. 수천 개의 해적 라디오 방송국이 방송에 대한 국가 지배에 맞서 불복종 운동을 시도하였다.

'반매스컴파'와 '유희파' 사이에서

『뽀빠이POPEYE』平凡社 1979년 9월 25일호는 「우리들의 방송국」이라는 특집에서 5만 엔으로 실현 가능한 '백 미터 방송국'의 매력과 구체적인 방법을 소개하였다. 당시는 지금보다 전파 규제가 약해 수백 미터 범위 안에서는 전파를 송출하는 것이 가능했으므로, 이런 방송국이 법으로 인정받은 사설방송국이라는 것을 강조하는 동시에 불법 해적방송에 대해서도 소개하였다.

비평가 고가와 데쓰오粉川哲夫는 그 무렵 해적방송의 흐름을 탄, 이탈리아의 아우또노미아[13] 운동과도 결부된 자유라디오 운동의 사상과 실천을 열정적으로 소개하였다.[33] 자유라디오는 국가가 독점한 전파의 해방을 주장하는 시민운동이었다. 그런데 일본의 미니 FM은 정치성과는 거리가 먼, 도시 젊은이의 문화로 널리 퍼졌다.[34] 『STUDIO VOICE』1983년 10월호流行通信 특집에서는 자유라디오를 '반매스컴파', 미니 FM을 '유희파'로 나누었다.

'유희파'의 상징적 존재가 바로 1982년 개국한 도쿄 아오야마의 'KIDS'였다. 신인 밴드 발굴로 주목을 끈 'KIDS'는 비즈니스 지향의 미니 FM 방송국으로 신문이나 잡지 등에서 크게 다루어졌다. 그 영향으로 대학생들 사이에서는 미니 FM 방송 개국開局 붐이 일어났다. 1970~1980년대에 개성 강한 FM 방송국이 여럿 개국하였는데, 개인이 카세트플레이어 같은 기기를 쉽게 소유할 수 있게 된 것이 그 유행의 배경이었다.

쓰야마방송에서 자주방송을 이끈 이노키 슌이치의 글에서 '반매스컴파'와 '유희파' 양쪽의 특성을 찾아볼 수 있다. 아사노 도모히코浅野智彦는 취미와 사회 참가의 관계를 역사적으로 살펴보면서, 1980년대를 취미와 사교의 축이 '유용성'에서 '즐거움'으로 옮겨간 시대로 파악했다.[35] 그런 의미에서 1970년

---

13) 이탈리아 철학자인 네그리가 주장한, 계급과 민중을 초월한 다중을 허용하는 자율주의. 1970년대 후반에 활발하게 진행된 반자본주의 운동과 관련이 깊다.

대까지의 자주방송은 지역사회에서 유용성을 전면에 내세웠는데, 쓰야마방송의 시도는 오히려 소비사회의 미학으로 여겨지는 "유연한 개인주의"[36]에 힘입은 표현활동의 하나였다고 할 수 있다.

쓰야마방송에 관해서는 1980년대 초 이노우에 히로시#上広, 다키 히로쓰구多喜弘次가 조사한 바 있다. 그들이 광고주 혹은 방송을 접하는 사람들을 대상으로 실시한 조사에 따르면, "지나치게 젊은이 중심"인 쓰야마방송은 그다지 좋은 평가를 받지 못했다.[37] 쓰야마방송과 협력관계에 있는 신문사의 어느 젊은 사원은 "저비용이라 어쩔 수 없긴 하지만, 유치한 프로그램에 화질도 나쁘고 광고도 어설픈데 쓰야마방송을 보는 사람이 얼마나 있겠어요?"라고 반문했다고 한다.[38] 그렇지만 저예산의 유치하고 조잡한 인터넷 동영상이 사회적으로 정착된 지금의 시각으로 본다면, 쓰야마방송의 시도를 과거와는 다른 기준에서 평가할 수 있지 않을까.

이노키 슌이치의 자주방송은 약 20년간 지속되었다. 쓰야마방송은 1995년 'TV쓰야마'로 회사 이름을 바꾸면서 다채널사업으로 전환하였고, 이노키는 회사를 떠났다. 그리고 지금, 이노키는 당시의 모습을 이렇게 회고한다. "생각해보니 당시의 쓰야마방송과 오늘날의 미디어는 조금도 다르지 않다. 쓰야마방송은 요즘의 트위트캐스팅Twitcasting 실시간 전송 서비스[14]나 니코니코생방송[15]과 마찬가지다."[39]

이노키 슌이치는 1983년 『요미우리신문』과의 인터뷰에서 쓰야마방송이 '여성의 시각'에 얽매인 이유에 대해 다음과 같이 말했다.

---

14) 일본의 실시간 전송 서비스 어플로, 약 3,000만 명이 사용하고 있다.
15) DWANGO가 제공하는 실시간 스트리밍 생방송. 생방송이라고 하지만 방송법에 기초한 방송이 아니라 인터넷 송신 서비스이다.

TV는 전문가가 비용을 들여 만든다고 생각하기 쉽다. 우리도 방송국에서 일한다는 대단한 자부심이 있었다. 결국 그런 겉치레뿐인 남자의 논리에 발목이 잡히게 된다.[40]

기사는 다음과 같이 이어진다.

당시 스태프들은 얼굴을 찌푸렸다. '여성의 시각'을 담당할 여성이 없었기 때문이다. 최근 입사를 희망했던 30대 주부는 일주일 만에 남편이 다치자 입사를 포기했다.[41]

또 입사한 지 얼마 되지 않아 퇴직한 25세 여성은

"팀장은 24시간, 일과 자신의 삶을 일치시키는 것이 가능하겠지만……"이라며 유감스러워했다고 한다.
쓰야마방송은 마을의 일상, 사람들의 생활을 담으려고 했지만 여자들을 바꾸지는 못했다.[42]

4. 프로슈머와 젠더

미국의 미래학자 앨빈 토플러Alvin Toffler는 1980년 『제3의 물결』에서 '프로슈머prosumer'라는 개념을 제창했다. 그는 비대량화탈획일화로 가는 탈산업화의 도래와 함께, 지금까지 시장 안에서 괴리되어 있던 생산자producer와 소비자consumer의 역할이 겹치면서 생산활동을 하는 소비자의 중요성이 커지고 있다고 주장했다.[43] 그로부터 사반세기가 지나 인터넷이라는 표현의 장이 커지면서 정보의 발신자 / 수신자, 표현의 생산자 / 소비자의 경계가 모호해지고 아마추어 창작의 저변이 확대되면서, 토플러의 예측이 다시 주목을 받게 되었다. 창작 지원 애플리케이션, 동영상 공유 사이트, 소셜 미디어 등이 보급되고 매시업 mash up[16]이나 2차 창작문화 등이 생겨나면서 프로슈머의 존재가 드디어 현실화된 것이다.

토플러가 이런 시장 변화의 초기 사례로 언급했던, 의료 자조自助운동과 DIY 문화를 살펴보자. 의료 자조운동의 경우, 일본에서는 소비의 '개인화'와 함께 일반 생활협동조합의 소모임이 해체되고 있는 상황이지만 의료생협의 소모임은 여전히 활발하다. 정보사회에서 협동조합 운동의 양상을 고찰한 이타미 겐타로伊丹謙太郎는, DIY 문화가 정보통신 분야에 스며들면서 재조명되고 있는 토플러의 논의가 시장교환에 한정되지 않는 경제 사회의 부흥 가능성을 내포하고 있다는 점에 주목하고 있다.[44]

위와 같은 시각에서, 일본의 초기 CATV 자주방송은 토플러가 전망한 프로슈머의 이념을 선행적으로 체현했다고 볼 수 있다. 다시 말해 구조하치만TV는 지역의 '반班' 단위 활동으로 프로그램을 제작했으며, 시모다유선TV방송은 '정보 코뮌'을 표방하였고, 쓰야마방송은 'Do It Yourself'를 내세웠던 것이다.

1990년대 이후에는 주민참가 프로그램에 여성이 적극적으로 참여하게 된다. CATV가 이른바 장치산업으로 발전하고 공작 취미 문화의 색채가 완전히 없어지면서 여성에 대한 문턱이 낮아진 것이다. 1990년대 중반 고지마 가

---

16) 여러 웹사이트에서 제공하는 정보를 합쳐 새로운 서비스를 제공하는 웹사이트나 애플리케이션. 대표적인 예로 구글 지도에 부동산 매물 정보를 결합한 구글의 하우징맵스(Housing-Maps)가 있다.

즈토児島和人와 미야자키 도시코宮崎寿子가 중심이 된 '퍼블릭 액세스Public Access17) 연구회'의 조사에 따르면, 전국 각지의 CATV 방송국에서 제작된 주민참가 드라마는 여성의 의욕과 실천이 만들어 낸 결과물이었다.

여성들은 남성을 끌어들이면서 상호 대등한 입장에서 연기·카메라 작업·제작 진행 등에 대해 의견을 적극적으로 주고받으며 협력해 나갔다. 여성들이 만든 이러한 커뮤니케이션 공간은 사람들이 공공 문제를 논의하는 '공공권'의 맹아라 할 만하다.[45]

미야자키 도시코는, 기존의 미디어 공공권이 가부장적 성격, 자원教養 소유의 불평등, 공공권의 재봉건화 같은 모순을 안고 있었던 데 반해 퍼블릭 액세스로 야기된 새로운 공공의 커뮤니케이션 공간은 이런 모순을 어느 정도 극복했다고 말한다.

여성이 중심이 되어 남성과 함께 상하 관계가 아닌 따뜻한 연대를 만들어 냈다. 다양한 배경을 가진 사람들이 사회적 지위와 관계없이 여러 형태로 관계 맺으면서 서로 능력과 역할을 다했다. 그 장場은 지배적인 미디어의 조종에서 벗어나 대안적 정보를 만들어 냈다.[46]

---

17) 방송국 등의 언론사가 일방적으로 제공하는 미디어에서 탈피하여 수동적인 시청자에서 능동적인 생산자로 변모하자는 운동이다. 1960년대 캐나다에서 있었던 지역 주민의 비디오 운동을 기원으로 하며, 1970년대 미국 CATV에서 제도화되었고 위성으로 확산되었다. 독일 등 유럽권에서는 이용의 개방성과 공공성을 강조하는 '개방 채널'(Open Channel)이 미디어 운동과 결합하며 꾸준한 성장을 보이고 있으며, 라틴 아메리카나 남아프리카공화국 등에서는 진보적 역할에 초점을 맞춘 '공동체TV'(Community TV)가 중심이다. 한국에서는 시민방송 RTV가 유일한 퍼블릭 액세스 채널이다.

하야시 가오리**香里의 말을 빌린다면, 좁은 의미의 정치에 가치를 둔 "'남자'의 저널리즘"이 아닌, 지역사회의 인간관계에 바탕을 두고 상대적 시각으로 엮어낸 "'여자·어린이'의 저널리즘"[47]이 출현했다고 할 수 있다.

최근 컴퓨터와 스마트 폰을 자유자재로 사용하며 온라인 플랫폼에서 동영상 전송을 취미로 하는 여성들이 늘어나고 있다. 지역 중심의 정보 발신이 활발하게 이루어지고 있으며, 지금까지 CATV의 자주방송이나 주민참가 프로그램이 맡았던 역할도 인터넷을 매개로 한 새로운 방식으로 이어지고 있다.

CATV의 자주방송은 당초 많은 여성이 관여하면서 젠더화된 취미 문화의 경계를 흔들었으나, 그 경계를 넘어서지는 못했다. 자주방송이 취미 활동이라는 한계 속에서 여성의 적극적인 참여를 촉구했던 것은 지금 인터넷을 무대로 활약하는 프로슈머와도 일맥상통하는 바가 있다.

제11장

정원철도의 '사회화'[1)]

사쿠라다니 경편철도桜谷軽便鉄道의 현재

시오미 쇼塩見翔[2)]

들어가며

이 글에서는, 어느 남성 철도 팬이 개인 취미로 제작했던 '실물 같은 모형 철도' 혹은 '모형 같은 실물 철도'인 '정원철도'의 사례를 다루고자 한다.

여기에서 정원철도란 말 그대로 주택의 정원처럼 사유지에 깔린 소형철 도와 대형 철도 모형승차용·관상용 전체를 가리킨다. 소형철도의 경우, 궤간 381mm철도가 널리 보급되어 정원철도뿐만 아니라 유원지의 이동수단, 영국

---

1) 이 글은 김연숙이 번역했다.
2) 간사이대학 사회학박사, 간사이국제대학 강사, 「현대일본의 '철도애호'에 관한 사회학적 연구―'문명' 추구에서 '문화'탐색으로의 변용(現代日本の「鉄道愛好」に関する社会学的研究―「文明」の追求から「文化」の探求への変容)」(2018), 「근대 일본의 수공예와 젠더―대량 생산시대의 취미의 젠더화(近代日本の手作りとジェンダー―大量生産の時代における趣味のジェンダー化)」(2015), 「대학 철도 동아리의 여성회원(大学鉄道サークルにおける女性メンバーたち)」(2013), 「대학 철도 연구회의 여성회원에게 드러나는 이동취미의 '현재'―인터뷰 조사를 중심으로(大学鉄道研究会における女性会員にみる移動趣味の〈いま〉―インタビュー調査から見えてきたもの)」(2012), 「청소년의 '취미적 사회화'에 관한 일고찰―철도 팬의 생애사 조사를 중심으로(青少年の「趣味的社会化」に関する一考察―鉄道ファンのライフヒストリー調査から)」(2011) 등의 연구가 있다.

의 롬니 하이드 앤드 딤처치 철도Romney Hythe & Dymchurch Railway[3] 등과 같이 대중교통수단으로 이용되기도 한다.[1]

'사쿠라다니 경편철도'[4]는 모치모토 세쓰오持元節夫가 개인적으로 즐기기 위해 직접 만든, 선로 폭이 381mm인 정원철도다. 한 달에 한 번 열리는 공개운전회에는 열차를 타고 싶거나 운전하려는 남녀노소의 다양한 사람들이 몰려든다. 정원철도의 방문객을 분류해보자면 대략 다음과 같다. 개별적으로 또는 친구들끼리 방문하는 사람들은 대부분 철도 팬인 성인 남성들이다. 이에 비해 여성은 가족과 함께 오는 경우가 많다. 그녀들은 사쿠라다니 경편철도를 좋아하는 아이와 함께 와서 열차를 타는 자녀들을 스마트폰이나 캠코더로 촬영한다.

철도 취미를 즐기는 여성이 증가한 최근의 변화를 고려하면, 정원철도를 즐기는 방식에 젠더 차이가 있었다는 사실은 매우 흥미롭다. 1990년대부터 여성도 철도 운전 업무에 종사하게 되었고, 남성과 동등하게 철도원으로 일하는 여성의 모습도 눈에 띄기 시작했다. 또한 그때까지 철도에 관련된 취미 대부분은 남성의 영역이었지만, 2000년대에 들어서서 수필가 사카이 준코酒井順子를 비롯한 여성 철도 팬의 존재도 널리 알려지기 시작했다.[2] 나아가 철도 모형 분야에서도 여성들의 존재감이 커져갔다. 문부과학성 후원으로 매년 열리는 전국고등학교 철도 모형 대회의 모형 전시module layout부문에서 2015년에 최우수상을 수상하고, 같은 해 독일에서 개최된 유러피언 N스케일 전시회 Europian N Scale Convention에서 1위를 차지한 교리쓰여자중학고등학교共立女子中学高等

---

3)   약칭 RHDR. 영국 켄트(Kent) 주에 있는 궤간 381mm의 관광철도로, 가장 궤간이 좁은 실용적인 공공철도로 유명하다. 전체 노선은, 세계 최장의 모노레일보다도 1km가 더 긴 22km이며, 작은 도시와 마을을 연결하면서 통학용으로도 사용되고 있다. 이 철도회사의 협력을 얻어 건설된 롬니철도가 일본 시즈오카(静岡)현 이즈(伊豆)시의 니지노사토(虹の郷)에 있다.

4)   경편철도는 기관차와 차량이 작고 궤도가 좁은, 규모가 작고 간단한 철도를 말한다.

^{学校} 지리역사부 같은 여고생들의 활약[3]도 눈에 띈다.[5]

　그렇지만 철도 취미를 즐기는 방식에는 여전히 젠더 차이가 있다. 여성 철도 팬의 존재가 대중매체의 주목을 받은 2000년대 후반 『아사히신문』[4]은 오랫동안 철도 모형을 제조 / 판매한 가토^{KATO[6]}의 홍보 담당자의 말을 다음과 같이 전한다. "가족이 이야기를 나누면서 즐기기 때문에, 어머니도 아이들과 같이 하다보면 흥미를 가지게 됩니다. 몇몇 여성분들끼리 저희 상점을 찾아오시는 경우도 있습니다." 이와 같이 철도가 가족 특히 아들과 소통하는 매개체가 되기 때문에 여성이 철도 취미를 갖게 된 것이라면, 많은 여성 방문객에게 사쿠라다니 경편철도는 아이들을 기쁘게 하기 위해서 찾아오는 곳이자 가정 내 소통의 기회를 제공하는 장소로서 인식되었을 것이다.[5]

　또한 사쿠라다니 경편철도에서 공개운전회를 실질적으로 진행하는 자원활동가 대부분은 남성이었다. 그들이 공개운전회를 진행하면서 사쿠라다니 경편철도에 어떤 영향을 미쳤을까. 이 글에서는 사쿠라다니 경편철도가 개인의 창작물을 넘어 '사회화'된 과정을 서술하려 한다.[6]

1. 사쿠라다니 경편철도

　사쿠라다니 경편철도는 모치모토 세쓰오가 사유지에 약 150m의 선로를 깔고, 차량을 손수 제작해서 운행한 것이다. 이것은 개인이 제작한 정원철도로서는 일본에서 최대 규모이다. 또 이 철도는 일반 전기철도와 마찬가지로,

---

5)　N게이지(궤간 9mm, 1/148~1/160의 축척 규격) 철도 모형 경연대회로 추측된다.
　　(https://ko.wikipedia.org/wiki/%EC%B2%A0%EB%8F%84%EB%AA%A8%ED%98%95)
6)　가토의 홈페이지(https://www.katomodels.com/) 참조.

〈그림 1〉 전력공급용 전선과 집전기가 설치된 사쿠라다니 경편철도 차량

선로 위에 전력공급용 전선을 설치하고 집전기^{pantagraph}를 사용해 전차를 움직

이게 한다는 점에서 기술적으로도 유례를 찾기 어렵다.

사쿠라다니 경편철도는 약 20여 년간 월 1회 일반인 대상으로 공개운전회
를 개최해서, 많은 가족들을 불러 모았다. 운전회 때마다 10명 정도의 자원활
동가가 승객들을 안전하게 이끌며 체험 운전 안내, 차량 운전면허 시험관 등
의 일을 맡아 했다. 공개운전회는 신문·TV 등의 대중매체에도 자주 소개되
어, 오늘날에는 방문객을 비롯해 자원활동가 등 많은 사람들이 참가하는 오
락거리가 되었다. 운전회에서는 방문객이 스스로 차량을 운전할 기회가 마련
되어 있는 한편으로, 오락거리일지라도 안전을 보장하기 위해 '운전면허'를
제도화해놓았다.

〈그림 2〉 운전회 모습

　운전회는 오후 1시부터 3시까지 두 시간 동안 진행되는데, 대체로 아이들을 데리고 온 부모나 철도 팬을 중심으로 50명 정도가 참여한다. 아이들은 남녀 구별 없이 승객이나 체험 운전의 운전사가 되어 운전회를 즐긴다. 부모는 같이 승차하기도 하고, 차량 밖에서 사진이나 비디오를 찍기도 한다. 성인의 경우에는, 남성들이 체험 운전을 하는 경우가 많으며 시험을 보고 면허를 취득하는 것도 대부분 남성이다.

　사쿠라다니 경편철도처럼 애호가의 의지만으로 소규모 철도시설을 건설하고 운영하는 비슷한 사례로는, 1973년부터 활동해온 라쓰치진羅須地人 철도협회가 있다. 그 협회는 증기기관차 애호가들이 설립한 것으로, 지바현千葉県 나리타시成田市의 나리타유메목장成田ゆめ牧場 내에 궤간 610mm의 선로를 깔고, 소형 증기기관차를 운영하고 있다. 소형 증기기관차의 일부는 회원들이 직접 만든 것이다. 라쓰치진 철도협회는 원래 철도 팬들의 활동으로 시작해서, 현

재는 회원이 50명에 이른다.[7] 어떤 사람들은 철도 보존 활동에 적극적으로 참여하기도 한다. 폐지된 철도시설을 보존하거나 관광용으로 활용하는데, 대체로 행정기관이 주도하는 경우가 많다. 또 철도 팬들이 시작한 철도 보존 활동의 규모가 커지면서 행정과 연계되기도 한다. 대표적인 경우인 가타카미[片上] 철도보존회는, 폐기된 철도 차량을 보존하기 위해 설립되어 철도시설이 있는 광산 터의 공원 안에 전체 길이 400m의 선로상에서 보존 차량을 운행하고 있다. 그 협회는 원래 애호가들의 조직이었지만, 현재는 행정기관으로부터 위탁[8]받아 보존 차량을 운영하고 있다. 라쓰치진 철도협회나 가타카미 철도 보존회와 사쿠라다니 경편철도의 차이점은 후자의 경우 개인의 취미활동으로부터 시작해서 나중에 자원활동가가 등장했으나, 어디까지나 철도의 제작 및 소유자는 개인이라는 사실이다. 따라서 사쿠라다니 경편철도는 당시 '개인의 취미'였다는 점이 중요하다.

다음 절에서는 모치모토 세쓰오와 자원활동가의 인터뷰조사를 바탕으로, 사쿠라다니 경편철도의 '사회화'와 젠더문화적인 양상을 서술하고자 한다. 조사 초기 단계에서는 사쿠라다니 경편철도 제작자인 모치모토에게 반구조화된 인터뷰[7]를 실시했다. 소년 시절 철도에 대한 관심, 사회인이 된 이후의 철도 취미, 자택에서 정원철도를 시작한 경위, 현재에 이르기까지의 변천 과정을 중심으로 두 번에 걸쳐 약 1시간 40분 동안 인터뷰를 진행했다.

이어서 자원활동가 8명에게도 반구조화 인터뷰를 시도했다. 주로 공개운전회 중간에 실시했기 때문에 인터뷰 시간은 30분 남짓이었다. 기본 질문은 '사쿠라다니 경편철도를 알게 된 계기', '자원활동을 시작한 계기', '자원활동

---

7) 인터뷰 질문지를 사전에 준비하기는 하지만, 구조화된 인터뷰에서처럼 엄격하게 질문이 결정되어 있지는 않으며, 참여자의 반응에 따라 추가적인 심층 질문의 가변성을 어느 정도 허용하는 인터뷰방식을 말한다.

가로서 현재의 역할', '사쿠라다니 경편철도의 매력', '향후 희망'이었으며, 철도 취미가 있는 경우에는 그에 대해서 추가로 질문했다. 그들 중에는 '운전면허제도' 도입 과정에 대해 말한 사람이 있었는데, 그것이 사쿠라다니 경편철도의 '사회화'를 상징하는 사건이라고 여겨져서 그 후에는 여기에 대한 질문을 추가했다. 또한 공개운전회에도 참여하면서 모치모토나 자원활동가, 일반 참가자에게 들은 것도 덧붙인다.

2. 사쿠라다니 경편철도의 제작 배경

모치모토 세쓰오의 만들기 문화 경험과 전기 기술의 경험

초등학생 때부터 철도를 좋아했던 모치모토는 비싸서 살 수 없었던, 태엽 장난감기차를 친구집에서 가지고 놀았다. 또 전기공작에도 흥미가 있어 라디오를 직접 만들기도 했다. 그 당시 전기로 움직이는 철도 모형 제작 가이드북도 읽었지만, 기술도 부족하고 돈도 없어 실제로 만들 수는 없었다.

철도나 전기공작에 대한 모치모토의 관심은 당시 소년 문화가 지향하던 맥락 위에 있었다. 쓰지 이즈미辻泉에 따르면, 도시의 중산층 소년을 중심으로 한 '소년 문화'에서, 철도는 다이쇼부터 쇼와시대 초기에 걸쳐 중요 관심 대상이었다. 쓰지 이즈미는 근대 초기부터 쇼와 전전 시기에 걸쳐서 '소년'들의 관심이 철도로 향하게 된 과정에 대해, "과학으로부터 모형이 파생되고, 모형에서 철도가 파생되는 흐름"[9]이 있었다고 지적했다. 이렇듯 당시의 소년 문화는 근대국가 건설에 필수적인 과학기술에 대한 관심과 결합하여 함께 형성되었다. 소년들의 철도 모형 취미에 대해서도, 철도 모형을 직접 만들고, 독창성을 발휘해서 기술적으로도 실물보다 앞서 나갈 것이 장려되었다. 모치모토의 소년

출생	1927년		
출생지 및 거주지	시가현(滋賀県) 고토(湖東) 출생, 고세(湖西)로 옮긴 후, 3·4세 무렵에 교토시로 이주했다. 1944 혹은 1945년 식량부족으로 영양실조에 걸려 고향으로 피난했다. 패전 후 1년 정도는 시가현에서 지냈다. 그후에는 규슈, 오사카 시내, 오사카 근교에 거주했다.		
학력	야간 중학교 졸업		
가족 구성	아버지, 어머니, 형, 누나가 있다. 형은 전기나 철도와 관련된 취미가 없었다.		
아버지 직업	초등학교 교사. 교사를 그만두고 가족이 교토로 이주했다. 이후 재봉틀을 사서 집에서 일했다. 또 공작을 좋아해서 목공 같은 것을 했다(직업적인 것은 아니었던 것 같다).		
어머니 직업	전업주부. 퇴직한 남편의 일을 돕기도 했다.		

시절 이야기는, 그가 전전시기의 소년 문화를 향유했다는 것을 알려준다.

모치모토 세쓰오는 전후[20대]에는 TV를 조립하는 일을 했고, 그 후에는 동료들과 같이 반도체를 취급하는 전기 관련 회사를 세웠다. 경제적인 여유가 생겨났을 무렵부터 HO게이지[궤간 16.5mm], N게이지[궤간 9mm]의 철도 모형을 제작했고, 철도와 함께 주위의 풍경을 디오라마로 재현하는 '레이아웃 제작'에 열중했다고 한다. 일본 사회가 고도 경제성장을 이룬 1970년대 이후, 철도 모형의 주류는 실물을 그대로 '축소'한 플라스틱 재질의 대량 생산 완성품으로 바뀌어갔다. 이러한 시대에 모치모토는 철도 모형 취미를 시작했으며, 차량은 기성품을 구입했다. 한편 소형의 N게이지는 일본의 주택환경을 고려한 레이아웃 제작이 대부분이었고, 제작사도 차량이나 선로뿐만 아니라 레이아웃용으로 건물이나 나무 등의 모형을 제품화했다. 이런 상황에서 모치모토의 관심은 레이아웃 제작으로 향했다.

1990년대 전반 모치모토가 퇴직 후 자택 정원에 공사용 레일트럭 레일을 관상용으로 설치한 것이 현재 사쿠라다니 경편철도의 시발점이었다. 그 후에는 선로를 연장하고 수동 레일트럭과 배터리 구동차를 제작해서 달리게 만들었다. 초창기에는 많은 사람들이 타고 즐기는 것이 아니라, 맥주병을 운반하기 위한 화물차로 사용하는 등 가정에서 실용적으로 사용했던 것이다.

1990년대 후반에는 선로 위에 전력공급용 전선을 설치해서 집전봉[8] 방식의 전차 운행을 시작했다. 외부에서 전기를 공급받는 방식의 정원철도는 드물었지만, 소년 시절부터 가졌던 모치모토의 전기공작에 대한 관심과 전기 관련 직업으로 숙달된 기술이 결부[10]되어 가능했다. 또 제작에 필요한 부품 중 선로나 바퀴는 공사용 레일트럭의 것들을 이용했지만, 그 밖의 부자재는 홈센터나 전자상가에서 구입 가능한 재료나 일용품을 사용[11]했다.

경편철도의 이미지

사쿠라다니 경편철도에는 모치모토 세쓰오가 좋아하는 철도 이미지가 투영되어 있다. 그것은 메이지시대부터 다이쇼시대에 걸쳐 국철 노선에 들어가지 않는 지역 사람들이 만든, 선로 폭이 좁고[9] 차량도 작은 저규격 철도인 경편철도이다. 차량도 작다.[12] 모치모토는 "실제 철도라기보다는 색다른" 분위기의 경편철도 차량을 모델로 삼아, 여러 형태의 차량을 제작했다. 실물 선로 폭과의 차이나, 승차 면에서 '실물과 똑같지는 않지만', 모치모토가 경편철도의 매력으로 꼽는 '미야자와 겐지宮沢賢治가『은하철도의 밤銀河鉄道の夜』1934에서 묘사한 분위기'를 재현하려고 노력했다.[13]

사쿠라다니 경편철도에는 경편철도라는 이상적인 모델이 있었고, 거기에 근접한 차량을 제작한 것이다. 그러나 승차를 전제로 한다면, 축소 모델같은 차량을 만들 수는 없다. 모치모토에게 사람이 탈 수 있는 차량을 제작하는 것은 정밀한 대형 모형을 만드는 것보다도 가치있는 일이었을 것이다. 사람들

---

8) 집전봉은 가장 고전적인 집전 장치로, 트롤리 폴(Trolley Poll)로도 불린다. 이것은 차체로부터 긴 장대 1개 또는 2개를 들어올려서, 가공 가선에 접촉시켜 집전하는 방식이다.

9) 원문 필자에 따르면 "선로 폭이 국철은 1,067mm인 데 비해 경편철도는 대부분 762mm"라고 한다.

이 자신이 제작한 차량을 타고 즐기는 것은 모치모토에게 기쁨이었고, 그것이 사쿠라다니 경편철도를 유지시키는 동력이 되어주었다.

3. 공개운전회와 자원활동가

공개운전회 시작부터 자원활동가의 등장까지

모치모토 세쓰오가 정원철도를 설치하자, 동네 아이들이 타고 싶다고 찾아오기 시작했다. 모치모토는 아들의 도움을 받아 1998년에 '사쿠라다니 경편철도'라는 이름으로 매월 1회 공개운전을 실시하게 되었다.

즐거워하는 아이들의 모습은 그가 정원철도를 계속 발전시켜나가는 동기가 되었다. 그러나 아이들을 비롯해 여러 사람들이 '좁은 곳에 몰려들어 시끄럽게 떠들어 이웃에게 폐가 되고' 또 궤간 381mm 정원철도와는 별개로, 소형 증기기관차가 뿜어대는 연기가 주변에 피해를 주게 되어, 2001년에 현재 장소로 옮겼다. 그곳은 약 3천 평의 가정 텃밭용 토지로 그중 3백 평 정도의 크기였다. 자택 시절부터 단골로 드나들던 사람들이 선로 부설 등을 돕기 위해 와 주었다.

정원철도를 이전한 후에는 모치모토와 아들, 두 사람으로는 공개운전회를 관리하기가 어려웠기 때문에 자원활동가가 등장하게 되었다. 처음에는 단골 중 한 사람이 철도를 좋아하는 자기 가족과 함께 돕기 시작했는데, 점차 다른 단골 방문객들이나 10대 소년들이 가세하고 나섰다.

이와 같은 정원철도의 이전 과정과 자원활동가의 등장으로부터, 우리는 사쿠라다니 경편철도가 공개운전을 통해 개인 취미의 제작물에서 사회적 존재로 변화하는 과정을 읽어낼 수 있다. 개인 주택에서 시작된 취미 창작물인 정원철도가 많은 사람들이 찾아오면서 그 주변에까지 영향을 미쳐, 현재 장소로 옮기게 된 것이다. 이전할 무렵에는 단골 방문객의 도움을 받았고, 이전 후에는 '자원활동가'가 등장했다. 이처럼 여러 사람들에게 공개된 것을 계기로 모치모토의 정원철도는 서서히 '사회화'되어갔다. 특히 공개운전회를 이끄는 자원활동가는 사쿠라다니 경편철도가 사회적인 존재로 위치하는 데에 매우 중요하다.

자원활동가의 개요

자원활동가는 대부분 남성이었다. 이들은 50세 이상의 '시니어 활동가'와 30세 이하의 '청년 활동가'로 나뉜다. 시니어 활동가 중에는, 자택 시절부터 모치모토 세쓰오의 정원철도와 관계하며 2001년 현재 장소로 이전할 때 선로 부설을 도운 사람, 최근 몇 년 동안 활동에 참가한 사람들이었다. 신참 시

<그림 4〉유니폼 조끼를 착용한 자원활동가

니어 활동가 중에는, 철도회사에서 선로 보수업무를 맡았던 경험을 살려서 사쿠라다니 경편철도의 보수 활동에 주축이 되어 있는 사람도 있다.

청년 활동가들은 소년 시절부터 운전회에 자주 참가했고, 시니어 활동가의 권유로 활동을 자원했다. 당시 '소년 활동가' 또는 '주니어 활동가'이었던 그들은 지금은 대부분 20대 후반이다. 그들 중 상당수는 고등학교나 대학에서 공학을 공부했으며, 철도나 교통에 관련된 직업을 가진 사람도 있다. 정원철도 만들기를 시도하는 사람도 있는 등 청년 활동가에게 기술적인 능력이 있다는 사실은 사쿠라다니 경편철도가 계속 이어질 기반이 될 것이다.

여성 자원활동가로는 SB 씨의 아내가 장소 이전 직후에 가족이 함께 활동에 참가했던 경우 외에는, 현재 한 사람이 있고, 과거에 한 사람이 더 있었을 뿐이라고 한다. 둘 다 남성 자원활동가와의 교제를 계기로 참가하게 되었다고 한다.

이름	생년	자원활동 참가 시기	자원활동 내용	직업
시니어 활동가				
SA	1946년	2001년	고정 역할은 없음	전(前) 전기회사 사원
SB	1957년	2001년	운전회 운영·위급 시 지시	디자이너, 음성·영상 엔지니어
SC	1957년	2012년	보수·관리	전(前) 철도회사 사원 (선로 보수 기술자)
SD	1963년	2012 혹은 2013년	시설정비·면허시험 보조· 체험 운전 수행·안전 확보	지방자치단체 직원
청년 활동가				
YA	1988년	2004년 즈음	체험 운전 수행 등등	운송회사 사원
YB	1989년	2011년 즈음	증기기관차의 정비·운전	교토 철도박물관 직원
YC	1990년	2004년	운전 감독(운전 차량 결정, 선로 전환·신호 조작 등)	택시회사 사원
YD	1994년	2007년 즈음	면허시험 전반	IT기업 사원

자원활동가가 남성 위주인 것은, 청년 활동가가 채용되는 과정에서 그 이유를 찾아볼 수 있다. 철도 모형 취미가 있는 남성들이 기술적 관심을 가지고, 사쿠라다니 경편철도를 방문하는 경우가 많았으리라고 쉽게 짐작할 수 있다. 이런 방문객은 모치모토나 기존의 자원활동가들과 친밀하게 교류하면서 사쿠라다니 경편철도를 깊이 이해하기 때문에, 공개운전회를 운영하고, 선로 보수작업을 하는 등의 자원활동을 할 수 있으리라고 기대되었다. 그 결과 남성 위주의 자원활동가가 형성되었다고 추측할 수 있다.

4. 자원활동가가 만든 '운전면허' 제도

체험 운전과 '면허시험'의 시작

방문객이 열차를 운전하기 위해 필요한 '운전면허' 제도는 사쿠라다니 경편철도의 '사회화'에 대한 상징적인 사건이다. 이 제도와 관련된 자원활동가의 이야기를 살펴보고자 한다. 다만 지금도 활동이 계속되고 있기 때문에, 익

<그림 5> 자원활동가가 탑승하는 체험 운전 모습

명성을 지키기 위해 내용을 크게 훼손하지 않는 범위 내에서 어조를 바꾸었다. 그리고 개별 발화자에 대해 가명은 쓰지 않았다.

사쿠라다니 경편철도는 일반 참가자를 대상으로 체험 운전과 면허가 필요한 운전이라는 두 가지 기회를 마련해두고 있다. 체험 운전에서는 자원활동가의 구두 지시에 따라야 하고, 면허를 취득한 경우에는 스스로 운전할 수 있다.

현재 운전면허에는 세 단계가 있다. 강습을 받은 당일에 한해서 체험 운전을 할 수 있는 '일일면허^{자원활동가 탑승 필수}', 자원활동가 동승 없이 운전할 수 있는 '일일면허', '본 면허'이다. 이것들은 매 단계마다 시험 통과 후에 취득할 수 있다. 면허시험에서는 신호확인이나 운전조작 등 세세한 채점표를 사용하며, 난이도가 꽤 높다. 필자도 실제로 체험해보니, 급커브나 언덕길이 있고, 신호가 많아서 운전이 어려웠다. 면허시험은 여러 차례 개정되어 왔고, 확실한 명단 기록도 없기 때문에 유의미한 데이터를 제시하기는 어렵지만, 지금까지 면허시험을 통과한 사람은 30명 정도이고 이중 여성은 3명이었다.

어느 시니어 활동가에 따르면, 운전면허는 자택 시절부터 시작되어왔고, 당시에는 간단한 강습 후에 받는 '기념품'처럼 간주되었다고 한다. 지금과 같이 엄격한 강습과 시험이 생겨난 것은 현재 장소로 이전한 후 방문객이 많아지면서부터이다. 또 철도 노선 가운데 선로 전환지점이 늘어나고 그와 함께 신호기도 증설되어 운행이 어려워졌다는 이유도 있다. 어느 청년 활동가는 예전보다 고성능인 차량이 제작되고, 운전 실수로 인한 탈선 등이 발생하면서, 이와 같은 소위 '사고'를 방지하기 위해서 면허제도가 강화되었다고 말했다. 어느 선로 보수 담당자는 당시에 선로 상태가 나빴기 때문에 탈선이 일어났다고 말하는 등 활동가들의 인식에도 차이가 있었다. 아무튼 청년 활동가가 말한 운전 실수와 그 결과로 탈선이 일어났다는 인식은 면허제도의 개정을 살펴보는 데 중요하다.

면허제도가 개정될 무렵, 청년 활동가는 공개운전회 담당자의 위치에서 개정안을 제안하고 검토했다. 지금껏 모치모토가 시설·설비·기기 등에서 홀로 창조성을 발휘해왔는데, 이제 청년 활동가도 사쿠라다니 경편철도에 대해 인재·기술·정보 측면에서 창조성을 발휘할 기회를 가지게 되었다.

면허시험에 대한 논의와 제작자로서의 모치모토 세쓰오

면허시험제도 개정을 논의하는 과정에서, 안전성과 관련하여 엄격한 면허시험을 주장하는 입장과 최대한 즐거운 분위기를 유지하려는 입장이 있어 서로 타협점을 찾아야 했다. 이와 함께 안전하게 공개운전회를 계속하면서도 가능한 한 방문객이 자유롭게 즐기기를 바란다는 모치모토의 뜻을 조화시키는 것이 중요했다.

우리들은 이곳을 지키고 싶고, 계속해나가고 싶기 때문에 사고가 있어서는 안 돼요. 하지만 모치모토 씨는 그렇게 '안전, 안전'하면서 엄격하게 구는 걸 원하지 않았어요. 면허제도를 개정할 때 '자원활동가 사이'에서도 제도 자체를 원리원칙 대로만 지키려는 것에 대해서는 엄청난 논란이 있었어요. 그건 모치모토 씨의 생 각과는 다르니까요. 운전해보고 싶다는 사람들의 바람을 들어주자는 게 모치모토 씨의 생각이지요. 그래서 어떻게 안전을 보장하면서 운전할 수 있는지 논의했고, 결국 지금의 제도로 결정된 것입니다.

이렇게 해서 안전성 확보와 운전을 즐기는 것 두 가지를 모두 충족시키기 위해, 현재의 3단계 면허제도의 기본 방향이 정해졌다.[14]

안전성과 오락성의 양립에 대해 지금과 같은 타협점을 찾아낸 것은 사쿠라 다니 경편철도의 운영에서 큰 의미가 있다. 다른 방향에서 보자면 이 과정은 사쿠라다니 경편철도의 '사회화'를 상징한다. 이 과정에 대해 어느 청년 활동 가는 다음과 같이 말한다.

그 과정을 보니, 마치 사회의 축소판을 보는 듯했습니다. 문제가 좀 생겼어. 자, 그럼 규칙rule에 맞춰, 라는 식이 되어 점점 복잡해졌습니다. 왠지 지금의 사회와 닮 았다고 생각했습니다.

면허제도의 개정을 둘러싸고 여러 논의가 오갔던 과정은 자원활동가들 사 이에서, 또 그들과 제작자인 모치모토와의 사이에서 사쿠라다니 경편철도에 대한 시각의 차이를 보여준다. 결국 자원활동가들은 안전성과 놀이의 편리성 을 조화시키면서 계속해나가자고 결론짓기는 했다. 그러나 이로부터 사쿠라 다니 경편철도를 찾는 많은 방문객으로 인해 생겨난 자체 규제와 개인의 취

運転士としての心得

第二段階では、子供だからと過度に配慮せず、ある程度大人の考え方が必要であることを認識させる。

▼本免許希望特に重要。常に観察されています。

運転士は、（受講中・試験中・合格後　いつでも）運転中、以下のことに気を付けなければいけません。

一、　常に　お客さん　がいることを忘れない

自分だけでなく、お客さんの命もあずかっています。

一、　安全運行　を常に気をつける

▼試験に出るかもしれないことを説明

「危ない！」と思ったらすぐに止まれるようにしましょう。

「出発進行」などを事例に。試験の時は、実施しないと確認していないと見られることも。

一、　指差確認（ゆびさしかくにん）　を必ずする

目で確認しただけでは、まちがえることもありますので、必ず指を指して確認しましょう。

一、　信号　や　標識（ひょうしき）　を必ず守る　←第一段階では後ろのスタッフが見ています。

一、　急　な操作（そうさ）をせず、ゆっくり確実に操作する

一、　車両を大切にし　やさしく　扱う

手作りである車両の修理には手間がかかります。大切に扱いましょう。

▼特に重要

また、合否判定には受験者のたいども点数に含まれます。**第一段階（だんかい）でも安全運転に気をつけない人**や、**試験官の指示を聞かない場合**は、**不合格**の場合もあります。

免許試験のしくみ

第一段階
・「一日免許（スタッフ添乗時限定）」を取得します。
・講習を受けた人はその日一日、スタッフが後ろに乗っている時に限り、**運転できます**。
・「運転士としての心得」が理解でき、健康上問題ない方ならば、どなたでも受験できます。

第二段階
・「一日免許（限定解除）」を取得します。
・講習と練習運転（一周）の後、実技試験を合格した人は、その日一日一人で運転できます。
・第一段階に合格している方ならばどなたでも受験できます（難易度はかなり高いです）

本免許
・桜谷軽便鉄道の年配のスタッフが特に優秀と認めた場合は、試験の後、顔写真付きで1年間有効の本免許が発行されます。
・試験はこちらで指定した方が受験でき、試験形式・合格基準などは、一切公開していません。
・青少年スタッフは関わっていません。詳しくは年配のスタッフまでお問い合わせください。

必ずすべて受験する必要はありません。**自分のスキルや目的に合わせて受験してください。**

〈그림 6〉응시자에게 제시되는 면허 제도에 대한 설명

미에 의한 창작물이라는 애초의 특성이 갈등을 일으켰음을 알 수 있다.

결과적으로 면허시험 개정 과정을 거치며, 사쿠라다니 경편철도는 공개운전회를 계속하는데 필요한 사회적 규범에 스스로를 맞추면서 변화해나간 것이다. 어느 시니어 활동가가 "사고가 나면 해산"할 수밖에 없다고 말했듯이, 자원활동가들은 사회적 존재로서의 사쿠라다니 경편철도에 '사고'는 치명적이라고 생각했다.

한편 이 논의가 안전과 놀이의 조화로 결론지어진 것은 사쿠라다니 경편철도가 모치모토의 개인적 취미라는 전제가 공유되고 있었기 때문이었다. 논의 도중에 몇몇 자원활동가는 그만두기도 했고, 또 몇몇은 지금도 면허제도 방식에 의문을 가지지만, 모치모토의 뜻을 존중하기 때문에 잠재된 갈등을 억누르고 있는 상태이다.

면허시험의 실제

여러 논의를 거친 면허 시험의 개정에서 창의성을 발휘한 쪽은 청년 활동가였지만, 시니어 활동가가 이와 전혀 관련 없었던 것은 아니다.

'본 면허' 시험은 매우 어렵다. 코스 중 몇 군데에 설치된 선로 분기점의 전철기와 연동되는 신호를 확인·준수하는 신호 확인 테스트는 특히 어렵다. 시험에서는 보통 청신호가 켜져 있는 곳을 갑자기 적신호로 바꾸는 '돌발 테스트'가 나온다. 동승한 시험 담당 활동가가 채점표에 실수를 기록하고, 그 결과에 따라 합격 여부가 판가름난다.

운전회 참가자 X씨에 따르면, 자신은 '돌발 테스트' 등에서 실수하는 바람에 여러 달 동안 본 면허 취득에 실패했다. 그런데 어느 날, 늘 시험을 담당했던 청년 활동가 대신 시니어 활동가로 바뀌었을 때 X씨는 합격할 수 있었다. 이에 대해 X씨는 합격 여부 판정에 대해, 동승한 시니어 활동가가 실질적인 권한이 있었다고 생각했다.

그러나 앞서 설명했듯이, 면허시험은 청년 활동가가 중심이 되어 실시되었고, 기본적으로 그들이 책정한 채점표에 따라 관리되었다. 따라서 수개월 동안 면허취득에 실패한 X씨를 보고, 원래는 시험 합격 여부에 관여하지 않는 시니어 활동가가 시험관을 자원해서 합격이라고 판정했을 가능성이 있다. 이는 기본적으로 면허제도는 기본적으로 엄격하게 운영되고 있지만, 사정에 따라 유연하게 운영될 수도 있다는 점을 시사한다.

5. 비영리법인화 회피

'개인의 취미성 유지'에 관한 또 다른 사례로, 사쿠라다니 경편철도의 비영리 법인화가 제안되었지만 실현되지 않았던 일을 들 수 있다. 이전 후 몇 년이 지나서 자원활동가 쪽에서 비영리법인을 설립해 운영·관리하자고 제안했지만 이루어지지 않았다.

> 한 번은 비영리법인같은 것을 세워서, 돈을 추렴해서 법인 소유로 하자는 이야기가 나왔습니다. (…중략…) 비영리법인이 되면 전체 의견에 따라 운영해야 한다. 극단적으로 말하자면, 개인이 좋아하는 전차는 만들 수 없게 될지도 모른다는 걱정이 있어서, 그 말은 흘려버렸습니다.

비영리단체 제안에는 구체적인 목적이 결여되어 있었기 때문에 더 이상 진전되지 않았다. 이는 개인적인 취미의 산물인 정원철도가 사회적으로 열린 존재가 됨으로써 사회 제도에 접속하고자 한 것이다. 그러나 분명한 목적 없이 막연한 지향에 그쳤긴 했지만, 결국 개인의 취미라는 전제로 회귀함으로써 최종적으로는 비영리단체가 되는 일을 회피하게 되었다.

나가며

사쿠라다니 경편철도는 제작자 이외의 사람들에게 정기적으로 공개되었고, 남녀노소 가리지 않고 공개운전회에 찾아왔다. 그래서 얼핏 보면 남성적인 모형 공작 취미의 연장선상에서 젠더 범주를 넘어선 철도 취미가 성립된 것처럼 여겨진다. 그러나 방문자들의 행동이나 자원활동 상황을 살펴보았을 때, 젠더적인 구별'을 찾아낼 수 있었다. 1990년대 이후 여성에게도 철도가 직업선택 대상이 되면서 철도의 존재 방식과 사회적인 이미지는 바뀌었다. 한편 사쿠라다니 경편철도 조사에서 밝혀진 것은 직업적인 측면에서가 아니라 개인의 자유로운 사적 영역에서는 젠더 차이가 잔존하고, 재생산되기 쉽다는 것이다.

사쿠라다니 경편철도에서는 공개운전회를 지속하기 위해서 운전면허제도를 실시하는 등 개인의 취미를 넘어선 '사회화' 현상을 볼 수 있다. 그러나 모치모토 세쓰오의 개인 취미라는 전제를 유지했기 때문에 이런 '사회화'에는 일정 정도 제동이 걸렸다.

개인의 취미가 사람들에게 공유됨으로써 생기는 사회성은, 개인의 놀이라는 즐거움과 더불어 커뮤니케이션의 즐거움을 가져다준다. 그러나 한편으로 '사회화'가 제한 없이 진행되면, 근원이었던 취미성은 사라져버린다. 개인의 취미가 사람들에게 열리고 그것이 계속 운영되기 위해서는 이 아슬아슬한 조화가 유지되어야 한다는 것을 사쿠라다니 경편철도의 사례는 보여주고 있다.

젠더리스^{genderless}라는 사회적 추세 속에서, 현시점에서는 젠더 구별이 되어 있는 것처럼 보이는 사쿠라다니 경편철도이지만, 앞으로 이러한 구별을 유지할 것인가. 개인의 소유물이라는 전제 아래에 성립된 사쿠라다니 경편철도가 향후 어떻게 전개될지는 불확실하지만, 자원활동에 관해 생각해보자면 남녀노소가 모이는 공개운전회에 여성 자원활동가가 지금보다 더 참여할 가능성이 크다. 그때 면허제도 방식을 비롯한 사쿠라다니 경편철도의 '놀이방식' 또한 바뀔 수 있을 것이다.

마치며

진노 유키 神野由紀

이 책은 '일본 근대의 만들기와 젠더─대량 생산 시대 취미의 젠더화 2015 ~2017 과학연구기반사업'라는 공동연구의 성과를 정리한 것이다. 연구의 발단은 내가 2013년 나카가와 아사코와 함께 시작한 '디자인과 젠더─일본 근대 여성에게 '만들기'가 가진 의미 고찰' 연구였다. 이는 전후 재봉에서 해방된 여성들이 바늘과 실을 사용한 '수예'를 취미로 삼게 된 1970년대 전후의 상황을 밝히고자, 인터뷰를 통해 수예와 그 배경에 있는 전업주부 규범을 고찰하는 연구였다.

나는 그동안 디자인과 취미의 문제를 다뤄왔고, 근대 이후 대중의 취미를 이해하기 위해서는 소비사회의 대량 생산품에 나타나는 디자인 표상을 연구해야 한다고 생각했다. 그러나 디자인과 젠더의 문제를 연구하기 위해 여성의 취미와 취향을 이야기하려면, 대량 생산품이 만연한 20세기 후반이라 할지라도 손으로 만든 것을 연구대상에 포함시켜야 한다는 사실을 깨달았다. 이는 남성의 취미를 연구할 때도 마찬가지였다. 그러나 남녀의 취미는 마니아의 단계로 접어들면 서로 상관하지 않는 별개의 세계가 된다. 수예라는 지극히 젠더화한 취미가 존재하는 다른 한편에 대중화한 남성의 만들기 취미가 존재하니, 남녀의 만들기 취미를 같은 토대에서 연구할 필요가 있었다. 이러한 문제의식을 가지고 처음에는 단출하게 시작한 연구였는데, 이후 연구 주제에 공감하는 의장학회意匠学会나 현대풍속연구회現代風俗研究会 사람들이 합류하여 참여 연구자가 점점 늘었다. 결국 남녀의 만들기 취미와 젠더에 대한 공동연구가 본격적으로 시작될 즈음에는 최종 11인의 연구회가 되었다.

자신의 체험, 혹은 수예나 DIY 취미에 몰두했던 부모 등 만들기 취미에 관해 평소 가지고 있던 학문적 관심이 각자의 연구 동기였다. 예를 들어, 어머니를 비롯한 당시 여성들은 왜 그토록 수예에 열중하고 자신이 만든 수예품으로 집안을 가득 채웠을까, 결코 생산활동으로 발전하지 않을 활동을 하면서 그 세대는 무엇을 원했던 것인가와 같은 관심이었다. 내가 줄곧 가졌던 질문이었는데 그동안 해온 소비사회 디자인 연구만으로는 답을 찾을 수 없었다.

직장 동료가 어느 날부터 조각도와 줄로 목공품을 만드는 취미에 빠졌는데, 계기가 된 것이 바로 소년 시절에 애독한 『어린이 과학』이었다고 한다. 당시 그는 자신이 만든 목공품을 잡지에 싣고자 많은 시간을 쏟아부었다고 한다. 소년 시절 '나무를 줄로 다듬던' 손의 기억 덕분에, 노후에 무엇을 할지 어떤 취미를 가질지를 고민하다가 문득 어릴 때 도전했던 목공이 떠올랐던 것이다. 취미의 배경에 정치적 의도가 있었다 하더라도, 개인의 만들기 경험은 국가를 위한 공헌이라기보다 지극히 개인적이고 감상적인 즐거운 기억으로 남아 있다. 왜 대량 생산의 시대에 아직도 만들기에 열중하는지에 대한 답이 바로 여기에 있다. 취미활동으로서 사물만들기는 합리주의적 근대 디자인에서 벗어나 있다. 또한 수예와 모형 공작이 근대 전기 정치성의 반영이라는 단순한 결론으로는 충분치 않다.

그런데 만드는 즐거움에 본능적으로 열중하는 사람들은 강고한 젠더적 편향성을 가지고 있었다. 또한 우리조차도 그러한 가치관을 무의식적으로 받아들이고 있음을 연구를 진행하는 동안 거듭 직면했다. 다양한 분야의 연구자와 토론하고 함께 조사를 실시했지만, 세부 주제 중에는 내가 모르는 모형 마니아에 관한 이야기가 많았다. 소녀들이 열중한 인형 만들기나 아플리케 이야기에 당혹스러워하는 남성 연구자도 있었다. 실제로 연구를 시작한 초기에는 최종적인 결론을 도출할 수 있을지조차 확신하지 못했다. 그러나 오히려 접점 없이 평행선이 지속되는 상황이야말로 남녀 젠더관에 둘러싸인 취미의 배타성과 그 세계관을 잘 보여준다고 할 수 있다. 또한 이를 병치시켜 보여주는 재미도 있었다.

만들기와 젠더에 관해서는 아직 연구해야 할 과제가 많이 남아 있다. 그간의 여러 연구들이 명확한 답을 내놓았다고 하기 어렵다. 오늘날의 만들기 문화를 이해하기 위해서는 이 책에서 다룬 주제 이외에도 동인지, 코스프레, 핸드메이드 페스티벌, 나아가 제작자이자 소비자인 프로슈머의 문제 등 앞으로 연구해야 할 주제가 많다. 이 책이 만들기 문화를 새롭게 이해하는 계기가 되고 나아가 새로운 취미 연구의 단초가 되길 바란다.

2019년 5월

주석

|서장|

1 松村明・三省堂編修所 편,『다이지린 일본어 사전(大辞林)』제3판, 三省堂, 2006.

2 今田絵里香, 「소년소녀 투서 문화의 젠더성 비교-1900~1919년대『일본소년』과『소녀의 벗』분석을 통해(少年少女の投書文化のジェンダ-比較-1900~1910年代の『日本少年』『少女の友』分析を通して)」, 小山静子 편, 『남녀별학의 시대-전전기 중등교육의 젠더성 비교 (男女別学の時代-戦前期中等教育のジェンダ-比較)』, 柏書房, 2015.

3 『브리태니커 국제대백과사전-소항목사전(ブリタニカ国際大百科事典-小項目事典)』제3권, ティビーエス・ブリタニカ, 1973.

4 『그랜드 현대백과사전(グランド現代百科事典)』제5권, 学習研究社, 1972.

5 『현대여성수예전집(現代婦人手芸全集)』전6권, 三瀬商店出版部, 1928.

6 山崎明子,『근대 일본의 '수예'와 젠더(近代日本の「手芸」とジェンダ-)』, 世織書房, 2005.

7 위의 책, 25면.

8 上野千鶴子,『가부장제와 자본제-맑스주의 페미니즘의 지평(家父長制と資本制-マルクス主義フェミニズムの地平)』, 岩波書店, 1990.

9 リチャード・セネット, 高橋勇夫 역,『장인-만드는 것이 생각하는 것이다(クラフツマン-作ることは考えることである)』, 筑摩書房, 2016.

10 徳山二郎 감수, 鈴木健次・桜井元雄 외역, アルビン・トフラ-,『제3의 물결(第三の波)』, 日本放送出版協会, 1980.

11 물론 만들기 취미는 여가활동이기에 자신의 미적 판단 기준인 취향에 따라 물건을 만든다. 그러나 이 책에서는 만들기 취미 세계에 존재하는 취향의 역학까지 다루지 않는다. 사회적 범용성을 가진 취향이 세분화된 취미의 세계에서 반드시 기능하는 것은 아니다. 취미와 취향의 관계에 관한 역사는 앞으로 더 검토해야 할 과제다.

12 山口昌男,『'패자'의 정신사('敗者'の精神史)』, 岩波書店, 1995; 鈴木廣之,『골동품 애호가들의 19세기-막부 말기와 메이지기 '물건'의 고고학(好古家たちの19世紀-幕末明治における'物'のアルケオロジ-)』(근대 미술의 행방 시리즈(シリーズ近代美術のゆくえ)), 吉川弘文館, 2003; 加藤幸浩,『토속 장난감에 관한 새로운 해석-무의식적인 '향수'는 왜 생길까(郷土玩具の新解釈-無意識の'郷愁'はなぜ生まれたか)』, 社会評論社, 2011.

13 藤田英典, 「학교화・정보화와 인간 형성 공간의 변용-분절형 관계 사회에서 크로스오버형 슈미엔(취미 인간관계) 사회로(学校化・情報化と人間形成空間の変容-分節型社縁社会からクロスオーバー型趣味縁社会へ)」, 北海道社会学会 편, 「현대 사회학 연구(現代社会学研究)」제4권, 北海道社会学会, 1991; 浅野智彦,『슈미엔으로 시작되는 사회 참여(趣味縁からはじまる社会参加)』(젊은이의 기분 시리즈(若者の気分)), 岩波書店, 2011.

14 北田暁大・解体研 편저,『사회에서 취미란 무엇인가-문화사회학의 방법 규준(社会にとって

趣味とは何か一文化社会学の方法規準)』(가와데북스(河出ブックス)), 河出書房新社, 2017.

15 ドロレス・ハイデン, 『가사대혁명－미국의 주택, 근린, 도시에서 페미니스트 디자인의 역사 (家事大革命－アメリカの住宅, 近隣, 都市におけるフェミニスト・デザインの歴史)』, 野口 美智子・藤原典子 역, 勁草書房, 1985; アン・ホランダー, 『성과 슈트(性とスーツ)』, 中野香織 역, 白水社, 1997.

16 ペニー・スパーク, 『파스텔 컬러의 함정－젠더의 디자인사(パステルカラーの罠－ジェンダ ーのデザイン史)』(라이브러리아선서(りぶらりあ選書)), 菅靖子・暮沢剛巳・門田園子 역, 法 政大学出版局, 2004.

17 宮台真司・辻泉・岡井崇之 편, 『'남자다움'의 쾌락－대중문화로 본 그 실태('男らしさ'の快楽 －ポピュラー文化からみたその実態)』, 勁草書房, 2009.

| 제1장 |

1 中原淳一, 「아플리케로 매일을 즐겁게(アップリケで毎日をたのしく)」, 『주니어 솔레이유(ジュニアそれいう)』 no.2, ひまわり社, 1954.10, 68~71면.

2 中原淳一, 「나무 열매 아플리케 스커트(木の実のアップリケのスカート)」, 『주니어 솔레이유(ジュニアそれいう)』 no.2, ひまわり社, 1954.10, 82~83면.

3 中原淳一, 「누구나 따라할 수 있는 사각과 원형의 아플리케(誰にでも出來る四角と円型のアップリケ)」, 『주니어 솔레이유(ジュニアそれいう)』 no.1, ひまわり社, 1954.7, 156~157면.

4 中原淳一, 「아플리케 방(アップリケのお部屋)」, 『주니어 솔레이유(ジュニアそれいう)』 no.5, ひまわり社, 1955.7, 96~101면.

5 中原淳一, 「로맨스 세 자매가 만든 좋아하는 스커트(ロマンス三人娘が作った好きなものスカート)」, 『주니어 솔레이유(ジュニアそれいう)』 no.11, ひまわり社, 1956.9, 122~129면.

6 內藤瑠根, 「작은 흰색 가방을 친구들의 마스코트로(小さな白いバッゲをお友達のマスコットに)」, 『주니어 솔레이유(ジュニアそれいう)』 no.8, ひまわり社, 1956.4, 148~149면.

7 中原淳一, 「겨울방 꾸미기(冬のお部屋の工夫をしましょう)」, 『주니어 솔레이유(ジュニアそれいう)』 no.7, ひまわり社, 1956.1, 42~44면.

8 松島啓介, 「소녀 9명이 함께한 액자(9人の少女がならんだ額)」, 『주니어 솔레이유(ジュニアそれいう)』 no.10, ひまわり社, 1956.7, 204~205면.

9 中原淳一, 「아플리케 방(アップリケのお部屋)」, 96~101면.

10 水野正夫, 「방 분위기 바꾸기(お部屋を模様替えしてゆく)」, 『주니어 솔레이유(ジュニアそれいう)』 no.5, ひまわり社, 1955.7, 51면.

11 中原淳一, 「아플리케 방(アップリケのお部屋)」, 96~101면.

12 「저렴한 천으로 커튼을(安い布地でカーテンを)」, 『주니어 솔레이유(ジュニアそれいう)』 no.4, ひまわり社, 1955.7, 27면.

13 「마쓰다 카즈코, 그림 그리기나 수예를 좋아해(松田和子さん―絵を描いたり手芸がすき)」, 『주니어 솔레이유(ジュニアそれいう)』 no.1, ひまわり社, 1954.7, 140면.

14 串田孫一, 「주위 사람을 행복하게 만들기 위한 노력(身のまわりの幸せをつくるための努力)」, 『주니어 솔레이유(ジュニアそれいう)』 no.12, ひまわり社, 1956.11, 24면.

15 「손수 만든 선물 준비(手作りの贈物の準備)」, 『주니어 솔레이유(ジュニアそれいう)』 no.11, ひまわり社, 1956.9, 155면.

16 「10대의 멋쟁이 백과(10代のおしゃれ百科)」, 『주니어 솔레이유(ジュニアそれいう)』 no.1, ひまわり社, 1954.7, 66~71면.

17 中原淳一, 「선물 꾸러미(贈物の包み方)」, 『주니어 솔레이유(ジュニアそれいう)』 no.2, ひまわり社, 1954.10, 84~85면.

18 中原淳一, 「선물은 삶의 즐거움(贈りものは暮しのたのしさ)」, 『주니어 솔레이유(ジュニアそれいう)』 no.6, ひまわり社, 1955.10, 138~139면.

19 松島啓介, 「크리스마스 선물, 베갯잇과 잠옷에 이니셜 수놓기(クリスマスの為の贈物イニ

シャル枕カバーとねまき入れ)」, 『주니어 솔레이유(ジュニアそれいう)』 no.12, ひまわり社, 1956.11, 198~199면.

20 위의 글, 198~199면; 中原淳一, 「나무 열매 아플리케 스커트(木の実のアップリケのスカ—ト)」, 82~83면.

21 水野正夫, 「안 입는 드레스 되살리기(手持のドレスを甦らす)」, 『주니어 솔레이유(ジュニアそれいう)』 no.5, ひまわり社, 1955.7, 55면.

22 中原淳一, 「10대 양재교실, 자투리 천으로 스커트(10代の洋裁教室 残り布のスカート)」, 『주니어 솔레이유(ジュニアそれいう)』 no.1, ひまわり社, 1954.7, 150~153면.

23 水野正夫, 「남은 털실 뭉치 하나로 만들 수 있는 액세서리(残り毛糸の玉一つで出来るアクセサリー)」, 『주니어 솔레이유(ジュニアそれいう)』 no.3, ひまわり社, 1955.1, 146~147면.

24 エキグチ・クニオ, 「못 쓰는 천으로 만들기(屑布でつくる)」, 『주니어 솔레이유(ジュニアそれいう)』 no.6, ひまわり社, 1955.10, 148~151면.

25 「당신은 작은 옷가게(あなたは小さな仕立屋さん)」 외, 『주니어 솔레이유(ジュニアそれいう)』 no.10, ひまわり社, 1956.7, 31면.

26 エキグチ・クニオ, 「못 쓰는 천으로 만들기(屑布でつくる)」, 148~151면.

27 「당신은 작은 옷가게(あなたは小さな仕立屋さん)」 외, 31면.

28 『주니어 솔레이유(ジュニアそれいう)』 no.3, ひまわり社, 1955.1, 58면.

29 中原淳一, 「10대 생활을 위해 여름 즐기기 배우기(10代のくらしのために夏を愉しむ工夫)」, 『주니어 솔레이유(ジュニアそれいう)』 no.1, ひまわり社, 1954.7, 134~136면.

30 위의 책, 66~71면.

31 『주니어 솔레이유(ジュニアそれいう)』 no.3, ひまわり社, 1955.1, 58면.

32 松島啓介, 「인형 가운데에서(お人形の中で)」, 『주니어 솔레이유(ジュニアそれいう)』 no.12, ひまわり社, 1956.11, 238면.

33 「고등학교를 졸업한 두 명의 주니어 중 한 명, 축복받은 직장에서 일하는 마쓰쿠라 후미코(高校を卒業した二人のジュニアその1恵まれた職場で働らく松倉富美子さん)」, 『주니어 솔레이유(ジュニアそれいう)』 no.3, ひまわり社, 1955.1, 72~74면.

34 新藤千恵, 「즐겁게 수고해 보자(楽しく骨を折ってみよう)」, 『주니어 솔레이유(ジュニアそれいう)』 no.12, ひまわり社, 1956.11, 30면.

35 「10대 생활의 한 장면, 우비키 히로코의 경우. 연극은 장래 내가 나아갈 길, 수예는 진정한 나의 즐거움(10代の幕らしの一齣 宇引弘子さんの場合演劇は将来私の進むみち手芸は本当の私の愉しみ)」, 『주니어 솔레이유(ジュニアそれいう)』 no.1, ひまわり社, 1954.7, 86~89면.

36 「10대의 멋쟁이 백과(10代のおしゃれ百科)」, 66~71면.

37 위의 글, 66~71면.

38 街夕記子, 「창조의 기쁨(創り上げるよろこび)」, 『주니어 솔레이유(ジュニアそれいう)』 no.5, ひまわり社, 1955.7, 55면.

39 「10대 생활의 한 장면, 우비키 히로코의 경우. 연극은 장래 내가 나아갈 길, 수예는 진정한 나

　　의 즐거움(10代の暮らしの一齣 宇引弘子さんの場合 演劇は将来私の進むみち 手芸は本当の
　　私の愉しみ)」, 86~89면.

40　中原淳一,「가족 모두의 방석(家の皆のざぶとん)」,『주니어 솔레이유(ジュニアそれいう)』
　　no.3, ひまわり社, 1955.1, 130~133면.

41　『주니어 솔레이유(ジュニアそれいう)』 no.4, ひまわり社, 1955.7, 109면.

42　「미용사의 길에 들어서다. 오이카와 아케미(美容師の道にひた進む 及川明美さん)」,『주니어
　　솔레이유(ジュニアそれいう)』 no.13, ひまわり社, 1957.1, 204~207면.

43　『주니어 솔레이유(ジュニアそれいう)』 no.4, 71면.

44　「주니어 앙케이트, 나의 학생 생활(ジュニアのアンケエト 私の学生生活)」,『주니어 솔레이유
　　(ジュニアそれいう)』 no.6, ひまわり社, 1955.10, 32면.

45　「히마와리 소녀 No.1 매일을 밝게 빛내는, 인형을 만드는 소녀 야스다 하루미(ひまわり少女
　　No.1 明るく毎日をいろどるお人形をつくる少女 安田はるみさん)」,『주니어 솔레이유(ジュ
　　ニアそれいう)』 no.9, ひまわり社, 1956.5, 206~208면.

46　神野由紀,「근대 일본의 디자인과 젠더, 손수 만든 인테리어의 의미 고찰(近代日本のデザイ
　　ンとジェンダー 手作りインテリアの意味をめぐる考察)」, 意匠学会 편,『디자인 이론(デザイ
　　ン理論)』 제72호, 意匠学会, 2018, 83~84면.

47　전전에 와타나베 다츠고로(渡邉辰五郎)가 고안한「바느질 모형(裁縫雛型)(실제와 다름없이
　　정밀한 3분의 1 축적의 의복이나 생활용품 만들기 모형−역자)」은 많은 여성교육기관에서
　　사용되었다.

48　藤井達吉,『가정수예품 제작법(家庭手芸品の製作法)』, 婦人之友社, 1923.

49　藤井達吉,『초보자를 위한 수예 도안 그리기−부록 응용도안 100종(素人のための手芸図案
　　の描き方−附·応用図案百種)』, 婦人之友社, 1926.

50　예를 들면 올림포스 제사(製絲)는 1928년 일본산 자수 실 개발에 성공하여 생산하기 시작했
　　고, 1932년에는 레이스 실 생산에 돌입했다. 1951년에는 전쟁으로 생산이 중단된 자수 실, 레
　　이스 실 등의 생산이 전면 개시되었다.

51　미야와키 아야코(宮脇綾子)는 '아플리케(アプリケ)'라고 표기했다. '앗플리케(アップリケ)'
　　와 '아플리케(アプリケ)'의 명확한 구별은 어렵지만 둘은 같은 기법을 가리킨다. 미야와키는
　　분명 '아플리케(アプリケ)'라고 'ㅅ'을 빼고 표기하였다.

52　「어머니에게 바란다(母にのぞむ)」,『주니어 솔레이유(ジュニアそれいう)』 no.1, ひまわり社,
　　1954.7, 98~99면.

53　위의 글, 98~99면.

54　マチユキコ,「엄마와 두 딸(ママと二人の娘たち)」,『주니어 솔레이유(ジュニアそれいう)』
　　no.3, ひまわり社, 1955.1, 83면.

55　山崎明子,「전후 수예 열풍과 새로운 '주부' 규범(戦後手芸ブームと新たな'主婦'規範)」, 池田
　　忍 편,「표상, 제국, 젠더−성전에서 냉전으로, 2006~2007년도(表象/帝国/ジェンダー−聖
　　戦から冷戦へ 2006~2007年度)」(「지바대학 사회문화과학연구과 연구프로젝트 보고서(千

葉大学社会文化科学研究科研究プロジェクト報告書)」第175집), 千葉大学大学院人文社会
科学研究科, 2008, 91~110면.

56 中原淳一, 「아플리케 방(アップリケのお部屋)」, 『주니어 솔레이유(ジュニアそれいう)』 no.5,
ひまわり社, 1955.7, 96~101면.

57 위의 글, 96~101면.

58 위의 글, 96~101면.

59 小山銀子, 「전전에서 배운다는 것(戦前のお稽古ごと)」, 『주니어 솔레이유(ジュニアそれい
う)』 no.14, ひまわり社, 1957.3, 48면.

60 「독자 여러분의 사연(読者の皆さんのおたより)」, 『주니어 솔레이유(ジュニアそれいう)』
no.11, ひまわり社, 1956.9, 240면.

61 「독자 여러분의 사연(読者の皆さんのおたより)」 편집부 답장, 『주니어 솔레이유(ジュニア
それいう)』 no.11, ひまわり社, 1956.9, 240면.

62 田中マサコ, 「입는 것에 대하여(着るものについて)」, 『주니어 솔레이유(ジュニアそれいう)』
no.9, ひまわり社, 1956.5, 29면.

63 中原淳一, 「에이프런(エプロン)」, 『주니어 솔레이유(ジュニアそれいう)』 no.4, ひまわり社,
1955.7, 46~49면.

64 「어린이 스타일에서도 주니어복은 탄생한다(小さな子供のスタイルからもジュニアの服は
生れる)」, 『주니어 솔레이유(ジュニアそれいう)』 no.6, ひまわり社, 1955.10, 86면.

65 「가정의 화려함(家庭のいろどり)」, 『주니어 솔레이유(ジュニアそれいう)』 no.3, ひまわり社,
1955.1, 63면.

66 城夏子, 「하찮은 것이라도(粗末なものでも)」, 『주니어 솔레이유(ジュニアそれいう)』 no.13,
ひまわり社, 1957.1, 24면.

1   谷崎潤一郎, 『세설(細雪 全)』, 中央公論新社, 1983, 269면.(본문의 한국어 번역은 다니자키 준이치로, 송태욱 역, 『세설 상』, 열린책들, 2007, 214면에 따름)

2   今田絵里香, 『젠더분석총서 '소녀'의 사회사(双書ジェンダー分析 '少女'の社会史)』, 勁草書房, 2007.

3   今田絵里香, 「스타―어떤 스타상이 만들어졌는가 미디어연구(スターーどのようなスター像が作られてきたのか メディア研究アプローチ)」, 小林盾・吉田幹生 책임편집, 成蹊大学文学部学会 편, 『세케대학인문총서 데이터로 보는 일본문화―고등학생으로부터 읽는 문학・사회학・미디어연구 입문(成蹊大学人文叢書 データでむ日本文化―高校生からの文学・社会学・メディア研究入門)』, 風間書房, 2015, 67~93면.

4   今田絵里香, 『젠더분석총서 '소녀'의 사회사(双書ジェンダー分析 '少女'の社会史)』; 今田絵里香, 「스타―어떤 스타상이 만들어졌는가 미디어연구(スターーどのようなスター像が作られてきたのか メディア研究アプローチ)」.

5   今田絵里香, 「스타―어떤 스타상이 만들어졌는가 미디어연구(スターーどのようなスター像が作られてきたのか メディア研究アプローチ)」.

6   遠藤寛子, 『『소녀의 벗』과 그 시대―편집자의 용기 우치야마 모토이(『少女の友』とその時代―編輯者の勇氣 內山基)』, 本の泉社, 2004.

7   中原蒼二 편, 「別冊太陽」, 『나카하라 준이치의 인형―인형을 향한 그의 열정과 인형 만들기(中原淳一の人形―人形への熱き想いと作りの方のすべて)』, 平凡社, 2001.

8   中原蒼二, 「부친 나카하라 준이치와 『소녀의 벗』(父・中原淳一と『少女の友』)」, 遠藤寛子/內田靜枝 감수, 實業之日本社 편, 『『소녀의 벗』 창간 100주년 기념호―메이지・다이쇼・쇼와 베스트 셀렉션(『少女の友』創刊100周年記念号―明治・大正・昭和ベストセレクション)』, 實業之日本社, 2009, 14~17면.

9   今田絵里香, 「'소녀'가 되다―소녀 잡지에 있어 읽는 것/보는 것/쓰는 것을 둘러싸고('少女'になる―少女雑誌における 讀むこと/見ること/書くことをめぐって)」, 『유리카(ユリイカ)』 靑土社, 2013.11, 178~186면.

10 遠藤寛子, 『『소녀의 벗』과 그 시대―편집자의 용기 우치야마 모토이(『少女の友』とその時代―編輯者の勇氣 內山基)』.

11 內山基, 「친구클럽으로부터」, 『소녀의 벗(少女の友)』, 實業之日本社, 1937.4, 331면.

12 위의 글, 319면.

13 讀者, 「친구클럽으로부터」, 『소녀의 벗(少女の友)』, 實業之日本社, 1937.7, 319면. 독자 투고자는 익명성을 지키기 위해 '독자'로 표기한다.

14 「친구클럽으로부터」, 『소녀의 벗(少女の友)』, 實業之日本社, 1937.7, 310면.

15 위의 글, 327면.

16 위의 글, 320면.

17 「친구클럽으로부터」, 『소녀의 벗(少女の友)』, 實業之日本社, 1937.9, 318면.

18 위의 글, 320면.

19 「친구클럽으로부터」, 『소녀의 벗(少女の友)』, 實業之日本社, 1937.5, 322면.

20 '피치코와 차코'는 당시 마쓰모토 가쓰지(松本かつぢ)가 『소녀의 벗』에 연재하고 있던 만화
    의 주인공. '파레아나'는 『소녀의 벗』에 연재 중이던, 엘레나 포터 원작(岩下惠美子 역) 소녀
    소설의 주인공.

21 讀者, 「친구클럽으로부터」, 『소녀의 벗(少女の友)』, 實業之日本社, 1934.11, 305면.

22 위의 글, 310면.

23 위의 글, 316면.

24 今田絵里香, 「스타―어떤 스타상이 만들어졌는가 미디어연구(スタ――どのようなスター像
    が作られてきたのか メディア研究アプローチ)」.

25 위의 글.

26 中原淳一, 「주니어 솔레이유 패턴(ジュニアそれいゆ・ぱたーん)」, 『주니어 솔레이유(ジュニ
    アそれいゆ)』, ひまわり社, 1956.5, 10면.

27 松島啓介, 「강아지 가방」, 『주니어 솔레이유(ジュニアそれいゆ)』, ひまわり社, 1958.3, 76면.

28 松島啓介, 「인형 만들기 요령을 가르쳐드릴게요」, 『주니어 솔레이유(ジュニアそれいゆ)』, ひ
    まわり社, 1960.5, 233면.

29 內藤瑠根, 「트럼펫 모양의 스웨터를 입은 인형」, 『주니어 솔레이유(ジュニアそれいゆ)』, ひま
    わり社, 1956.1, 50면.

30 편집자, 「히마와리 소녀 야스다 하루미」, 『주니어 솔레이유(ジュニアそれいゆ)』, ひまわり社,
    1956.5, 206면.

31 松島啓介, 「인형 만들기 요령을 가르쳐드릴게요」.

32 中原淳一, 「포장지로 만드는 인형」, 『주니어 솔레이유(ジュニアそれいゆ)』, ひまわり社,
    1954.10, 124면.

33 安田はるみ, 「인형 오늘도 좋은 날씨」, 『주니어 솔레이유(ジュニアそれいゆ)』, ひまわり社,
    1958.1, 236면.

34 松島啓介, 「인형 네 꼬마」, 『주니어 솔레이유(ジュニアそれいゆ)』, ひまわり社, 1958.7, 160면.

35 エギグチ クニオ, 「진급・입학・졸업 선물 2 작은 동물 인형」, 『주니어 솔레이유(ジュニアそ
    れいゆ)』, ひまわり社, 1956.4, 147면.

36 편집자, 「마쓰시마 게이스케 선생 방문」, 『주니어 솔레이유(ジュニアそれいゆ)』, ひまわり社,
    1960.10, 147면.

37 今田絵里香, 「잡지 사회계층과의 보이지 않는 연결이란」, 山田昌弘/小林盾 편, 『라이프 스타
    일과 라이프 코스―데이터로 보는 현대 사회(ライフスタイルとライフコースーデータで讀
    む現代社会)』(세케대학 아시아태평양 연구센터 총서(成蹊大学アジア太平洋研究センター
    叢書)), 新曜社, 2015, 71~77면.

1. 근대 이후 일본의 수예와 젠더에 대해서는 야마자키 아키코(山崎明子)의『근대 일본의 '수예'와 젠더(近代日本の「手芸」とジェンダー)』(世織書房, 2005)가 잘 설명한 바 있다. 또한 야마자키는 전후 인테리어 수예에 대해서도 「전후 수예 유행과 새로운 '주부' 규범(戰後手芸ブームと新たな'主婦'規範)」(池田忍 편, 「표상/제국/젠더ー성전에서 냉전으로 2006~2007년도(表象/帝国/ジェンダーー聖戰から冷戰へ 2006~2007年度)」(「지바대학 사회문화과학연구과 연구프로젝트 보고서(千葉大学社会文化科学研究科研究プロジェクト報告書)」제175호), 千葉大学大学院人文社会科学研究科, 2008)에서 상세하게 고찰했다.

2. 神野由紀, 「근대 일본의 소녀적 표상 생성에 대하여ー상품디자인의 특징 분석을 통해(近代日本における少女的表象の生成についてー商品デザインの特徴分析から)」, 意匠学会 편, 『디자인이론(デザイン理論)』제63호, 意匠学会, 2013.
1950년대부터 1960년대에 소녀 시기를 보내고 이후 주부가 되어 수예를 취미로 삼은 여성들에 대해서는 설문조사 및 인터뷰를 통한 연구 결과로서 다음의 논문을 게재한 바 있다. 神野由紀・中川麻子, 「디자인과 젠더ー근대 여성에게 '만들기'가 가진 의미 고찰(デザインとジェンダーー近代の女性における'手作り'の意味に関する考察)」, 関東学院大学人間環境研究所 편, 『관동학원대학 인간환경연구소 회보(関東学院大学人間環境研究所所報)』제13호, 関東学院大学人間環境研究所, 2014.

3. 『주니어 솔레이유(ジュニアそれいゆ)』등 전후 소녀 잡지 문화에 관해서는 今田絵里香, 「전후 일본의 소녀 잡지 문화에서 '소녀'ー소녀 잡지『히마와리』와『주니어 솔레이유』를 중심으로(戰後日本の少女雑誌文化における「少女」ー少女雑誌『ひまわり』『ジュニアそれいゆ』分析を中心に)」, (『일본 교육사회학회대회 발표요지 모음집(日本教育社会学会大会発表要旨集録)』제60호, 日本教育社会学会, 2008) 등에 상세히 서술되어 있다.

4. 여기서는 인형 만들기를 포함하지 않았지만, 10대 소녀들에게 인형이 놀기 위한 것이 아니라 방의 인테리어로 기능했던 것을 고려하면 기사 수는 훨씬 더 늘어난다.

5. 그 외『생활그림책(生活の絵本)』(『솔레이유 임시증간(それいゆ臨時増刊)』제1~8호, ひまわり社, 1952~1954)도 적절히 참조했다.

6. 中原淳一, 『아플리케와 공작(アップリケと工作)』(『주니어 솔레이유 임시증간(ジュニアそれいゆ臨時増刊)』), ひまわり社, 1960.8, 6면.

7. 위의 글, 6면.

8. 『주니어 솔레이유(ジュニアそれいゆ)』에서 소녀 일러스트로 인기를 얻었고, 팬시 잡화 디자인에도 많이 참여했다.

9. 앞서 언급한『아플리케와 공작(アップリケと工作)』의 아플리케 기사 36건 중 의복에 관한 것이 13건에 이른다.

10. 片山龍二, 『즐거운 일요공작(たのしい日曜工作)』, ひまわり社, 1958.

11. 조금 더 나이가 많은 젊은 여성을 위한『솔레이유(それいゆ)』의 별책『생활그림책(生活の絵本)』(『솔레이유 임시증간(それいゆ臨時増刊)』)은 공작을 중심으로 한 만들기 기사 특집 별

책으로 전 8권에 달했다.

12　加藤秀俊,「홈 드라이버와 일요목공－비대리적 여가의 문제(ホーム・ドライバーと日曜大工－非代理的余暇の問題)」,『중앙공론(中央公論)』, 中央公論社, 1960.6. 전후 일본의 일요목공 취미에 대해서는 제9장 溝尻眞也,「일요목공의 사회사－남성의 만들기 취미와 가정주의(日曜大工の社会史－男性の手作り趣味と家庭主義)」에 상세히 서술되어 있다.

13　다도나 꽃꽂이가 남성의 취미에서 여성의 교양으로 변모해 확산되자, 남성의 가문을 정점으로 한 지도체제 네트워크가 만들어지는 경위에 대해서 가토 에쓰코(加藤恵津子)가 이미 밝힌 바 있다. 이러한 '남성에게 계몽을 배운다'는 태도는 나카하라 준이치나 하나모리 야스지(花森安治)가 주도한 잡지의 독자들에게도 그대로 계승되었다(加藤恵津子,『'차'는 왜 여자의 것이 되었는가－다도로 보는 전후의 가족('お茶'はなぜ女のものになったか－茶道から見る戦後の家族)』, 紀伊國屋書店, 2004).

14　中原淳一,『아플리케와 공작(アップリケと工作)』(『주니어 솔레이유 임시증간(ジュニアそれいゆ臨時増刊)』), ひまわり社, 1960.8, 6면.

15　신문 연재 기간이나 TV방송 기간 등 상세한 내용은 불명. 그 외에도 가타야마 류지(片山龍二)는『아이디어 신사(アイディア紳士)』(講談社, 1963) 등, 다수의 저서를 간행했다.

16　国立社会保障・人口問題研究所,『일반인구통계－인구통계자료집(一般人口統計－人口統計資料集)』(2005년판)에서 표 '성별 고등학교・대학교 진학률－1950~2003년(性別高等学校・大学への進学率－1950~2003年)' http://www.ipss.go.jp/syoushika/tohkei/Popular/P_Detail2005.asp?fname=09~03.htm&title1=%87%5C%81D%8B%B3%81%40%88%E7&title2=%95%5C%82X%81%7C%82R%81%40%90%AB%95%CA%8D%82%93%99%8Aw%8DZ%81E%91%E5%8Aw%82%D6%82%C-C%90i%8Aw%97%A6%81F1950%81%602003%94N(접속일 : 2017.10.1)

17　『나의 방(私の部屋)』제1호, 婦人生活社, 1972.

18　編集委員会 편(편집위원장 江口英彦),『사단법인 일본 DIY협회 20년의 행보(社団法人日本DIY協会20年の歩み)』, 日本ドゥ・イット・ユアセルフ協会, 2000. 다만, 미조지리 신야(溝尻眞也)에 따르면 이 협회의 언급 외에는 DIY를 영국부흥운동과 결부한 서술은 영국에서도 찾을 수 없다.

19　毛利嘉孝,『처음하는 DiY－무엇이든 돈으로 살 수 있다고 생각하지 마!(はじめてのDiY!何でもお金で買えると思うなよ!)』(P-vine books), ブルース・インターアクションズ, 2008, 40~51면.

20　「만들기 스피릿(手作りスピリット)」,『나의 방(私の部屋)』제40호, 婦人生活社, 1974, 3면.

21　위의 글, 3면.

22　『지구백과(Whole Earth Catalog)』(1968~1974). 현재는 인터넷에서 공개, 판매되고 있다. http://www.wholeearth.com/index.php(접속일 : 2018.1.18)

23　「만들기 스피릿(手作りスピリット)」.

24　ペニー・スパーク,『파스텔 컬러의 함정－젠더의 디자인사(パステルカラーの買－ジェンダ

ーのデザイン史)』(라이브러리아선서(りぶらりあ選書)), 菅靖子・暮沢剛巳・門田園子 역, 法政大学出版局, 2004, 199면.

25 위의 책.

26 石山修武, 『웃는 주택(笑う住宅)』, 筑摩書房, 1986.

27 隈研吾, 『10주택론－열 가지의 일본인이 사는 열 가지의 주택(10宅論－10種類の日本人が住む10種類の住宅)』, トーソー出版, 1986.

28 高柳佐知子, 「나의 컨트리 일기(私のカントリー日記)」, 『나의 방(私の部屋)』 제14호.

29 위의 글, 89면.

30 오사카만국박람회(大阪万国博覧会) 전시를 시작으로 1970년대 중반 전시회를 통해 일본에 패치워크 퀼트가 소개・확산된 양상에 대해서는 가타 마사코(片桐真佐子)의 「재패니즈 퀼트의 특징 '나'를 표현하는 도구－1970년대 후반부터 1980년대를 중심으로(ジャパニーズキルトの特質『私』を表現するツール－1970年代後半から8年代を中心に)」(京都造形芸術大学大学院, 석사논문, 2015)에 상세하게 서술되어 있다.

31 内藤三重子, 「매일의 시간(毎日の時間)」, 永井宏 편, 『로맨틱하게 살기로 한 이유(ロマンティックに生きようと決めた理由)』에 수록, アノニマ・スタジオ, 2006, 村椿菜文, 『나이토 미에코 씨의 일－손과 영혼(内藤三重子さんのこと－hand and soul)』, アノニマ・スタジオ, 2006.

32 「여름방학을 위한 DO IT YOURSELF '만드는 일은 행복한 일입니다'(夏休みのためのDO IT YOURSELF '創るってとってもHAPPYなことです')」, 『나의 방(私の部屋)』 제26호, 婦人生活社, 1976, 22~31면.

33 「MY LIFE 검약 게임(MY LIFE 倹約ゲーム)」, 『나의 방(私の部屋)』 제52호, 婦人生活社, 1980, 120~123면.

34 나이토 미에코(内藤三重子)와 『나의 방(私の部屋)』(婦人生活社, 1972~1992)에 대해서는 내가 진행한 인터뷰 등을 포함하여 향후 연구가 더 필요하다.

35 「가게에 내건 나의 변신(お店に賭ける私の転身)」, 『나의 방(私の部屋)』 제73호, 婦人生活社, 1984, 73면.

36 진노 유키와 나카가와 아사코(中川麻子)가 실행한 설문조사 및 인터뷰에서.(미주2번 참조)

37 '핸드메이드'라는 말의 오늘날 사용법에 대해서는 제4장 中川麻子, 「여학생과 수예－『주니어솔레이유』세대의 계승(女子学生と手芸－『ジュニアそれいゆ』世代からの継承)」을 참조.

이 장은 『디자인 이론(デザイン理論)』 제72호(意匠学会, 2018)에 게재한 「근대 일본의 디자인과 젠더－만들기 인테리어의 의미에 대한 고찰(近代日本のデザインとジェンダー手作りインテリアの意味をめぐる考察)」을 바탕으로 한 글이다.

| 제4장 |

1. 日本生産性本部, 『레저백서 2017 – 여가 현황과 산업·시장의 동향(レジャー白書2017 – 余暇の現状と産業·市場の動向)』, 日本生産性本部, 2017.

2. 山本泉, 「재봉교육과 핸드메이드 활동의 관계 – 연구배경과 계획(裁縫教育とハンドメイド活動の関係 – 研究の背景と計画)」, 大阪樟蔭女子大学樟蔭教職研究編集委員会編, 『쇼인교직연구(樟蔭教職研究)』 제2권, 大阪樟蔭女子大学樟蔭教職研究編集委員会, 2018, 97면.

3. 1989년 이후 중학교 가정교과 내 의복분야는 필수영역에서 제외되었다. 또 교육의 방향이 선택영역을 늘려 재량을 부여하는 쪽으로 전환됨에 따라 의복 만들기의 시간과 내용은 더욱 줄어들었다. 의복 만들기 내용은 학교 상황에 따라 자율적으로 선택할 수 있게 되었다. 따라서 의복분야 교육은 학교(교사)에 따라 차이가 컸다. 西之園君子·中村民惠, 「전후 초중고등학교의 가정교과 교육의 전환(제1보) 학습지도요령 내 의복교육지도내용 개정(戦後における小·中·高等学校の家庭科教育の変遷(第1報) 学習指導要領における被服教育指導内容の改訂)」, 鹿児島純心女子短期大学 編, 『가고시마준신여자전문대학 연구기요(鹿児島純心女子短期大学研究紀要)』 제30호, 鹿児島純心女子短期大学, 2000, 11면.

4. 집에서 전업주부가 여는 개인교실은 1970년대부터 있었지만 2006년에 인기 있는 여성 잡지 「베리(VERY)」(光文社, 1995년)가 '살로네제(salonese)'란 이름을 붙이면서 주목받게 되었다. 수예 분야의 경우, 프랑스 자수나 화이트워크 등 전문적인 교실이 많았다.

5. 生田みっ子, 『태팅레이스(タッチングレース)』(수예 입문 신서), 雄鶏社, 1965.

6. 主婦と生活社, 『수예전서 – 자수·레이스 뜨기·털실 뜨개질, 기초와 응용작품(手芸全書 – 刺繍·レース編·毛糸編 基礎と応用作品)』, 主婦と生活社, 1966.

7. 暮しの研究会 編, 『생활 속 수예와 공작(暮しの手芸と工作)』, 文陽社, 1961.

8. 『즐거운 수예 제21(선물용 수예)(たのしい手芸 第二十一(プレゼント手芸))』(婦人画報社, 1970), 『즐거운 수예 제26(손쉬운 수예)(たのしい手芸 第二十六(やさしい手芸))』(婦人画報社, 1971) 등.

9. 谷川栄子, 『쉽고 즐거운 등나무 공예 – 바구니에서 인형까지 초보자도 가능한 기초와 작품(やさしくできてたのしい藤手芸 – かごからお人形まで, 初めての方でも作れる基礎と作品)』, 日本ヴォーグ社, 1980.

10. 芸術教育研究所 編, 平田麻里子 그림, 『폭신폭신 플라워 수예 놀이 2(ふわふわフラワー手芸あそび2)』(『놀이 그림책(あそびの絵本)』 제12권), 岩崎書店, 1980.

11. NHK取材班, 『NHK 세계 수예 기행 1 니트 레이스 뜨기 편(NHK世界手芸紀行1ニットレース編)』, 日本放送出版協会, 1989.

12. 風間洋子, 「프랑스 고블랭 공방의 고블랭직조 유학 체험(フランスのゴブラン工房 ゴブラン織留学の体験から)」, 「월간 염직α – 염색과 직조를 즐기는 사람들을 위한 생활정보지(月刊染織α – 染めと織りを楽しむ人の生活情報誌)」, 染織と生活社, 1993.3.

13. 『귀엽게 변신! 우유 팩 수예 – 아이디어 가득한 35점(かわいく変身!牛乳パック手芸 – アイデアいっぱいの35点)』(쁘띠 부티크 시리즈), ブティック社, 2000.

14 平野欽吾, 「즐거운 미각은 핸드메이드 아이스크림으로-아이스크림과 아이스캔디(喜ばれる味覚はハンドメイドのアイスクリーム-アイスクリーム・アイスキャンデイー)」(『과자와 빵(菓子とパン)』, 業評論社, 1950.6), 「핸드메이드 캔디(ハンド・メイド・キャンデー)」(『제과제빵(製菓製パン)』, 製菓実験社, 1965.1) 등, 여기에서 핸드메이드란 단어는 '기계에 의해 대량 생산된' 식품과의 차별화를 위해 사용되었다.

15 柏木二郎, 「꿈을 만드는 핸드메이드 스포츠카(夢をつくるハンド・メイド・スポーツカー)」(『모터 팬-지적 호기심을 충족시키는 자동차 종합지(Motor fan-知的好奇心を満たす自動車総合誌)』, 三栄書房, 1965.3) 등, 여기에서는 '오리지널'이나 '직접 만든다'는 의미가 강하게 담겨 있다.

16 伊藤忠夫・宮本昭男, 「핸드메이드 세계-편물(ハンドメイドの世界-編物)」, 『주간 다이아몬드(週刊ダイヤモンド)』, ダイヤモンド社, 1972.4.29.

17 「핸드메이드 교실-예쁘게 예쁘게 뜨개질하자(ハンドメイド教室かわいくかわいく編みましょう)」, 『세븐틴(セブンティーン)』, 集英社, 1973.11.

18 「크리스마스 만들기 특집②X마스 핸드메이드 선물(クリスマス手作り特集②Xmasハンドメイドプレゼント)」, 『미니(Mimi)』, 講談社, 1981.12.

19 鎌倉書房書籍編集部 편, 「웨딩드레스 핸드메이드 북-경사스러운 날 주인공인 당신, 핸드메이드로 멋진 의상을! 설레는 바느질(ウエディングドレス手づくりブック-晴れの日の主役はあなたハンド-メイドですてきな衣裳を!ときめきソーイング)」, 鎌倉書房, 1987.

20 핸즈 대상은 도큐핸즈가 '손으로 생각하자. 손으로 찾자. 손으로 만들자'는 슬로건을 내걸고 1983년부터 시작하였다. 패치워크부터 모형 자동차에 이르기까지 모든 수제품을 대상으로 하였다. 한때 특집본이 나올 정도로 인기를 끌었으나 2006년 제20회로 종료되었다.

21 『최고! 코튼타임 디럭스(大好き!コットンタイムデラックス)』(『나의 컨트리 별책(私のカントリー別冊)』), 主婦と生活社, 1999.

22 『웹작가 50인의 핸드메이드가 있는 아름다운 생활(Web作家50人のハンドメイドのあるやさしい暮らし)』(가슴 따뜻한 인생 시리즈), 日本ヴォーグ社, 2006.

23 クリーマ, 〈Creema〉, https://www.creema.jp/(접속일 : 2019.1.4)

24 GMOペパボ, 〈minne〉, https://minne.com/(접속일 : 2019.1.4)

25 『핸드메이드 직업의 첫걸음-꿈을 이루어주는 정보가 가득(ハンドメイドを仕事にするはじめの一歩-憧れを実現させるヒントが満載!)』(『나의 컨트리 별책(私のカントリー別冊)』), 主婦と生活社, 2012.

26 小泉七美 감수, ARENSKI 『인기 핸드메이드 작가가 되려는 사람들을 위한 책-핸드메이드 삶을 즐겨요!(人気ハンドメイド作家になりたい人が読む本-LET'S ENJOY HANDMADE LIFE!)』, 技術評論社, 2016.

27 '핸드메이드'라는 단어가 가리키는 범위는 레진 수지를 사용한 액세서리부터 인테리어 잡화까지 광범위하다. 현재 '수예'는 핸드메이드라는 말에 포함되어 있으며, 일반적으로 천이나 실과 바늘을 사용한 수작업을 가리킨다.

|제5장|

1 辻泉, 『철도소년들의 시대－상상력의 사회사(鉄道少年たちの時代－想像力の社会史)』, 勁草書房, 2018.

2 阿部恒久·大日方純夫·天野正子 편, 『남자들의 근대(男たちの近代)』(『남성사(男性史)』 제1권), 日本経済評論社, 2006; 『모더니즘에서 총력전까지(モダニズムから総力戦へ)』(『남성사(男性史)』 제2권), 日本経済評論社, 2006; 『'남자다움'의 현대사(「男らしさ」の現代史)』(『남성사(男性史)』 제3권), 日本経済評論社, 2006.

3 伊藤公雄, 『'남자다움'의 길－남성 문화의 문화사회학(〈男らしさ〉のゆくえ－男性文化の文化社会学)』, 新曜社, 1993.

4 伊藤公雄, 「전후 남자 아이들의 문화 속 '전쟁'(戦後男の子文化の中の「戦争」)」, 中久郎 편, 『전후 일본의 '전쟁'(戦後日本のなかの「戦争」)』, 世界思想社, 2004, 152~179면.

5 佐藤忠男, 「소년의 이상주의(少年の理想主義)」, 『대중 문화의 원상(大衆文化の原像)』(동시대 라이브러리(同時代ライブラリー)), 岩波書店, 1993, 98~144면; 二上洋一, 『소년 소설의 계보(少年小説の系譜)』(잡지『환영성 평론연구 총서(幻影城評論研究叢書)』 제4권), 幻影城, 1978; 山中恒·山本明 편, 『승리하는 우리 소국민－소년군사 애국소설의 세계(勝ち抜く僕ら小国民－少年軍事愛国小説の世界)』, 世界思想社, 1985; 西英生 편, 『소년 소설 연구(少年小説研究)』(『소년 소설대계(少年小説大系)』 별권 제5권), 三一書房, 1997.

6 岩橋郁郎, 『『소년클럽』과 독자들(『少年倶楽部』と読者たち)』, ゾーオン社, 1988; 今田絵里香, 『'소녀'의 사회사(「少女」の社会史)』(双書ジェンダー分析), 勁草書房, 2007; 内田雅克, 『대일본제국의 '소년'과 '남성성'－소년소녀 잡지로 보는 '위크니스 포비아'(大日本帝国の「少年」と「男性性」－少年少女雑誌に見る「ウィークネス·フォビア」)』, 明石書店, 2010.

7 木村直恵, 『'청년'의 탄생－메이지 일본에서 정치적 실천의 전환(〈青年〉の誕生－明治日本における政治的実践の転換)』, 新曜社, 1998.

8 위의 책, 282~283면.

9 위의 책, 284면.

10 위의 책, 285면.

11 宮台真司, 石原英樹, 大塚明子, 『서브컬처 신화 해체－소녀·음악·만화·성의 변용과 현재 증보(サブカルチャー神話解体－少女·音楽·マンガ·性の変容と現在 増補)』(ちくま文庫), 筑摩書房, 2007, 27면.

12 木村直恵, 앞의 책, 283면.

13 森下一期, 「공작 100년－공작(수공) 교육의 역사를 통해 생각하다(工作100年－工作(手工)教育の歴史を通して考える)」, 子どもの遊びと手の労働研究会 편, 「아이들의 놀이와 손 노동 연구(子どもの遊びと手の労働研究)」 제154호, 子どもの遊びと手の労働研究会, 1986, 1~3면.

14 辻泉, 「왜 철도는 '남성의 로망'이 되었나－'소년의 이상주의'의 행방(なぜ鉄道は「男のロマン」になったのか－「少年の理想主義」の行方)」, 宮台真司; 辻泉·岡井崇之 편, 『'남자다움'의

쾌락－대중 문화로 본 실태(「男らしさ」の快楽－ポピュラー文化からみたその実態)」, 勁草書房, 2009, 219~246면; 辻泉, 「놀이－남자다움의 쾌락과 미래(遊ぶ－男らしさの快楽とそのゆくえ)」, 伊藤公雄・牟田和恵 편, 『젠더로 배우는 사회학 전면 개정신판(ジェンダーで学ぶ社会学 全訂新版)』, 世界思想社, 2015, 148~160면; 辻泉, 『철도소년들의 시대－상상력의 사회사(鉄道少年たちの時代－想像力の社会史)』, 勁草書房, 2018.

15 高橋雄造, 『라디오의 역사－공작의 '문화'와 전자공업의 역사(ラジオの歴史－工作の〈文化〉と電子工業のあゆみ)』, 法政大学出版局, 2011; 溝尻真也, 「라디오 공작의 미디어사－전전/전후 일본의 미디어와 기술을 둘러싼 경험의 변용(ラジオ自作のメディア史－戦前/戦後期日本におけるメディアと技術をめぐる経験の変容)」, 日本マス・コミュニケーション学会 편, 『매스커뮤니케이션 연구(マス・コミュニケーション研究)』 제76호, 日本マス・コミュニケーション学会, 2010.

16 松井広志, 『모형의 미디어론－시공간을 매개로 한 '사물'(模型のメディア論－時空間を媒介する「モノ」)』, 青弓社, 2017.

17 辻泉・塩谷昌之, 「남성적 취미의 형성과 변용－전전/전중/전후 『어린이 과학』의 내용 분석을 통해 공작 취미, 철도 취미를 생각하다(男性的趣味の形成と変容－戦前/戦中/戦後の『子供の科学』の内容分析から工作趣味, 鉄道趣味を考える)」, 中央大学文学部 편, 『추오대학문학부 논문집 사회학・사회정보학(中央大学文学部紀要 社会学・社会情報学)』 제273호, 中央大学文学部, 2018.

18 위의 글.

19 上田龍史, 「일본철도 모형 소사(1)(日本鉄道模型小史(1))」, 『철도 모형 취미(鉄道模型趣味)』 제498호, 機芸出版社, 1988, 80면.

20 辻泉, 『철도소년들의 시대－상상력의 사회사(鉄道少年たちの時代－想像力の社会史)』, 勁草書房, 2018.

21 「기차의 기관차는 어떻게 작동할까?(汽車の機関車はどうして運転するか?)」, 『어린이 과학(子供の科学)』, 誠文堂新光社, 1924.12, 18면.

22 辻泉・塩谷昌之, 위의 글, 17면.

23 「전선까지 이어진 철로(前線へ伸びる鉄路)」, 『어린이 과학(子供の科学)』, 誠文堂新光社, 1944.12, 권두 화보면.

24 松井広志, 앞의 책.

1 텍스트 마이닝(text mining)을 이용하여 사전 조사 및 복수의 코더로 확인 작업을 한 후, 망라성을 재확인했다.

2 '21. 실험 도구, 공작 도구 등'은 48.2%, '26. 모형'은 94.4%로 각각 커다란 수치를 보이고 있지만, 공작 그 자체에 밀접하게 관련된 항목이므로 이번 연구에서는 다루지 않았다.

3 辻泉・塩谷昌之,「남성적 취미의 형성과 변용―전전/전중/전후『어린이 과학』의 내용 분석을 통해 공작 취미, 철도 취미를 생각하다(男性的趣味の形成と変容―戦前/戦中/戦後の『子供の科学』の内容分析から工作趣味, 鉄道趣味を考える)」, 中央大学文学部 편,『中央大学文学部紀要社会学・社会情報学』第二百七十三号, 中央大学文学部, 2018, 1~27면.

4 辻泉,「철도는 어째서 '남자의 로망'이 되었는가―「소년의 이상주의」의 행방(なぜ鉄道は「男のロマン」になったのか―「少年の理想主義」の行方)」, 宮台真司・辻泉・岡井崇之 편,『'남자다움'의 쾌락―대중문화로 본 실태(「男らしさ」の快楽―ポピュラー文化からみたその実態)』수록, 勁草書房, 2009, 237면.

5 「어린이 과학 증간, 모형 제작 독본(子供の科学増刊 模型製作読本)」(誠文堂新光社, 1938.6.5), 및「어린이의 과학 트랜지스터 라디오를 손쉽게 만드는 법(子供の科学やさしいトランジスタラジオの作り方)」(誠文堂新光社, 1959.12 증간)

6 "하물며 현재와 같은 전시에서는 철도는 비행기, 군함, 대포, 전차 등 무엇과도 바꿀 수 없는 중요한 병기 중 하나입니다. 평상시 여객이나 화물운송에 전력을 다하는 철도는 전시가 되면 전쟁에 이기기 위한 군대, 병기, 탄약, 양식을 이동시키는 중요한 역할을 합니다."(『어린이 과학』, 誠文堂新光社, 1942.7)

7 "종전 이후, 미군 총사령부 명령으로 일본인이 모형 비행기를 만들거나, 날리는 것을 금지한다는 사실이 각종 신문에 실렸습니다. 여러분이 자주 만들었던 고무 동력 라이트 플레인조차 만들면 안 된다고, 일반인은 물론 학교 선생님들도 그렇게 생각하는 사람이 있었던 것 같습니다. 그런데 이는 커다란 오해로 사건의 발단은 미군 총사령부 명령 번역의 오류였습니다. 여러분들이 모형 비행기를 만들거나 날리는 것은 조금도 상관이 없습니다." (『어린이 과학』, 誠文堂新光社, 1949.1)

8 "후지 선생님의 교육 완구는 어려운 학문 원리를 이해하기 쉽게 알려주기 때문에, 단지 만드는 것만이 아니라 그 이치도 생각해 보세요."(『어린이 과학』, 誠文堂新光社, 1925.8)

9 "여러분, 무엇이든 상관없으니 성실하게 놀이처럼 만들어봐 주세요. 영원히 천진난만한 채로 있어 주세요. 그 유명한 토머스 에디슨은 지금은 할아버지가 되었지만, 아이 어른 경계 없이 지금도 끊임없이 장난처럼 이것저것 만들어보는 것을 즐기고 있습니다."(『어린이 과학』, 誠文堂新光社, 1927.2)

10 기능 및 형태라는 단어의 이용에 관해서는 마쓰이 히로시(松井広志)의『모형의 미디어론―시공간을 매개하는 '물건'(模型のメディア論―時空間を媒介する「モノ」)』(青弓社, 2017) 52・110면을 참조.

11 오가와 기쿠마쓰(小川菊松)의『출판흥망 50년(出版興亡五十年)』(誠文堂新光社, 1953) 485

면에서 사장인 오가와는 "지치지 않고 나아가다 보면 어린이가 과학을 향한 열의, 그리고 그 지식에 대한 욕구가 어떠한지 알게 되기 때문에 포기할 수 없었습니다. 이익은 도외시하더라도 적극적으로 진행해야 한다고 느꼈"다고 언급한다.

12 "개전! 동시에 대 증쇄! 미영 선전과 시기를 같이하여 (…중략…) 일본출판문화협회는 자회사 『어린이 과학』, 『학생 과학(学生の科学)』, 『과학화보(科学画報)』 및 『무선과 실험(無線と実験)』을 결전 시기 긴급 보급을 요하는 잡지로 용지의 특별 대 증대를 통지했다. 자, 돌진이다! 국방 국가 건설을 향해!!!!"(『어린이 과학』, 誠文堂新光社, 1942.1, 날개 접지 광고)

13 쓰지 이즈미(辻泉)의 『철도 소년들의 시대─상상력의 사회사(鉄道少年たちの時代─想像力の社会史)』(勁草書房, 2018) 199면에는 전후 철도 모형 취미가 '모델 엔지니어링'이라는 과학 지향에서 '모델 레일로딩'이라는 취미 지향으로 이동했음을 알 수 있으며 이러한 점은 본 장의 논점에서도 시사하는 바가 크다.

본 장을 집필하면서 이 책의 편집자와 집필자 여러분과 대학원 사토 겐지(佐藤健二) 세미나 여러분께 귀중한 의견을 받았습니다. 본 장은 2015~2018년도 과학연구비 기반연구(C) JP15K01927 「근대일본의 만들기와 젠더─대량 생산 시대 취미의 젠더화」(연구자 대표 : 神野由紀(関東学院大学教授))와 2015~2017년도 과학연구비 특별연구원장려비 JP15J10977 「변용하는 취미 공간과 역학 연구─철도에 초점을 맞춰서」(연구자 대표 : 塩谷昌之(東京大学大学院博後期過程)) 연구 성과의 일부분입니다.

|제7장|

1 '트위터'의 〈NHK아카이브즈(NHKアーカイブス)〉 계정에서, 2018년 12월 17일 자 트윗 (https://twitter.com/nhk_archives/status/1074348651726528512(접속일 : 2018.12.18))에 포함된 〈빛나는 항공일본(輝く航空日本)〉(『일본뉴스(日本ニュース)』, NHK)의 영상에서, 일부를 문자로 옮겼다.

2 영상의 내레이션 중에 "도쿄 이리아라이(入新井) 제일국민학교 5학년 모형 비행기 제작 실습"이라는 설명이 있다.

3 佐藤卓巳, 『현대 미디어사(現代メディア史)』(이와나미 교과서), 岩波書店, 1998.

4 大塚英志 편, 『동원된 미디어믹스 '창작하는 대중'의 전시하・전후(動員のメディアミックスー〈創作する大衆〉の戦時下・戦後)』, 思文閣出版, 2017.

5 松井広志, 『모형의 미디어론ー시공간을 매개하는 '것'(模型のメディア論ー時空間を媒介する「モノ」)』, 青弓社, 2017.

6 松井広志, 「전시하의 무기 모형과 공상 과학 도해ー전후 밀리터리 모델의 두 가지 기원(戦時下の兵器模型と空想科学図解ー戦後ミリタリーモデルの二つの起源)」, 『동원된 미디어믹스(動員のメディアミックス)』, 132~156면.

7 辻泉, 『철도소년들의 시대ー상상력의 사회사(鉄道少年たちの時代ー想像力の社会史)』, 勁草書房, 2018.

8 당시 '지나사변(支那事変)'이라고 불려 '전쟁'이라고는 여겨지지 않았다(또, 그러한 인식이 사태 수습을 어렵게 했다). 그러나 여기서는 현재의 일반적인 호칭인 '중일전쟁'으로 표기한다.

9 『어린이 과학(子供の科学)』, 誠文堂新光社, 1941.10, 19면.

10 위의 책, 19면.

11 위의 책, 19면.

12 『어린이 과학(子供の科学)』, 誠文堂新光社, 1943.1, 108면.

13 文部省 편, 『모형 항공기 교육 과정(시안)(模型航空機教育教程(試案))』, 日光書院, 1942.

14 東京高等師範学校附属国民学校初等教育研究会 편, 『초등학교 이과와 수학 교육의 실천ー초1・2・3학년 자연의 관찰 교수 세목(国民学校理数科理科教育の実践ー初一・二・三年自然の観察教授細目)』, 大日本出版, 1941, 125~126・226~230면.

15 『관보(官報)』, 1942.4.30.

16 가령, 『아사히신문(朝日新聞)』 1940년 3월 28일 자에서 보도한 강습회에 기무라(木村)의 이름이 있다.

17 이 책의 바탕이 되는 「만들기와 젠더」 연구회의 조사차 2016년 2월 5일 효고현립역사박물관에 방문하여 일반에 공개된 〈이리에 컬렉션〉을 열람했다.

18 『어린이 과학(子供の科学)』, 誠文堂新光社, 1941.10, 29면.

19 위의 책, 116면.

20 津金澤聰廣, 「『오사카아사히(大阪朝日)』『오사카마이니치(大阪毎日)』에 나온 항공사업의 경연(「大阪朝日」「大阪毎日」による航空事業の競演)」, 津金澤聰廣・有山輝雄 편저, 『전시기 일

본의 미디어 이벤트(戰時期日本のメディア・イベント)』, 世界思想社, 1998.

21 一ノ瀬俊也, 『비행기 전쟁 1914~1945 ― 총력전체제로 가는 길(飛行機の戦争1914~1945 ― 総力戦体制への道)』(講談社現代新書), 講談社, 2017.

22 「모형 선박 만들기(模型船舶の作り方)」, 『어린이 과학(子供の科学)』, 誠文堂新光社, 1941.9, 63면.

23 『어린이 과학(子供の科学)』, 誠文堂新光社, 1941.7, 63면.

24 『어린이 과학(子供の科学)』, 誠文堂新光社, 1940.7, 30면.

25 『어린이 과학(子供の科学)』, 誠文堂新光社, 1941.8, 19면.

26 『어린이 과학(子供の科学)』, 誠文堂新光社, 1944.1, 87면.

27 『어린이 과학(子供の科学)』, 誠文堂新光社, 1944.2, 13면.

28 위의 책, 84면.

29 『어린이 과학(子供の科学)』, 誠文堂新光社, 1941.9, 114면.

30 『어린이 과학(子供の科学)』, 誠文堂新光社, 1941.7, 118면.

31 『어린이 과학(子供の科学)』, 誠文堂新光社, 1944.2, 13면.

32 『어린이 과학(子供の科学)』, 誠文堂新光社, 1944.1, 17면.

33 山崎明子, 「전시하의 수예 ― 15년 전쟁기의 수예 문화와 '수예'의 사회적 의미(戦時下の手芸 ― 15年戦争期における手芸文化と「手芸」の社会的意味)」, 千葉大学大学院人文公共学府 편, 『지바대학대학원 인문공공학부 연구프로젝트 보고서(千葉大学大学院人文公共学府研究プロジェクト報告書)』, 千葉大学大学院人文公共学府, 2018, 151~163면.

34 松井広志, 「전시하의 병기 모형과 공상 과학 도해(戦時下の兵器模型と空想科学図解)」, 大塚英志 편, 『동원된 미디어믹스 '창작하는 대중'의 전시하・전후(動員のメディアミックス―〈創作する大衆〉の戦時下・戦後)』, 思文閣出版, 2017.

|제8장|

1 「'소라미 짱' 기다리고 있습니다. 여성 항공 마니아에 대한 나리타 시의 기대(「空美ちゃん」をお待ちしています 女性航空ファンに成田市が期待)」,『아사히신문 디지털(朝日新聞デジタル)』, 2011.8.8. http://www.asahi.com/travel/aviation/TKY201108080340/html(접속일 : 2019.4.12);「프라모델 만들기 여성 열중, 발상을 자유롭게 전차, 건담도 귀엽게(プラモデル作り 女性熱中 発想自由に戦車 ガンダムのかわいく)」,『요미우리 신문(読売新聞)』 조간, 2015.6.12;「모케조-모형 만들기, 여성 진출(モケジョー模型作り, 女性進出)」,『마이니치 신문(毎日新聞)』(시즈오카(静岡)판), 2015.5.23.

2 『비행기 모형 가이드-고르기·모으기·만들기 완벽 소개(飛行機模型ガイド-選ぶ·集める·つくるを徹底紹介)』(イカロスMOOK), イカロス出版, 2015.

3 「모케조의 마음가짐(Mokeijoの"心意気")」,『비행기 모형 가이드-고르기·모으기·만들기 완벽 소개(飛行機模型ガイド-選ぶ·集める·つくるを徹底紹介)』(イカロスMOOK), イカロス出版, 2015, 96~99면.

4 松井広志,「모형의 미디어론-시공간을 매개로 한 '사물'(模型のメディア論-時空間を媒介する「モノ」)」,青弓社, 2017, 89면. 그 외 남성적 취미와 모형의 관련성을 다룬 선행연구는 다음과 같다. 伊藤公雄,「전후 남자 어린이 문화 속 '전쟁'(戦後男の子文化のなかの「戦争」)」, 中久郎 편,『전후 일본 속 '전쟁'(戦後日本のなかの「戦争」)』, 世界思想社, 2004; 坂田謙司,「프라모델과 전쟁의 '지'(プラモデルと戦争の「知」)」, 高井昌吏 편,『'반전'과 '호전'의 대중 문화-미디어/젠더/투어리즘(「反戦」と「好戦」のポピュラー·カルチャー-メディア/ジェンダー/ツーリズム)』, 人文書院, 2011; 辻泉『철도 소년 시대-상상력의 사회사(鉄道少年たちの時代-想像力の社会史)』, 勁草書房, 2018.

5 野沢正,「항공일에 공적상을 받고(航空日に功績賞を戴いて)」, 会報『풍천 뉴스(風天ニュース)』, 航空ジャーナリスト協会, 1990.12.25, 1~2면.

6 野沢正,『비행기 천일야(飛行機千一夜)』, 光人社, 1971, 23면.

7 위의 책, 24면.

8 위의 책, 54면.

9 一ノ瀬俊也,『비행기 전쟁 1914~1945-총력전 체제로의 길(飛行機の戦争 1914~1945-総力戦体制への道)』講談社現代親書, 講談社, 2017.

10 落合一夫,「모형 항공기 세계(模型航空機の世界)」,『일본 항공 100년-항공·우주의 발자취(日本の航空100年-航空·宇宙の歩み)』, 日本航空協会, 2010, 666면.

11 渋谷達雄,「초보 라디오 컨트롤 모형 비행기(初歩のラジコン模型飛行機)」,『항공팬(航空ファン)』, 文林社, 1959.8, 121면.

12 『항공소년(航空少年)』, 誠文堂新光社, 1944.10, 9면.

13 小川菊松,『출판흥망 50년(出版興亡五十年)』, 誠文堂新光社, 1953, 458면.

14 野沢正,『비행기 천일야(飛行機千一夜)』, 光人社, 1971, 74면.

15 『항공소년(航空少年)』, 誠文堂新光社, 1942.9, 5면.

16 「항공소년 주최 제1회 창공의 결전 소년대회(航空少年主催第二回空の決戦少年大会)」,『항공소년(航空少年)』, 誠文堂新光社, 1944.10, 6면.

17 野沢正, 앞의 책, 94면.

18 浅海一男, 「전후 모형 비행기 업계(戦後の模型飛行機界)」,『항공정보(航空情報)』, せきれい社, 1951.11, 86면.

19 『모형과 라디오(模型とラジオ)』(科学教材社, 1952~1984)와는 다른 잡지.

20 『로켓(ロケット)』, 少年文化社, 1949.11, 34면.

21 溝尻真也, 「라디오 공작 미디어사-전전/전후 일본 미디어 기술을 둘러싼 경험과 변용(ラジオ自作のメディア史-戦前/戦後期日本におけるメディア技術をめぐる経験の変容)」, 日本マス・コミュニケーション学会 편『매스커뮤니케이션 연구(マス・コミュニケーション研究)』제76호, 日本マス・コミュニケーション学会, 2010, 139~156면.

22 野沢正, 앞의 책, 98면.

23 위의 책, 98면.

24 「편집후기(編集後記)」,『라디오와 실험 임시증간 1951년 판 세계의 항공기(ラジオと実験 臨時増刊 1951年版 世界の航空機)』제1집, 鳳文書林, 1951, 82면.

25 「독자 살롱(読者サロン)」,『세계의 항공기(世界の航空機)』, 鳳文書林, 1952.10, 93면.

26 「편집부에서(編集部より)」,『항공팬(航空ファン)』, 航空ファン社, 1953.6, 80면.

27 藤田俊夫, 「종전부터 항공 재건 시기의 항공서적(終戦から航空再開の頃の航空書)」,『전후 항공 재건 항공사-일본 항공 100년/항공 저널리스트협회 창립 30주년 기념(戦後航空再開前後の航空史-日本の航空100年/航空ジャーナリスト協会創立30周年記念)』, 航空ジャーナリスト協会, 2010, 31~32면.

28 「편집 후기(編集あとがき)」,『모델 에어플레인(モデル・エアプレーン)』, モデル・エアプレーン社, 1950.3, 27면.

29 「일본 항공 잡지와 비행기 사진집 일람(日本の航空雑誌と飛行機写真集一覧)」,『항공팬(航空ファン)』, 航空ファン社, 1952.11, 77면.

30 모형 공작 관련 기사 수는 창간호 전체의 33%(총 24건 중 8건), 제2호 약 29%(총 17건 중 5건), 제3호 42%(총 21건 중 9건)를 차지한다.

31 野沢正,『솔리드 모델 만드는 법(ソリッドモデルの作り方)』「모델 팬 라이브러리(モデルファンライブラリ)」제1권), モデルファンライブラリ刊行社, 1953.

32 위의 책, 9면.

33 위의 책, 9면.

34 松井広志,『모형의 미디어론-시공간을 매개로 한 '사물'(模型のメディア論-時空間を媒介する「モノ」)』, 青弓社, 2017; 辻泉,『철도 소년 시대-상상력의 사회사(鉄道少年たちの時代-想像力の社会史)』, 勁草書房, 2018.

35 野沢正,『솔리드 모델 만드는 법(ソリッドモデルの作り方)』, 14면.

36 위의 책, 9면.

37 위의 책, 20면.

38 「초음 클럽(超音クラブ)」, 『항공팬(航空ファン)』, 航空ファン社, 1953.4, 66~67면.

39 日本航空史編纂委員会 편, 『일본항공사 쇼와 전후 편(日本航空史 昭和戦後編)』, 日本航空協会, 1992, 473면.

40 対島隆三郎, 「라디오 컨트롤 비행기 테스트 기록(ラジコン機のテスト記録)」, 『항공팬(航空ファン)』, 文林堂, 1955.11, 76면.

41 위의 책, 76면.

42 溝尻真也, 「소리를 전달하다/기술을 즐기다－전화·라디오의 미디어사(声を伝える/技術を楽しむ－電話·ラジオのメディア史)」, 飯田豊 편저, 『미디어 기술사－디지털 사회 계보와 행방(メディア技術史－デジタル社会系譜と行方)』, 北樹出版, 2013, 80면.

43 「초음 클럽(超音クラブ)」, 『항공팬(航空ファン)』, 航空ファン社, 1953.3, 76면.

44 「초음 클럽(超音クラブ)」, 『항공팬(航空ファン)』, 航空ファン社, 1953.5, 77면.

45 「초음 클럽(超音クラブ)」, 『항공팬(航空ファン)』, 航空ファン社, 1953.7, 77면.

46 이와 같은 목소리로, "저는 전시 중 항공 기술자로서 길러졌습니다. 어린 시절부터 모형을 좋아했고, 아직도 여러 가지를 만들면서 즐기고 있습니다. 본지에 모형 기사가 너무 많다는 의견도 있습니다만, 달리 모형 전문잡지가 없으므로, 앞으로 한층 더 충실하게 이 특색을 유지했으면 좋겠습니다"(「초음 클럽(超音クラブ)」, 『항공팬(航空ファン)』, 航空ファン社, 1953.6, 76면) 등이 있다.

47 「초음 클럽(超音クラブ)」, 『항공팬(航空ファン)』, 航空ファン社, 1953.7, 75면.

48 이와 같은 목소리로, "모형 비행기는 실물 비행기의 어머니와 같습니다. 실물 비행기는 모형에서 탄생한 것입니다. 모형을 만들어 날리는 것으로 비행기의 원리를 이해할 수 있습니다. 나아가 어떻게 하면 가볍게, 그리고 충분한 강도를 유지하는가를 연구할 수 있습니다".(위의 글, 76면)

49 『항공팬(航空ファン)』, 文林堂, 1955.9, 95면.

50 당시 「출판 뉴스(出版ニュース)」(중순호, 出版ニュース社, 1952.3)에서는 「전쟁기록물의 유행, 그 이해와 비판(戦記物の流行 その理解と批判)」이라는 특집을 마련했다.

51 「초음 클럽(超音クラブ)」, 『항공팬(航空ファン)』, 航空ファン社, 1953.6, 77면.

52 「초음 클럽(超音クラブ)」, 『항공팬(航空ファン)』, 文林堂, 1955.10, 95면.

53 「후기(後記)」, 『항공팬(航空ファン)』, 文林堂, 1957.2, 55면.

54 堀越二郎·奥宮正式, 『제로센－일본 해군 항공 소사(零戦－日本海軍航空小史)』, 日本出版協同, 1953.

55 『항공팬(航空ファン)』, 航空ファン社, 1953.3, 접지 광고란(페이지 번호 없음).

56 전후 사회에서 다이와 전함·제로센이 회자되는 방법과 이야기 성에 관해서는 이치노세 슌야(一ノ瀬俊也)의 『다이와 전함 강의－우리에게 태평양전쟁은 무엇인가(戦艦大和講義－私たちにとって太平洋戦争とは何か)』(人文書院, 2015)를 참조.

57 白鴎遺族会 편, 『구름이 흘러가는 끝에서－전몰 비행 예비 학생 수기(雲ながるる果てに－戦

没飛行予備学生の手記)』, 日本出版共同, 1952.

58 木村秀政・堀越二郎 감수, 野沢正 편, 『사진으로 본 항공 50년사(写真で見る航空50年史)』, 日本出版協同, 1954.

59 野沢正 편, 『일본 항공기 전집(日本航空機総集)』 전 8권, 出版協同社, 1958~1982.

60 출판협동사는 함선 잡지로서 전후를 대표하는 『세계의 함선(世界の艦船)』(海人社, 1957년 창간)과 깊은 관련이 있다. 출판협동사와 같은 빌딩에 이 잡지 편집부가 있었으며, 지면상에서도 출판협동사 간행 도서 소개를 게재하는 「출판협동·PR(出版協同PR)」 란이 매호 존재했다.

61 「독자로부터 편집자로부터(読者から編集者から)」, 『마루(丸)』, 潮書房, 1960.3, 179면.

62 井田博, 『일본 프라모델 흥망사―어린이의 쇼와사(日本プラモデル興亡史―子供たちの昭和史)』(文春文庫), 文藝春秋, 2006, 160면.

63 佐藤彰宜, 『'전투기'를 향한 집착―밀리터리 팬의 성립과 전쟁 기록 잡지의 변용(「戦闘機」への執着―ミリタリー・ファンの成立と戦記雑誌の変容)」, 福間良明・山口誠 편, 『'지람'의 탄생―특공의 기억은 어떻게 만들어진 것일까(「知覧」の誕生―特攻の記憶はいかに創られてきたのか)』, 柏書房, 2015, 285~322면.

64 「편집 후기(編集あとがき)」, 『항공팬(航空ファン)』, 文林社, 1959.9, 130면.

65 「독자로부터 편집자로부터(読者から編集者から)」, 『마루(丸)』, 潮書房, 1961.5, 202면.

66 '모케조'를 소개하는 기사에도 남성 팬과는 달리 "여성만의 '귀여운' 모형"을 강조한 점에서 남성적 시선에서 기대하는 여성상이 연출되었다고 파악된다.

| 제9장 |

1 日本生産性本部, 『레저 백서 2018 – 여가 이용의 현황과 산업・시장 동향(レジャー白書2018 – 余暇の現状と産業・市場の動向)』, 日本生産性本部, 2018, 39면.

2 위의 책, 43면. 덧붙여서 2018년 『레저 백서(レジャー白書)』의 「편물, 직물, 수예(編物, 織物, 手芸)」의 참가 인구는 천백십만 명, 참가율은 11.1%로, 일요목공과 수예는 비슷한 규모의 취미라고 할 수 있다.

3 '일요화가'로 널리 알려진 인물로는 19세기 후반, 후기 인상파 시대에 활약했던 프랑스 화가 앙리 루소(Henri Rousseau)를 들 수 있다. 루소는 파리의 세관원으로 22년간 근무하면서, 휴일에는 독학으로 익힌 그림을 계속 그렸고, 40세가 되어서야 그림그리기에만 전념하게 되었다고 한다.

4 『주니어 솔레이유(ジュニアそれいゆ)』, ひまわり社, 1960.4, 222면.

5 위의 책, 224면.

6 片山龍二, 『즐거운 일요공작(たのしい日曜工作)』, ひまわり社, 1958, 4면. 또 필자가 해당하는 시기(1950.1~1958.10)의 『아사히신문(朝日新聞)』축쇄판을 살펴보면, 그는 1952년 2월부터 4월에 걸쳐 「초보 목공(しろうと大工)」이라는 제목의 기사를 3회 게재하였다. 그러나 그가 말한 「일요목공(日曜大工)」이라고 명명한 기사는 확인할 수 없었다.

7 片山龍二, 『즐거운 일요공작(たのしい日曜工作)』, ひまわり社, 1958, 5면.

8 穗苅俊夫, 「일요목공에 대한 각별한 흥미(日曜大工の興味はまた格別)」, 『여성클럽(婦人俱楽部)』, 講談社, 1958.5, 229~231면.

9 加藤秀俊, 「홈 드라이버와 일요목공 – 비대리적 여가 문제(ホーム・ドライバーと日曜大工 – 非代理的余暇の問題)」, 『중앙공론(中央公論)』, 中央公論社, 1960.6, 174면.

10 위의 글, 177면.

11 미국에서도 1950년대 홈 드라마에서 가정주의적인 HI가 묘사되었지만, 실제로 공구를 사용해 작업하는 것은 남성들이었고, 여성은 어디까지나 그 보조역으로 인식되고 있었다. 그런 의미에서 미국의 HI는 근대화에 의해 사라져버린 장인 정신을, 가정에서의 여가활동을 통해서 되찾으려는 남성들의 행위라고 간주된다.(Steven M. Gelber, "Do-It-Yourself : Constructing, Repairing and Maintaining Domestic Masculinity", *American Quarterly*, 49(1), 1997)

12 山本理奈, 『마이 홈 신화의 출현과 한계 – 주택사회학의 시도(マイホーム神話の生成と臨界 – 住宅社会学の試み)』, 岩波書店, 2014, 32~35면.

13 『요미우리 신문(読売新聞)』, 1969.3.21.

14 『요미우리 신문(読売新聞)』, 1970.4.5.

15 山本理奈, 『마이 홈 신화의 출현과 한계 – 주택사회학의 시도(マイホーム神話の生成と臨界 – 住宅社会学の試み)』, 岩波書店, 2014, 53면.

16 마쓰시타 키쿠오는 1918년에 태어난 만화가・화가・작가이다. 그는 『호치신문(報知新聞)』에 인기 만화 〈무사태평 아버지(ノンキナトウサン)〉(1922)를 연재하던 만화가 아소 유타카(麻生豊)에게 사사했으며, 제2차 세계대전 중에는 군 홍보로 싱가포르에 파병되어 현지 신문에

서 만화와 일러스트를 그렸다고 한다. 전후에는 르포르타주 집필, 어린이용 그림책 제작, 일러스트 제작 등 다방면에서 작품 활동을 했고, 1960년대에는 직접 이벤트 회사를 차려서 기획자로서도 활동했다.

17 松下紀久雄,「내일을 향한 제언 여가·좋아·제8일(明日への提言 余暇·良か·八日)」,『월간 일요목공Do it yourself(月刊日曜大工Do it yourself)』, 日本日曜大工クラブ, 1972.7, 5면.

18 잡지 창간 직후인 1972년에는, 일요목공으로 미용실이 딸린 55평 이층 주택을 완성한 여성을 소개하는 기사(「집은 여자가 짓는 것입니다」,『월간 일요목공 Do it yourself(月刊日曜大工 Do it yourself)』, 日本日曜大工クラブ, 1972.6, 14~17면)나, 여성독자를 대상으로 한 도배, 선반제작, 카페트깔기 기술을 소개하는 기사(「인테리어 코너─내 집은 내 손으로!」,『월간 일요목공 Do it yourself(月刊日曜大工Do it yourself)』, 1972.7, 24~27면), 정원에 시멘트 블록 담장을 설치하려는 부부의 기사(「앗, 신혼부부가 만드는 사랑의 둥지」,『월간 일요목공 Do it yourself(月刊日曜大工Do it yourself)』, 1972.7, 70~71면) 등이 여기저기 나타나지만, 그 후 이러한 기사들은 자취를 감추어 버린다. 또한 1973년 7월호의 독자 투고란에는 여성 독자가 1개월에 걸쳐 책장을 제작한 체험담이 게재되는데, 거기에는 "너무 이런 것만 쓰다보면 남자라고 오인받겠네요……"라는 구절이 있어 여성이 일요목공의 성과를 투고하는 것에 대해서 스스로 유보하고 있음을 알 수 있다.(「여러분의 페이지(みなさんのページ)」,『월간 만들기(月刊手づくり)』, 日本日曜大工クラブ, 1973.7, 121면)

19 「D.I.Y 의식 조사 결과(D.I.Y意識調査結果)」,『월간 만들기(月刊手づくり)』, 日本日曜大工クラブ, 1976.1, 19면.

20 松下紀久雄,「일요목공으로부터 Do it yourself까지」,『월간 만들기(月刊手づくり)』, 日本日曜大工クラブ, 1974.7, 90~91면.

21 松下紀久雄,「만들기 푸념」,『월간 만들기(月刊手づくり)』, 日本日曜大工クラブ, 1975.4, 9면.

22 中小企業庁 감수, 流通システム開発センター 편,『DIY 점포 매뉴얼─Do it yourself점의 현황과 방향(DIY店マニュアル─Do it yourself 店の現状と方向)』, 流通システム開発センター, 1975, 7면.

23 日本ドゥ·イット·ユアセルフ協会,『사단법인 일본 두 잇 유어 셀프 협회 30년의 발자취(社団法人日本ドゥ·イット·ユアセルフ協会30年の歩み)』, 日本ドゥ·イット·ユアセルフ協会, 2010, 129면.

24 Steven M. Gelber, 앞의 글, p.90.

25 Carolyn M. Goldstein, *Do It Yourself : Home Improvement in 20th-Century America*, Princeton Architectural Press, 1998, p.77.

26 松下紀久雄,「만들기 푸념」,『월간 만들기(月刊手づくり)』, 日本日曜大工クラブ, 1957.8, 9면.

27 Andrew Jackson, "Constructing at Home : Understanding the Experience of the Amateur Maker", *Design and Culture : The Journal of the Design Studies Forum*, 2, 2010, pp.15~19.

28 「편집후기」,『월간 만들기(月刊手づくり)』日曜大工サービス, 1976.8, 128면.

29 久保田裕之,「사지 않고 스스로 만드는 것의 문화사회학─젠더의 관점에서 본 일요목공과

DIY(買わずに自分で作ることの文化社会学—ジェンダーの視点からみた日曜大工とDIY)」
(제83회 일본 사회학회대회 보고 자료), 2010.

30 오래된 물건에 대규모 리노베이션(renovation)을 한 후에 희망하는 사람에게 매각하는 부부
의 활약을 다룬 미국의 인기 리얼리티 쇼 〈픽서 어퍼(Fixer Upper)〉를 비롯해서, 해외의 TV
프로그램에 나타나는 DIY는 지금도 남녀 공동 작업으로 묘사되는 것이 많다.

|제10장|

1 〈푸른 하늘의 자키(青空ジョッキー)〉(방송일 불명), 쓰야마방송(津山放送).

2 덴마크 출신 미디어 프로듀서인 아스케 담(Aske Dam)은 비디오 아티스트로 활동하던 1980년 무렵 미국의 인류학자 리처드 버너와 함께 일본 각지의 CATV 방송국을 돌아보고 그 영상을 기록했다. http://vimeo.com/user17731587/review/125249789/bffaf4fb24(접속일 : 2019.1.6)

3 安井忠次, 「유선방송의 사회적 기능에 관한 고찰(有線放送の社会的機能についての考察)」, 日本放送協会・放送文化研究所 편, 『방송학연구(放送学研究)』 제11호, 日本放送出版協会, 1965, 76면.

4 日本ケーブルテレビ連盟25周年記念誌編集委員会 편, 『일본 CATV 발전사—사단법인 일본 CATV연맹 25주년 기념지(日本のケーブルテレビ発展史—社團団法人日本ケーブルテレビ連盟25周年記念誌)』, 日本ケーブルテレビ連盟, 2005, 20면.

5 山田晴通, 「CATV 자주방송의 뿌리—구조하치만TV의 3년을 지탱한 힘(CATV自主放送のルーツ—郡上八幡テレビの3年を支えたもの)」, 総合ジャーナリズム研究所 편, 『통합저널리즘 연구(総合ジャーナリズム研究)』 제25권 제1호, 東京社, 1988.

6 平塚千尋, 「커뮤니티 미디어로서 텔레비전의 가능성—CATV 초기 지역 자주방송의 도전, 그 첫 번째 구조하치만TV(コミュニティメディアとしてのテレビの可能性—CATV初期における地域自主放送の試み, その1. 郡上八幡テレビ)」, 放送教育開発センター 편, 『방송교육개발센터 연구논문집(放送教育開発センター研究紀要)』 제9권, 放送教育開発センター, 1993, 142면.

7 山田晴通, 앞의 글, 45~46면.

8 위의 글, 52면.

9 柳井道夫, 「지역 커뮤니케이션 조직의 재편과 전개—유선TV 사업체의 전개와 그 문제점(地域コミュニケーション組織の再編と展開—有線テレビ事業体の展開とその問題点)」, 成蹊大学文学部学会 편, 『세케대학 문학부 논문집(成蹊大学文学部紀要)』 제10호, 成蹊大学文学部学会, 1975, 58~59면.

10 平塚千尋, 앞의 글, 139면.

11 溝尻眞也, 「아마추어 무선가는 무엇을 욕망했는가?—잡지 『무선과 실험』을 통해 본 테크놀러지와 젠더(アマチュア無線家は何を慾望してきたのか?—雑誌 『無線と実験』に見るテクノロジーとジェンダー)」, 日本語ジェンダー学会学会誌編集委員会 편, 『일본어와 젠더(日本語とジェンダー)』 제9호, 日本語ジェンダー学会, 2009, 53~56면.

12 전기기술자(= 남성)와 전화교환원(= 여성)의 성별 직무 분리에 관해서는 石井香江, 『전화교환원은 어떻게 '여자의 일'이 되었는가—기술과 젠더의 일본·독일 비교사회사(電話交換員はなぜ女の仕事になったのか—技術とジェンダーの日獨比較社会史)』(ミネルヴァ書房, 2018)를 참조하기 바란다.

13 高木教典, 「일본 CATV 사업의 경영 실태(わが国のCATV事業の経営実態)」, 東京大学新聞研究所 편, 『커뮤니케이션—행동과 양식(コミュニケーション—行動と様式)』, 東京大学出版

会, 1974, 368~369면.

14 山田晴通, 앞의 글, 46면.

15 坂田謙司, 『'소리'의 유선 미디어 역사―공동청취부터 유선방송전화까지 '미디어의 생애'('聲'の有線メディア史―共同聴取から有線放送電話を巡る'メディアの生涯')』, 世界思想社, 2005, 250면.

16 山田晴通, 앞의 글, 51면.

17 道場親信, 「'개인화' 사회에서 '연대'와 협동조합 운동―수도권 생활클럽 생협의 운용으로부터('個人化' 社会における'つながり'と協同組合運動―首都圏生活クラブ生協の取り組みから)」, 長田攻一・田所承己 編, 『연대/단절의 사회학―개인화 시대 공동체의 모습(つながる/つながらないの社会学―個人化する時代のコミュニティのかたち)』, 弘文堂, 2014, 167면.

18 平塚千尋, 앞의 글, 146면.

19 平塚千尋, 「커뮤니티 미디어로서 텔레비전의 가능성―CATV 초기 지역 자주방송의 도전, 그 두 번째 신키TV(コミュニティメディアとしてのテレビの可能性―CATV初期における地域自主放送の試み, その2. 新記テレビ)」, 放送教育開発センター 編, 『방송교육개발센터 연구논문집(放送教育開発センター研究紀要)』 제11권, 放送教育開発センター, 1994, 44면.

20 高木教典, 앞의 글, 363~364면.

21 『선데이 마이니치(サンデー毎日)』, 毎日新聞社, 1971.2.7.

22 "로버트 오웬(Robert Owen) 파를 중심으로 한 초기 사회주의에 얽매인 협동조합운동의 선구자들은 자급자족 공동체인 코뮌 건설을 목표로 했다. 그들은 코뮤니타리안이라고 불렸다." 伊丹謙太郎, 「정보사회에 있어서 협동조합 운동(情報社会における協同組合運動)」, 全労済協会 감수, 中川雄一郎・杉本貴志 編, 『협동조합의 미래를 향한 선택(協同組合未来への選択)』, 日本経済評論社, 2014, 191면.

23 放送ジャーナル社 編, 『여기는 시모다CATV―정보 코뮌의 탄생(こちら下田CATV―情報コミューンの誕生)』, 放送ジャーナル社, 1972, 3면.

24 위의 책, 25~26면.

25 藤岡伸一郎, 「'시모다유선TV방송'을 보다―CATV의 허상과 실상('下田有線テレビ放送をみる―CATVの虚像と実像')」, 総合ジャーナリズム研究所 編, 『통합저널리즘 연구(総合ジャーナリズム研究)』 제9권 제2호(東京社, 1972)도 참조하기 바란다.

26 猪木俊一, 『다다미 4장 반 TV 전파 대작전―4ch 쓰야마방송 분투기(四畳半テレビ電波大作戦―4ch津山放送奮戦記)』, 新評社, 1981, 51면.

27 위의 책, 64~65면.

28 2018년 5월 17일 트위터를 통해 이노키 순이치와 한 대화에 따른다. 이노키 순이치, "남의 말을 듣고 하는 것이 아니라 내가 직접 만들어보자는 거였죠. 1970년대 히피의 영향을 받았어요." https://twitter.com/7yFd4/status/996889879257624576(접속일 : 2019.1.6)
앞 장에서도 말한 바와 같이 DIY 문화를 체현함으로써 히피운동을 지지했던 『홀 어스 카탈로그(*Whole Earth Catalog*)』는 스티브 잡스나 에릭 슈미트 역시 매료시켰던 것으로도 유명하다.

『홀 어스 카탈로그』는 해커문화에 큰 영향을 주었으며, 미국 서해안의 컴퓨터 및 네트워크 혁신으로 이어졌다.

29 「일본에서 가장 작은 TV방송국 쓰야마방송을 방문하는 취업지원자 제로-취업 준비를 하는 학생 여러분! 젊은 층의 안정 지향이 일본 사회를 안에서부터 썩게 만들고 있습니다」, 『주간 플레이보이(週刊プレイボイ)』, 集英社, 1980.10.7.

30 『요미우리신문(読売新聞)』 조간, 1981.8.23, 7면.

31 猪木俊一, 앞의 책, 27면.

32 위의 책, 49면.

33 粉川哲夫 편, 『이것이 '자유라디오'다(これが'自由ラジオ'だ)』(犀の本), 昌文社, 1983.

34 해적방송에 관해서는 原崎惠三, 『해적방송의 유산(海賊放送の遺産)』(近代文芸社, 1995)을 참조하기 바란다. 일본의 미니 FM에 관해서는 坂田謙司, 「미디어 놀이와 미니 FM-마이너 미디어 문화론(メディア遊びとミニFM-マイナーメディアの文化論)」, 高井昌吏・谷本奈穂 편, 『미디어 문화의 사회학-역사・젠더・민족성(メディア文化を社会学する-歴史・ジェンダー・ナショナリティ)』(世界思想社, 2009)와 和田敬, 「미니 FM의 퍼스널 네트워킹-간사이 지역의 사례를 바탕으로(ミニFMによるパーソナル・ネットワーキング-関西地域の事例をもとに)」, 情報通信学会 편, 『정보통신학회지(情報通信学会誌)』 제28권 제4호(情報通信学会, 2011), 그리고 和田敬, 「지역미디어의 기술 변용-미니 FM의 실천을 보조선으로(ローカルメディアの技術變容-ミニFMという実践を補助線に)」, 飯田豊 편저, 『미디어 기술사-디지털 사회의 계보와 방향(メディア技術史-デジタル社会の系譜と行方)』(北樹出版, 2017) 등을 참조하기 바란다.

35 淺野智彦, 『젊은이의 기분. 취미에서 시작된 사회 참여(若者の氣分 趣味緣からはじまる社会参加)』, 岩波書店, 2011.

36 山崎正和, 『유연한 개인주의의 탄생-소비사회의 미학(柔らかい個人主義の誕生-消費社会の美学)』, 中央公論社, 1987.

37 多喜弘次, 『지역생활 정보매체, CATV의 과제-'쓰야마방송' '라쿠사이 케이블비전' 연구조사(地域生活情報媒体 CATVの課題-'津山放送''洛西ケーブルビジョン'研究調査から)』, 総合ジャーナリズム研究所 편, 『통합저널리즘 연구(総合ジャーナリズム研究)』 제20권 제1호, 東京社, 1983.

38 井上宏・多喜弘次, 「지역 미디어로서 CATV 연구-쓰야마방송 1 그 설립 배경과 발전 과정(地域メディアとしてCATV研究-津山放送1 その設立背景と発展経過)」, 関西大学 편, 『간사이대학 사회학부 논문집(関西大学社会学部紀要)』 제13권 제1호, 関西大学, 1981, 70면.

39 이노키 슌이치, 트위터, 2017.8.25. https://twitter.com/7yFd4/status/900982512867975168(접속일:2019.1.6)

40 『요미우리신문(読売新聞)』, 1983.10.23, 13면.

41 위의 신문, 13면.

42 위의 신문, 13면.

43 A. トフラー, 『제3의 물결 (第3の波)』, 徳岡孝夫 감수번역, 中央公論社, 1982, 352~380면.

44 伊丹謙太郎, 「정보사회에서 협동조합 운동(情報社会における協同組合運動)」, 全労済協会 감수, 中山雄一郎・杉本貴志 편, 『협동조합의 미래를 향한 선택(協同組合未來への選択)』(日本経済評論社, 2014)를 참조하기 바란다.

45 宮崎寿子, 「퍼블릭 액세스로부터 본 미디어의 현재와 미래(パブリック・アクセスからみたメディアの現在と未來)」, 児島和人・宮崎寿子 편저, 『NHK 북스 표현하는 시민들－지역으로부터의 영상 발신(NHKブックス 表現する市民たち－地域からの映像発信)』, 日本放送出版協会, 1998, 228면.

46 위의 책, 229면.

47 林香里, 『〈여자・어린이〉의 저널리즘－돌봄의 윤리와 함께(〈オンア・コドモ〉のジャーナリズムーケアの倫理とともに)』, 岩波書店, 2011.

1   일본에서는 시즈오카현(静岡県)의 관광시설, 슈젠사(修善寺)의 무지개마을(修善寺虹の郷)
    이 영국으로부터 차량을 수입해서 '무지개마을 롬니 철도'로 운행하고 있으며, 철도애호가들
    을 위해 궤도와 광석운반 차량을 판매하는 업체도 있다. 岡本憲之, 『알려지지 않은 철도 결정판
    -공원의 놀이기구 철도에서 자기부상열차까지 300(知られざる鉄道 決定版-公園の鉄道遊
    具からリニアモーターカーまで300)』(キャンブックス), JTBパブリッシング, 2014, 72면.

2   信時哲郎, 「여자와 철도 취미(女子と鉄道趣味)」, 馬場伸彦・池田太臣 편저, 『'여자'의 시
    대!('女子'の時代!)』(青弓社ライブラリ), 青弓社, 2012, 156~158면.

3   『열투 철도 모형-슈투트가르트로 가는 길(熱闘 鉄道模型-シュツットガルトへの道)』(철
    도 모형 콘테스트 2015 공식 앨범(鉄道模型コンテスト2015公式アルバム)), ネコ・パブリッ
    シング, 2016.

4   矢野直美, 「철도마니아 여성의 철학-철도 모형의 매력-하, 세대를 넘어 남성도 여성도(鉄子
    の鉄学鉄道模型の魅力-下 世代を超えて男性も女性も)」, 『朝日新聞』 석간, 2008.8.28.

5   앞의 『아사히신문』 기사에서 가토의 홍보 담당자는 "저희 쪽도 남성은 열차만 열심히 봅니
    다. 반대로 여성은, 역사(駅舎)나 주택 같은 건축물에 흥미를 가지는 분이 많은 것 같습니다"
    라고도 자기 의견을 덧붙인다. 철도 모형 콘테스트에서 여고생들이 활약하는 것도, 그것이
    차량을 제작하는 것이 아니라 철도 주변의 풍경을 디오라마적으로 만들어가는 것이기 때문
    일 것이다.

6   본 장에서 말하는 '사회화'에는 사기업이 가지고 있던 철도를 국가가 보유한다는 의미나 교육
    사회학에서 말하는 인간의 '사회화' 개념은 포함되지 않는다. 본 장에서는 개인 취미의 산물
    인 정원철도가 사람들에게 개방되는 것을 통해서 사회적인 존재가 되어가는 것, 또 많은 사람
    들이 관계하는 가운데 '제도화'가 진행되어가는 것을 가리켜 '사회화'라는 말을 사용한다.

7   羅須地人鉄道協会, 「라쓰치진 철도협회란(羅須地人鉄道協会とは)」, http://www.rass-rail.
    org/whats_rass.htm(접속일 : 2018.8.28)

8   片上鉄道保存会, 「자기소개(自己紹介)」, http://katatetsu.travel.coocan.jp/katsudou.html(접속
    일 : 2018.8.28)

9   辻泉, 『철도 소년의 시대-상상력의 사회사(鉄道少年たちの時代-想像力の社会史)』, 勁草
    書房, 2018, 151면.

10 덧붙여 모치모토는 전차나 전기기관차뿐만 아니라 증기기관차(시판하는 승차용 대형 모형
    을 개조한 것)나 디젤 카(발전기를 탑재한 것)도 제작했다.

11 관상용 정원철도라면, 차량이나 선로에 대해 철도 모형 회사의 기성제품을 사용할 수 있었지
    만, 승차를 가능하게 하기 위해서는 많은 부분을 손수 만들어야 한다. 또한 관상용 정원철도
    에 대해서도 주위 풍경을 만들기 위해서 정원용품이 필요한 등등으로, 개인의 정원철도가 성
    립된 배경에는 홈센터를 중심으로 하는 DIY(Do It Yourself) 문화 침투가 크게 관련되어 있다.
    정원철도 안내 책자에는 홈센터에서 재료를 구한다는 정원철도(승차용・관상용 포함) 애호
    가들이 다수 등장하고, 홈센터에서 정원철도의 소재를 찾는다는 취지의 기사도 게재되어 있

다.(『오늘부터 시작하는 정원철도(今日からはじめる庭園鉄道)』(Neko mook), ネコ・パブリッシング, 2004.)

12 이러한 경편철도는 1970년대 이전에 대부분 폐지되었다. 현재는 구로베(黒部) 협곡 철도의 광석열차 등 소수가 운행되고 있다.

13 예를 들면 〈그림 1〉의 사쿠라다니 경편철도의 ED51이라는 차량은 니가타현(新潟県)의 에치고(越後) 교통에 실제로 있는 ED51을 모델로 제작한 것이다.

14 3단계로 이루어진 면허시험에서 가장 난이도가 높은 '본 면허' 시험에 도전하는 사람은 극히 적으며, 1년에 1명이 있을까 말까 하는 정도이다. 또한 면허제도의 개정 이후 본 면허를 취득한 여성은 아직 없다.

필자 소개가나다순

지은이 소개

쓰지 이즈미 辻泉, Izumi Tsuji

1976년생으로 도쿄도립대학(東京都立大学大学院) 사회과학연구과에서 박사학위를 받았다. 미디어론을 포함한 문화사회학 전공으로 현재 주오대학(中央大学) 문학부 사회정보학전공 교수이다. 저서로 『철도 소년들의 시대(鉄道少年たちの時代)』(2018), 편저서로 『미디어사회론(メディア社会論)』(2018) 등이 있다.

이다 유타카 飯田豊, Yutaka Iida

1979년 히로시마에서 태어나 도쿄대학(東京大学) 기계정보공학과를 졸업하고, 같은 대학의 학제정보학 (学際情報学) 전공으로 박사과정을 수료했다. 미디어론, 미디어기술사, 문화사회학 전공으로 현재 리쓰메 이칸대학(立命館大学) 산업사회학부의 겸임교수로 재직하고 있다. 『텔레비전이 구경거리였던 시절(テレ ビが見世物だったころ)』(2016) 등을 저술하였다.

진노 유키 神野由紀, Yuki Jinno

1964년 도쿄에서 태어나 아오야마가쿠인대학(青山学院大学) 문학부를 졸업하고, 쓰쿠바대학(筑波大学)에서 디자인학 박사학위를 받았다. 근대 일본 디자인사·문화사 전공으로, 현재 간토가쿠인대학(関東学院大学) 인간공생학부(人間共生学部) 교수이다. 『취미의 탄생 – 백화점이 만든 취향(趣味の誕生 – 百貨店がつくった テイスト)』(1994), 『어린이를 둘러싼 디자인과 근대 – 확대된 상품세계(子どもをめぐるデザインと近代 – 拡大す る商品世界)』(2011), 『백화점에서 '취미'를 파는 대중소비문화의 근대(百貨店で〈趣味〉を買う 大衆消費文化の近 代)』(2015) 등의 저서가 있다.

· 이 책은 총 11명의 연구자가 쓴 글을 모은 것으로, 위에 소개한 세 명은 저자이면서 동시에 책의 편집을 담당한 편집자 이다. 그 외 저자들에 대한 소개는 각 장의 첫머리에 수록되어 있다.

옮긴이 소개

강현정 姜現正, Kang Hyunjung   kangdo21@gmail.com

한겨레문화센터 다큐멘터리 제작과정을 수료하고, 한국독립영화 소개 프로그램 〈영화, 날개를 달다〉를 제작하였다. 한국예술종합학교에서 한국영화 및 동아시아영화 연구 전문사 과정을 수료한 후 명지대학교 기록정보과학전문대학원 문화자원기록 전공 과정을 수료하고 한국영상자료원에서 카탈로거로 일하고 있다.

김연숙 金淵淑, Kim Yeonsook   yeon@khu.ac.kr

경희대학교 후마니타스칼리지 교수. 경희대학교 국어국문학과를 졸업하고, 동 대학원에서 현대소설 전공으로 석사·박사학위를 받았다. 현재 대학에서 인문교양강의를 담당하고 있으며, 「전후 재건기 여성 성공담과 젠더담론」(2021), 「전후 대중담론에 나타난 관계 지향의 욕망과 친밀성의 재구성」(2021), 『박경리의 말』(2020), 『일제 강점기 경성부민의 여가생활』(2018) 등 다수의 저서와 논문이 있다.

남효진 南孝瑱, Nam Hyojin   bariteki@icloud.com

서울대학교 의류학과를 졸업하고 패션의류 회사에서 패션머천다이저로 약 20년간 근무했다. 홍콩 소재 일본계 패션회사에서 머천다이징 컨설턴트로 일하면서 일본 문화에 흥미를 갖게 되어 한국방송통신대학 일본학과에서 일본어 및 일본 문화를 공부했다. 현재는 가톨릭상담심리대학원에서 상담심리학 전공으로 석사학위를 받고 상담심리사로 활동하고 있다.

이현희 李炫熹, Lee Hyunhee   leehyunhee06@gmail.com

고려대학교 글로벌일본연구원 연구교수. 고려대학교 중일어문학과에서 일본근현대문학 전공으로 석사·박사 학위를 받았다. 「일본 근대 탐정소설을 둘러싼 과학적 상상력」(2022), 「1920년대 '인조인간－로봇'의 수용양상 연구」(2020), 『유리병 속 지옥』(2019) 등의 논문과 역서가 있다.

전미경 全美慶, Jun Mikyung   mkjun@dongguk.edu

동국대학교 사범대학 가정교육과 교수. 가족학 전공으로, 동국대학교 가정교육과를 졸업하고 같은 대학원에서 가족학 전공으로 석사·박사학위를 받았다. 변화하는 사회 속 가족에 관심이 많으며, 논문과 저역서로 「COVID19 시기 가족의례에 관한 40~50대 기혼여성의 주관적 인식유형 연구」(2022), 「First-Year College Student Life Experiences during COVID19 in South Korea」(2021), 『근대가족, 길모퉁이를 돌아서다』(2012) 등이 있다.

허보윤 許寶允, Her Boyoon   byher@snu.ac.kr

서울대학교 미술대학 공예과 교수. 서울대학교 공예과에서 학사와 석사학위를 받고, 영국 미들섹스(Middlesex)대학에서 디자인사 석사, 포츠머스(Portsmouth)대학에서 박사학위를 받았다. 현대 공예의 사회적 의미를 연구하고 가르치며, 저서로 『권순형과 한국현대도예』(2009), 역서로 『공예란 무엇인가』(2011), 『일본 근대와 민예론』(2022) 등이 있다.